Gêneros textuais e comunidades discursivas

Um diálogo com John Swales

Coleção Leitura, escrita e oralidade

Bernardete Biasi-Rodrigues
Júlio César Araújo
Socorro Cláudia Tavares de Sousa
(Organizadores)

Gêneros textuais e comunidades discursivas

Um diálogo com John Swales

autêntica

Copyright © 2009 os Organizadores

CAPA
Victor Bittow

ILUSTRAÇÃO
Alberto Bittencourt

EDITORAÇÃO ELETRÔNICA
Luiz Flávio Pedrosa

REVISÃO
Dila Bragança de Mendonça

Revisado conforme o Novo Acordo Ortográfico.

Todos os direitos reservados pela Autêntica Editora. Nenhuma parte desta publicação poderá ser reproduzida, seja por meios mecânicos, eletrônicos, seja via cópia xerográfica, sem a autorização prévia da Editora.

AUTÊNTICA EDITORA LTDA.
BELO HORIZONTE
Rua Aimorés, 981, 8º andar . Funcionários
30140-071 . Belo Horizonte . MG
Tel: (55 31) 3222 68 19
TELEVENDAS: 0800 283 13 22
www.autenticaeditora.com.br

Dados Internacionais de Catalogação na Publicação (CIP)
(Câmara Brasileira do Livro, SP, Brasil)

Gêneros textuais e comunidades discursivas : um diálogo com John Swales / Bernardete Biasi-Rodrigues, Júlio César Araújo, Socorro Cláudia Tavares de Sousa (orgsanizadores). – Belo Horizonte : Autêntica Editora, 2009. – (Coleção Leitura, Escrita e Oralidade)

Bibliografia.
ISBN 978-85-7526-396-9

1. Análise do discurso 2. Ensaios 3. Gêneros literários 4. Linguística - Teoria 5. Swales, John M. 6. Textos I. Biasi-Rodrigues, Bernardete. II. Araújo, Júlio César. III. Sousa, Socorro Cláudia Tavares de. IV. Série.

09-04506   CDD-401.41

Índices para catálogo sistemático:
1. Swales, John M. : Teoria do discurso : Linguística : Ensaios 401.41

Sumário

7 **Prefácio**
Désirée Motta-Roth

11 **Apresentação**
Bernardete Biasi-Rodrigues

15 PRIMEIRA PARTE - FUNDAMENTOS TEÓRICOS

17 **Análise de gêneros na abordagem de Swales: princípios teóricos e metodológicos**
Bernardete Biasi-Rodrigues
Barbara Hemais
Júlio César Araújo

33 **Sobre modelos de análise do discurso**
John M. Swales

47 SEGUNDA PARTE - ANÁLISES DA ORGANIZAÇÃO RETÓRICA DE GÊNEROS

49 **O gênero resumo: uma prática discursiva da comunidade acadêmica**
Bernardete Biasi-Rodrigues

77 **O gênero resenha acadêmica: organização retórica e sinalização lexical**
Antônia Dilamar Araújo

95 A resenha acadêmica em uso por autores proficientes e iniciantes
Benedito Gomes Bezerra

117 A organização retórica do gênero carta-consulta
Rosa Maria Schmitz Simoni
Adair Bonini

139 A organização textual argumentativa em editoriais de jornais
Socorro Cláudia Tavares de Sousa

155 O uso do gênero depoimento em comunidades virtuais de alcoólicos anônimos
Cibele Gadelha Bernardino

173 TERCEIRA PARTE - ANÁLISES DE COMUNIDADES DISCURSIVAS

175 Uma descrição da comunidade discursiva jurídica
Elisabeth Linhares Catunda

189 A comunidade discursiva virtual Sociedade Senhor dos Anéis
Carla Rafaela Gaede-Sakata

205 A comunidade discursiva dos Tananans: uma experiência etnográfica em sala de chat
Júlio César Araújo

227 Referências

237 Sobre os autores

Prefácio

O presente volume reúne um conjunto de artigos produzidos a partir da leitura da obra de John M. Swales e de questionamentos trazidos por pesquisadores brasileiros à questão dos gêneros discursivos. Esses trabalhos foram produzidos ao longo de quase uma década, de 1996 a 2004, e demonstram as várias aplicações a que o trabalho de Swales se presta e a produtividade do campo da Análise de Gêneros no Brasil. Como destaque, o livro traz um capítulo de autoria do próprio Swales para ilustrar a aplicação atual de sua abordagem.

O volume abre com um capítulo dos autores B. Biasi-Rodrigues, B. Hemais e J. C. Araújo, no qual apresentam os princípios teóricos e metodológicos do trabalho de John Swales, que irão orientar todos os demais capítulos desta coletânea. Os autores resumem as principais contribuições teóricas trazidas por Swales ao campo de análise de gêneros textuais, conforme é praticada no Brasil. Para tanto, partem das definições originalmente formuladas por Swales (1990) para gênero e comunidade discursiva. Em seguida, fazem uma ótima contribuição teórica ao explorar as revisões sofridas pelo conceito de comunidade discursiva (SWALES, 1992; 1993; 1998) e pelo papel do propósito comunicativo no reconhecimento dos gêneros (ASKEHAVE; SWALES, 2001; SWALES, 2004). Concluem o capítulo com uma discussão da contribuição mais conhecida de Swales, o modelo CARS (*Create a research space*), criado para representar a organização textual de introduções de artigos de pesquisa (SWALES, 1990).

A inclusão do capítulo de John Swales é indubitavelmente um ponto de destaque do livro. Em seu texto, Swales discorre sobre a relevância e a validade, para a análise do discurso, dos modelos esquemáticos construídos para fim de representar a estrutura do discurso oral ou escrito. Para Swales, a maior parte dos gêneros acadêmicos pode ser estruturada em forma de um modelo em função da tendência desses gêneros à previsibilidade de como a interação se inicia, desenvolve e encerra. Embora alguns modelos estruturais (por exemplo, o de introduções de artigos científicos do próprio Swales) sejam muito utilizados e longevos, há críticas àquelas pedagogias que os empregam porque são vistos como conservadores e restritivos à liberdade de ação dos alunos. O texto discorre sobre três questões: O que faz um modelo ser "bom"? Quais são as relações entre modelos e discursos associados a eles? Qual o papel dos modelos na análise do discurso? A conclusão a que o autor chega é a de que um modelo é bom se der conta dos dados aos quais for aplicado, explicando o funcionamento do discurso ao qual se aplica, e sua função é servir de ponto de partida para elaborações mais sofisticadas à medida que a área de Análise do Discurso avança.

B. Biasi-Rodrigues relata sua pesquisa sobre resumos de dissertações e teses em quatro subáreas das Ciências Humanas: Linguística, Educação, Sociologia, Economia; em duas das Ciências da Saúde: Enfermagem e Farmácia; e em duas das Ciências Tecnológicas: Engenharia Elétrica e Engenharia Mecânica. A pesquisa enfoca os mecanismos (estratégias de condução de informações) empregados pelos autores para selecionar e organizar os conteúdos do texto-resumo, de modo a refletir com maior ou menor precisão a organização retórica do texto-fonte (BIASI-RODRIGUES, 1998).

A. D. Araújo faz uma análise do gênero resenha crítica acadêmica da área de Linguística Aplicada, publicada em língua inglesa, combinando a abordagem de Swales à teoria da sinalização lexical (WINTER, 1982; 1992). Ela descreve os movimentos retóricos e as respectivas estratégias encontradas em seus dados na forma de escolhas linguísticas feitas pelos escritores para tipificar as resenhas como um gênero. A autora verifica o papel recorrente da linguagem avaliativa ao longo de toda a resenha e a presença de substantivos não específicos que funcionam como importantes elementos coesivos e metadiscursivos na organização da estrutura retórica do gênero.

B. G. Bezerra também apresenta um estudo sobre resenhas acadêmicas na área de Teologia, em que compara a organização retórica de resenhas produzidas por escritores proficientes à organização de resenhas produzidas por iniciantes. Os resultados da análise apontam padrões organizacionais similares nos dois grupos ao mesmo tempo que evidenciam diferenças nos textos, associadas a propósitos comunicativos diferenciados e dependentes das competências acadêmicas características de cada grupo.

R. M. Simoni e A. Bonini fazem uma caracterização da organização retórica do gênero carta-consulta a partir de exemplares publicados nos jornais *O Globo* e *Folha de S. Paulo*. Para tanto, combinam o aporte teórico sociorretórico de Swales (1990) e Bhatia (1993) às teorizações do campo da comunicação de Melo (1985) e Chaparro (1992; 1998). Os autores constroem uma representação do gênero carta-consulta, apontando padrões estruturais correspondentes a duas variantes: carta-consulta direta e carta-consulta indireta.

S. C. T. de Sousa faz um estudo de editoriais de jornais, enfocando a organização textual argumentativa em termos da análise da distribuição das informações. A autora toma por base o modelo CARS (*Create a Research Space*) de Swales (1990) para identificar os movimentos retóricos dos editoriais. Os resultados apontaram um padrão retórico constituído de três unidades: uma de 'Contextualização do tema', a segunda de 'Argumentação sobre a tese' e uma terceira de 'Indicação da posição do jornal'.

C. G. Bernardino investiga a caracterização do gênero *depoimento*, conforme utilizado nas interações entre os membros de um grupo *on-line* de alcoólicos anônimos. A autora buscou definir aquela comunidade discursiva nos termos de Swales (1990; 1992) e verificar regularidades e similaridades quanto à distribuição das informações na estrutura textual dos depoimentos. Com base nessa análise, ela tenta identificar relações entre a organização retórica dos depoimentos e os propósitos e valores da Irmandade dos Alcoólicos Anônimos.

E. L. Catunda faz um apanhado histórico das origens do Direito no Brasil para descrever a comunidade discursiva jurídica a partir dos conceitos e critérios de Swales (1990; 1992). A autora caracteriza a comunidade discursiva do Direito, formada pelo todo da sociedade e da qual todo e qualquer cidadão participa, de comunidade discursiva jurídica *lato sensu*, enquanto a comunidade constituída apenas pelos operadores do direito é denominada de comunidade discursiva jurídica *stricto sensu*. Como referência para a investigação, é usado o gênero jurídico acórdão, uma vez que esse gênero é uma peça decisiva dentro de um processo jurídico, prática discursiva central no Direito.

C. R. Gaede-Sakata usa o aporte teórico da Análise de Gêneros, em especial os conceitos de gênero e comunidade discursiva de Swales (1990; 1992), para descrever a comunidade discursiva virtual Sociedade Senhor dos Anéis. A autora reporta uma pesquisa que desenvolveu ao longo de nove meses, durante os quais observou e participou da comunidade pesquisada. Os resultados evidenciaram a presença das características apontadas por Swales (1992) o que, por sua vez, indicou o *status* de comunidade discursiva da Sociedade Senhor dos Anéis.

J. C. Araújo explora o meio eletrônico e a interatividade em um estudo sobre comunidades virtuais na Internet. A partir de um olhar sobre a revolução nas práticas discursivas trazidas pela Internet, o autor relata uma pesquisa etnográfica em uma sala de *chat*, em que reivindica o estatuto de comunidade discursiva – no sentido que lhe atribui Swales (1990; 1992) – para uma determinada comunidade virtual que se sustenta por meio de práticas sociais discursivas compartilhadas por seus membros.

A variedade dos trabalhos, a perspectiva histórica do volume e o frescor trazido por estudos mais recentes que incluem o meio virtual da Internet atestam a flexibilidade e a produtividade do enquadre teórico proposto por Swales. Este volume, sem dúvida, oferece uma valiosa contribuição aos estudos do texto e do discurso na medida em que esses dois conceitos pressupõem recorrência, institucionalização e participação social, isto é, na medida em que pressupõem a existência de gêneros discursivos que estruturam nossa experiência nos vários recortes da vida em sociedade.

Désirée Motta-Roth
Universidade Federal de Santa Maria
Novembro de 2008.

Apresentação

No Brasil, já é bastante significativo o volume de pesquisas que vêm demonstrando a aplicabilidade da teoria de Swales e de seu modelo de análise a diferentes gêneros textuais não só do ambiente acadêmico ou profissional mas também de outros domínios discursivos. A maioria dessas pesquisas foi realizada com exemplares de gêneros em português, algumas das quais ilustram, neste livro, a produtividade da proposta teórico-metodológica de Swales para a análise de gêneros em nosso país.

A escrita acadêmica, em geral, vem merecendo a atenção dos analistas de gêneros textuais, e muitos estudos em língua portuguesa trazem resultados da análise de vários gêneros acadêmicos. Este livro tem o propósito de contar um pouco da história que conheço dessa prática no Brasil e da qual participei como estudante de doutorado e como pesquisadora ao longo de 13 anos.

Em 1997, tive a oportunidade ímpar de assistir à conferência "Perigos e prazeres do gênero", proferida por Swales na Universidade Federal de Santa Catarina, quando eu fazia o doutorado no Programa de Pós-Graduação em Letras/Linguística, sob a orientação da Profa. Dra. Loni Grimm-Cabral. Na ocasião, tive a feliz ideia de gravar a fala de Swales e depois de conservar as fitas cassete ao longo dos últimos 10 anos. Com novos recursos tecnológicos, foi possível recuperá-las e, com a contribuição de Diana Costa Fortier, doutoranda do PPGL/UFC, a conferência foi transcrita e traduzida, constituindo-se num documento histórico do pensamento de Swales que, na época, preparava o texto do livro *Other floors, other voices: a textography of a small university building* que foi publicado em 1998.

A seguir transcrevo um trecho da conferência em que o autor se refere à pesquisa que deu origem ao livro:

> Sobre a questão de olhar ao longo do corredor para encontrar outro mundo de significados, eu realmente fiz isso no meu próprio prédio, que tem três andares. No terceiro andar fica o Instituto de

Língua Inglesa, onde são elaborados materiais de Inglês para Fins Específicos para a universidade e os exames de proficiência que são usados no Brasil. Abaixo do Instituto de Língua Inglesa encontra-se o Herbário da Universidade, um lugar onde são armazenados exemplares desidratados de plantas – eles têm lá uma coleção de um milhão e seiscentos mil espécimes de plantas do mundo inteiro. Na verdade eles são muito bons e têm muito orgulho de sua coleção de plantas brasileiras. Os profissionais que lá trabalham são botânicos, botânicos sistemáticos. Finalmente, mais abaixo, fica um laboratório de informática com cerca de 60 computadores, alguns técnicos em informática e muitos alunos, em especial alunos de pós-graduação. É um lugar onde as pessoas vão escrever suas dissertações e teses com a velocidade de uma página por dia!

Ao final do ano de 1998, concluí e defendi minha tese de doutorado na UFSC (BIASI-RODRIGUES, 1998). O objeto de estudo foi um *corpus* de resumos de dissertação em Linguística, e a análise, desenvolvida com apoio no modelo CARS (*Create a research space* – SWALES, 1990), mostra uma organização retórica peculiar desse gênero acadêmico e especificidades dessa prática discursiva que fogem ao padrão esperado e revelam a flexibilidade no uso das estratégias retóricas pelos seus produtores.

Essa história teve continuidade no Programa de Pós-Graduação em Linguística da Universidade Federal do Ceará. Merecem menção aqui os estudos que foram desenvolvidos sob minha orientação, desde 1999, e que tomaram como ponto de apoio minha pesquisa de doutorado sobre o gênero resumo, alguns compondo esta obra e outros ainda inéditos. São três dissertações já defendidas, cujos objetos de estudo foram gêneros acadêmicos: a resenha, o memorial e a seção de justificativa de projetos de pesquisa,[1] e quatro dissertações cujo alvo de análise foram gêneros não acadêmicos: a notícia, a reportagem e o editorial de jornal, à luz dos pressupostos teóricos de Swales (1990; 1992; 1998; 2001) e, mais indiretamente, usando o aparato metodológico de Bhatia (1993), a mala-direta e a carta-corrente.[2] Além dessas, resta mencionar uma pesquisa de mestrado em que foram investigadas as características de uma comunidade discursiva virtual, aplicando-se os critérios de identificação propostos por Swales (1990, 1992).[3]

Outras dissertações com o mesmo enfoque teórico tiveram origem numa disciplina ministrada por mim no PPGL/UFC, cujo programa era

---

[1] BEZERRA (2001); OLIVEIRA (2005); JUCÁ (2006).
[2] SILVA (2002); SOUSA (2004); TÁVORA (2003); ALMEIDA (2007).
[3] GAEDE (2003).

constituído de tópicos sobre os pressupostos teóricos e metodológicos de Swales. Três delas fazem parte deste livro, e eu tenho muita satisfação em dizer que foram gestadas na referida disciplina, quando os mestrandos tiveram oportunidade de conhecer a teoria e de discutir comigo sobre o assunto durante o processo de elaboração da dissertação. Uma descreve o gênero depoimento; outra, o gênero jurídico acórdão e outra, um gênero praticado no domínio discursivo virtual, o *chat*,[4] todas orientadas pela Prof.ª Maria Elias Soares também no PPGL/UFC.

Assim, a maioria dos capítulos que compõem esta obra trazem a público resultados de investigações realizadas na Universidade Federal do Ceará – UFC, como requisito para a conclusão do mestrado em Linguística. As outras produções compreendem produtos de duas teses de doutorado defendidas na Universidade Federal de Santa Catarina (UFSC) e de uma dissertação produzida na Universidade do Sul de Santa Catarina (UNISUL).

O livro está dividido em três partes, descritas a seguir.

Parte I – *Fundamentos teóricos* contém um capítulo que resume os princípios teórico-metodológicos de John M. Swales, pensados inicialmente para dar subsídios ao ensino de inglês com propósitos específicos e desenvolvidos posteriormente numa dimensão apropriada para a análise de gêneros textuais em diferentes contextos sociais, como resultado de investigações que gradativamente ganharam um caráter científico de grande repercussão entre os pesquisadores da área.

O segundo capítulo é um texto do próprio Swales, que, sem dúvida, é uma excelente contribuição para o entendimento de modelos de análise e especialmente para dar respaldo teórico aos capítulos da segunda e da terceira partes, que relatam pesquisas desenvolvidas com apoio nas suas concepções de gênero e de comunidade discursiva e se valem do modelo CARS para descrever a organização retórica de diferentes gêneros.

Parte II – *Análises de organização retórica de gêneros* reúne análises de gêneros acadêmicos, retratando bem a proposta inicial de Swales e outros estudos que mostram a produtividade da proposta e a criatividade dos estudiosos brasileiros que aplicaram os postulados do autor desde o tratamento de um gênero jornalístico até o depoimento praticado em interações virtuais do AA, numa lista de discussão da Internet. Nessa parte do livro, todos os autores utilizam o modelo CARS (SWALES, 1990) para analisar seu objeto de estudo, sempre adaptado em função de cada gênero: resumo, resenha, carta-consulta, editorial e depoimento.

---

[4] BERNARDINO (2000); ARAÚJO (2003); CATUNDA (2004).

Parte III – *Análises de comunidades discursivas* mostra que a proposta de Swales de análise de gêneros intrinsecamente relacionada a de comunidades discursivas se aplica também ao tratamento das práticas discursivas na esfera digital. Além de um estudo sobre a comunidade discursiva jurídica, dois capítulos relatam experiências bem-sucedidas de pesquisa sobre comunidades discursivas que já nasceram sob os auspícios do meio digital.

Todas essas pesquisas revelam uma perspectiva de se olhar para as práticas discursivas em diversas instâncias de uso da linguagem verbal e contribuem para subsidiar a análise de diferentes gêneros acadêmicos e não acadêmicos em nosso país. Cabe acrescentar que novas formas genéricas vêm sendo instituídas nesses últimos anos e que a tecnologia da informação se desenvolve cada vez mais rapidamente, ampliando a complexa rede de possibilidades de intercomunicação global. O hipertexto vem ganhando espaço e múltiplas funções em diversos domínios. McKnight *et al.* (1991, p. 44) já diziam, no início dos anos 1990, que "[o hipertexto] terá maior impacto sobre certos tipos de documentos que outros e também certamente criará formas novas de documentos que não poderão ser concretizadas fisicamente no papel".

Por isso, acredito que este livro oferecerá contribuições valiosas para se compreender o vasto universo da linguagem verbal escrita, com algumas incursões pelo mundo virtual que revelam os diferentes recursos semióticos disponibilizados pela mídia digital aos seus usuários. Assim temos, nesta obra, resultados de pesquisas de doutorado e de mestrado, cujo objeto de investigação foram gêneros textuais analisados na sua versão impressa e outras que dão maior realce à identificação de comunidades discursivas que operam em diferentes esferas de comunicação.

Permito-me concluir dizendo que tenho muito orgulho de ter me dedicado à organização desta obra, contando com a colaboração de Júlio Araújo e Cláudia, a qual abriga muitas das pesquisas que orientei no Programa de Pós-Graduação em Linguística da Universidade Federal do Ceará, onde atuo desde outubro de 1998 e onde tive a oportunidade de participar da implantação do Doutorado, no cargo de Coordenadora do Programa, no período de setembro de 2001 a março de 2005.

E não posso deixar de agradecer a todos os que colaboraram na construção do livro, direta ou indiretamente. Agradeço também ao apoio financeiro da UFC e do CNPq, através de bolsas de Iniciação Científica, propiciando a formação de pesquisadores iniciantes e a execução de muitas das atividades de pesquisa que foram viabilizadas pela ação dos bolsistas Carlos, Thiago, Ariane e Samuel, que merecem meus agradecimentos muito especiais.

Bernardete Biasi-Rodrigues
Fortaleza, dezembro de 2008.

PRIMEIRA PARTE

Fundamentos teóricos

Análise de gêneros na abordagem de Swales: princípios teóricos e metodológicos[1]

Bernardete Biasi-Rodrigues
Barbara Hemais
Júlio César Araújo

Introdução

As contribuições teórico-metodológicas de John M. Swales se concentram em torno da sua preocupação com o ensino de inglês para fins específicos e têm sustentado pesquisas voltadas para análises de gêneros textuais, especialmente em contextos acadêmicos e profissionais. Os seus princípios teóricos delineiam uma área de pesquisa – a Análise de Gêneros – e oferecem conceitos-chave para o reconhecimento dos gêneros textuais e das práticas sociais que os envolvem, numa perspectiva sociorretórica.

A aplicação da sua teoria ao ensino tem objetivado oferecer subsídios para que os estudantes exercitem o reconhecimento dos gêneros textuais, identificando as suas características formais e funcionais, e para que desenvolvam a capacidade de produzir textos que realizem com eficácia seus propósitos comunicativos, de acordo com o gênero a que pertencem. Duas das suas obras são representativas dessa intenção: *Academic Writing for Graduate Students: Essential Tasks and Skills* (SWALES; FEAK, 1994) e *English in Today's Research World: a Writing Guide* (SWALES; FEAK, 2000). São estudos que se apoiam em fenômenos linguísticos, em aspectos formais da construção do texto, sem deixar de levar em conta as práticas sociais (acadêmicas ou profissionais), responsáveis pelas escolhas linguísticas que configuram os textos em cada gênero e são fundamentais para a apreensão e o uso dos diferentes gêneros textuais.

---

[1] O texto deste capítulo foi adaptado de HEMAIS e BIASI-RODRIGUES (2005).

O objetivo principal deste capítulo é caracterizar o campo de estudos sociorretóricos de análise de gêneros textuais e, com a exposição que passamos a fazer, revelar uma opção de pesquisa baseada nos princípios teórico-metodológicos elaborados por Swales, como excelente ferramenta para a análise de gêneros em contextos acadêmico-científicos, profissionais e outros. Entre os trabalhos do autor, alguns se destacam por lançar conceitos teóricos, e outros, por reconsiderar esses conceitos à luz de pesquisas mais recentes. O livro em que ele formaliza os critérios de definição de gênero textual e de comunidade discursiva é *Genre Analysis: English in academic and research settings* (SWALES, 1990). Nessa obra, o modelo retórico de introduções em artigos de pesquisa (CARS) também é lançado, embora em estudos anteriores (SWALES, 1984; 1987) a estrutura da introdução já tenha sido esboçada. Posteriormente, Swales se preocupa com a revisão das características de comunidade discursiva (SWALES 1992; 1998) e com a reconsideração do papel do propósito comunicativo no reconhecimento e na análise de gêneros (ASKEHAVE; SWALES, 2001; SWALES, 2004).

Neste capítulo, portanto, apresentamos resumidamente as principais contribuições teóricas desenvolvidas por Swales para a análise de gêneros textuais, que serviram de suporte para diversas pesquisas desenvolvidas no Brasil, algumas delas apresentadas nos capítulos subsequentes.[2] Começamos com as definições de gênero e de comunidade discursiva (SWALES, 1990); a seguir discutimos a revisão das características de comunidade discursiva (SWALES, 1992, 1993, 1998) e do papel do propósito comunicativo no reconhecimento dos gêneros (ASKEHAVE; SWALES, 2001; SWALES, 2004) e, por fim, apresentamos e descrevemos o modelo CARS (*Create a research space*), criado por Swales a partir da análise da organização textual de introduções de artigos de pesquisa (SWALES, 1990).

Pressupostos teóricos

PRELIMINARES

A abordagem teórica idealizada por Swales para a análise de gêneros textuais é permeada pela ideia de que o contexto é fundamental para se entender e interpretar um texto e de que os elementos linguísticos não são

---

[2] Grande parte das pesquisas foi desenvolvida no Programa de Pós-Graduação em Linguística da UFC, por alunos do Curso de Mestrado. Duas dessas pesquisas estão entre as pioneiras no campo de Análise de Gêneros no Brasil (ARAÚJO, 1996; BIASI-RODRIGUES, 1998) e resumem teses de doutorado defendidas na UFSC.

suficientes para uma análise do gênero, para o seu reconhecimento em qualquer situação comunicativa, profissional ou não, e para que a comunicação seja bem-sucedida.

Para elaborar a sua concepção de gênero, Swales (1990) buscou ideias em vários campos de estudo, cujas tradições permitiram construir uma visão bastante eclética a respeito do fenômeno. As primeiras influências vêm: (1) das abordagens voltadas para o ensino de inglês, que estão na base da perspectiva aplicada da sua teoria: os estudos das variedades funcionais de inglês; (2) das quatro habilidades na aprendizagem, mais especificamente as estratégias usadas para leituras com objetivos variados; (3) da área da aprendizagem e, em particular, das abordagens de noções e funções, principalmente pelo fato de que uma função pode ser realizada por mais de um enunciado, e um enunciado pode ter mais de uma função, dependendo dos propósitos do falante; (4) da análise do discurso anglo-saxônica e crítica, que explora a estrutura temática (coesão e coerência) e os macropadrões do discurso (problema-solução e tópico-restrição-ilustração); e (5) das ideias do antropólogo Clifford Geertz (1983, citado por SWALES, 1990), em defesa de uma categorização para esclarecer as diferenças geralmente observadas entre áreas distintas, considerando que as diferenças representam formas de conhecimento do mundo que estão em função do ambiente e dos que produzem o conhecimento.

A obra de referência de Swales, já considerada pioneira no campo dos estudos sociorretóricos de gêneros é *Genre analysis: English in academic and research settings* (SWALES, 1990), em que o autor formaliza os critérios de identificação de gênero textual e de comunidade discursiva e o modelo de organização retórica, o modelo CARS, que tem sido adaptado para a análise de diferentes gêneros em variados contextos sociocomunicativos. O seu teor será apresentado nos próximos itens, seguido de outros trabalhos do autor em que ele faz uma revisão das características de comunidade discursiva e tece reconsiderações acerca do papel do propósito comunicativo no reconhecimento e na análise de gêneros (ASKEHAVE; SWALES, 2001; SWALES, 2004).

A CONSTRUÇÃO DO CONCEITO DE GÊNERO TEXTUAL

A concepção de gênero que encontramos na obra de Swales (1990) teve como preocupação inicial resolver um problema teórico-aplicado de base, que é perceber o gênero apenas como uma fórmula textual, cujas consequências para o ensino são devastadoras, pois essa noção reducionista impede que o uso de gêneros seja produtivo na escola e que se desenvolva a habilidade de comunicação eficaz através de gêneros em qualquer contexto. Para resolver esse problema, Swales construiu a sua visão de gênero, buscando diferentes conceitos em quatro campos distintos: os dos estudos folclóricos, literários, linguísticos e retóricos.

No campo do folclore, verificou a importância de se fazer uma classificação de gêneros, como uma ferramenta de pesquisa para arquivar os exemplares de textos que pertencem aos diferentes gêneros. A classificação feita pelos estudiosos de folclore leva em conta *tipos ideais* e não textos reais, que podem se desviar do ideal; considera as formas, que são permanentes, mas podem sofrer mudanças no seu uso pela sociedade; e ainda destaca o valor sociocultural dos gêneros, na medida em que atendem a necessidades dos grupos sociais. Segundo Swales (1990), essa abordagem deve levar o analista de gêneros a dar importância, em suas pesquisas, à compreensão que uma comunidade tem dos gêneros que usa e com que finalidades o faz.

No campo de estudos literários, onde se formalizou mais claramente a definição de gêneros textuais, o destaque é para a sua instabilidade, ao contrário dos folcloristas, que dão importância à estabilidade da forma. O que se evidencia é justamente a transgressão das normas para imprimir originalidade à obra. E Swales (1990) chama a atenção para a contribuição dessa área em relação à evolução dos gêneros, às variações nos exemplares do mesmo gênero e ao papel do autor e da sociedade, que determinam as mudanças.

A linguística é outro campo de estudos que exerceu influência no pensamento de Swales acerca de gêneros textuais, uma área que se configura mais pela tradição dos estudos linguísticos no nível da frase do que pela atenção dada aos gêneros, um pouco devido à associação que muitos linguistas fazem do termo "gênero" aos estudos de literatura. Alguns trabalhos nessa área são de base etnográfica (cf. SAVILLE-TROIKE, 1982, citado por SWALES, 1990) e concebem os eventos comunicativos como formas de comportamento verbal mais salientes pela comunidade, em termos sociolinguísticos. Outros, na perspectiva da linguística sistêmico-funcional, representada por Michael Halliday, apoiam-se no conceito de registro, entendido como variação no uso da linguagem e definido por três variáveis: *campo, relação* e *modo*.

Citando Martin (1985), Swales reforça a ideia de que cada gênero adquire determinadas características em função da sociedade e dos seus usuários e apresenta certas combinações das três variáveis de registro com determinados traços linguísticos. Isso quer dizer, na interpretação de Swales (1990), que a linguagem realiza o registro, e o registro realiza o gênero. Além disso, ele endossa o pensamento de Martin (1985) de que gêneros realizam propósitos sociais e observa que a realização de um gênero se faz através do discurso, razão pela qual a análise de estruturas discursivas se integra aos estudos de gêneros.

O quarto campo que traz contribuições para a análise de gêneros, na perspectiva construída por Swales, é o da retórica, que oferece uma classificação dos diversos tipos de discurso, nas seguintes categorias: expressivo, persuasivo, literário e referencial (cf. KINEAVY, 1971, citado por SWALES, 1990). Por essa ótica, se o discurso estiver centrado no receptor (leitor), será classificado como persuasivo, mas o contexto não é levado em consideração. Swales, então, se alinha a uma abordagem analítica citando Miller (1984), autora que realça fatores retóricos que não podem passar despercebidos na análise de gêneros, bem como a necessidade de se levar em conta a ação social realizada pelos gêneros e não apenas a sua forma discursiva. Ela defende o conhecimento de gêneros como um fator decisivo para que os membros de uma comunidade percebam as finalidades que pretendem alcançar.

As informações buscadas nessas quatro fontes inspiraram Swales na formulação do seu próprio conceito de gênero, construído com base em cinco características que permitem identificar um gênero como tal, apresentadas a seguir.

A primeira característica do gênero textual está relacionada à ideia de *classe*, uma categoria em que se encaixam textos semelhantes pertencentes ao mesmo gênero. Por essa ótica, o gênero é identificado como uma classe de eventos comunicativos realizados por meio da linguagem verbal, e esses eventos são constituídos de discurso, participantes, funções do discurso e ambiente onde se produz e se recebe o discurso.

A segunda característica do gênero é o propósito comunicativo. Basicamente, Swales (1990) entende que os eventos que compõem o gênero têm em comum um propósito comunicativo. No entanto, esse critério tornou-se bastante problemático na análise de gêneros e foi revisto pelo autor em trabalhos posteriores (ASKEHAVE; SWALES, 2001; SWALES, 2004). Segundo a teoria proposta por Swales (1990), o propósito comunicativo seria o ponto fundamental na definição de um gênero, seria a força motivadora do evento ou, em outros termos, o gênero é a realização, nas situações cotidianas, profissionais e acadêmicas, dos objetivos do evento comunicativo. Porém, como o próprio Swales reconhece, o propósito, às vezes, não é manifestado explicitamente, o que pode dificultar a sua identificação. Outro fator problemático é que, ordinariamente, existe mais de um propósito que motiva a produção do gênero, o que teoricamente poderia dificultar o seu reconhecimento.

Uma terceira característica é a prototipicidade. O texto que cumpre as características do gênero será identificado como parte desse gênero, como um membro da classe de eventos comunicativos. Os textos que mais plenamente se integram no gênero são aqueles que, pelas suas características, melhor tipificam os textos do grupo. Os mais típicos da categoria representam os protótipos, que são mais facilmente reconhecidos pelos usuários como realizações de um determinado gênero.

A lógica ou razão subjacente é a quarta característica do gênero. A importância da razão do gênero está relacionada com o seu propósito, ou seja, ela cumpre as convenções do gênero em função do propósito previsto. Essa razão subjacente determina as restrições em termos de conteúdo, posicionamento estrutural e forma. Por exemplo, as cartas administrativas de "boas notícias" e de "más notícias" apresentam os conteúdos em sequências diferentes porque as comunidades discursivas entendem que tais sequências servem para revelar apropriadamente os propósitos comunicativos. As notícias boas, em geral, são colocadas no início da carta e essa sequência se justifica quando se entende a lógica subjacente ao gênero.

A quinta característica dos gêneros é a terminologia elaborada pela comunidade discursiva para seu próprio uso para nomear os gêneros produzidos na comunidade. Os termos usados mostram como os seus membros percebem/entendem a ação retórica dos eventos comunicativos. Swales (1990), no entanto, reconhece fatores problemáticos também nesse critério. O mesmo evento pode ser identificado pela comunidade por mais de um termo, ou nome, o que sugere certa fragilidade na terminologia. Outro problema pode surgir quando, apesar de o termo que identifica o gênero não ser alterado, a atividade que o realiza sofre modificação significativa no processo de evolução do gênero.

Essas cinco características delineadas por Swales levam a uma concepção de gênero, proposta pelo autor nos seguintes termos:

> Um gênero compreende uma classe de eventos comunicativos, cujos exemplares compartilham os mesmos propósitos comunicativos. Esses propósitos são reconhecidos pelos membros mais experientes da comunidade discursiva original e, portanto, constituem a razão do gênero. A razão subjacente dá o contorno da estrutura esquemática do discurso e influencia e restringe as escolhas de conteúdo e estilo. O propósito comunicativo é o critério privilegiado que faz com que o escopo do gênero se mantenha relacionado estreitamente com uma determinada ação retórica compatível com o gênero. Além do propósito, os exemplares do gênero demonstram padrões semelhantes, mas com variações

em termos de estrutura, estilo, conteúdo e público-alvo. Se forem realizadas todas as expectativas em relação àquilo que é altamente provável para o gênero, o exemplar será visto pela comunidade discursiva original como um protótipo. Os gêneros têm nomes que são herdados e produzidos pelas comunidades discursivas e importados por outras comunidades. Esses nomes constituem uma comunicação etnográfica valiosa, porém tipicamente precisam de validação adicional. (SWALES, 1990, p. 58)

Por essa definição, pode-se perceber como as noções de gênero e de comunidade discursiva estão estreitamente ou intrinsecamente relacionadas. Para Swales (1990), as comunidades são verdadeiras redes sociorretóricas que atuam em torno de um conjunto de objetivos comuns, e os seus membros detêm uma familiaridade com gêneros particulares que lhes permite usá-los em causas comunicativas para atender a certos objetivos. Por essa ótica, fica evidente que os gêneros pertencem a comunidades discursivas, não a indivíduos. Eles são propriedades de grupos de indivíduos, que geram convenções e padrões que restringem as escolhas individuais.

A CONCEPÇÃO DE COMUNIDADE DISCURSIVA

Atrelada à noção de gênero, Swales (1990) concebe a definição de comunidade discursiva, relacionada à produção de textos como uma atividade social que se realiza de acordo com convenções discursivas específicas e revela o comportamento social e o conhecimento dos membros do grupo. Segundo ele, tais convenções facilitam a iniciação de membros novos, ou seja, os novatos são estimulados a usá-las de forma apropriada para garantir sua inserção na comunidade discursiva em que pretendem atuar.

No entanto, Swales adverte que não é fácil reconhecer uma comunidade discursiva e determinar que critérios são válidos para identificá-la. Uma comunidade acadêmica, por exemplo, poderia ser reconhecida pelo objetivo das pesquisas da comunidade, pela metodologia de pesquisa, pela frequência de comunicação ou ainda pelas convenções discursivas compartilhadas. Swales defende que esses critérios devem ser claros o suficiente para que possam ser aceitos ou rejeitados por outros pesquisadores e propõe seis características que podem definir uma comunidade discursiva.

A primeira característica, na visão que Swales apresenta em sua obra de 1990, é o conjunto de objetivos que os usuários dos gêneros mantêm em comum. O fato de os membros do grupo terem os mesmos objetivos ou interesses é o critério mais importante na identificação de uma comunidade discursiva.

Duas outras características têm a ver com o papel da informação no grupo. Primeiro, deve existir comunicação entre os membros da comunidade e mecanismos próprios para se efetivar a interação entre eles. Segundo, esses mecanismos têm a função de viabilizar a troca de informações e facilitar o engajamento dos membros da comunidade nessa troca.

Além dessas três características, Swales inclui outras duas que se relacionam com a capacidade que as comunidades têm para desenvolver gêneros e um léxico próprio que servem aos seus objetivos. Nesse processo de desenvolvimento de gêneros, a comunidade se preocupa com as decisões sobre, por exemplo, os tópicos que seriam importantes e os elementos formais discursivos que seriam preferidos na realização de determinadas funções retóricas. As comunidades possuem também um léxico que abarca termos com significados específicos para o uso dos gêneros. Os termos que servem para os eventos comunicativos de determinada comunidade, talvez não tenham significado para outros grupos, como seria, por exemplo, o caso das siglas TOEFL ou EFL (Test of English as a Foreign Language ou English as a Foreign Language). Para Swales, o ponto fundamental é que os membros da comunidade compartilham um léxico que favorece a realização dos seus objetivos.

Por último, no entender de Swales, alguns membros da comunidade discursiva são mais experientes, com grande conhecimento do discurso e do conteúdo privilegiado pela comunidade. Por outro lado, há membros que são novatos e procuram construir o próprio conhecimento das convenções discursivas que permitirão a sua participação plena nas atividades da comunidade.

A REVISÃO DO CONCEITO DE COMUNIDADE DISCURSIVA

Em *Genre Analysis: English in academic and research settings*, Swales (1990) chama atenção para a importância do conceito de comunidade discursiva dentro de uma teoria de gênero textual. Com ponderações de outros pesquisadores e do próprio Swales, abriu-se a discussão a respeito do conceito e, em vários trabalhos do autor (SWALES, 1992; 1993; 1998), verifica-se o aprofundamento na sua compreensão do conceito e dos limites da definição inicial. As críticas mostravam que um sujeito não pertence a uma única comunidade discursiva, o que acarreta variadas práticas sociais e diversos relacionamentos com outras comunidades (de fala ou discursiva).

Nesse sentido, ao admitir que as comunidades discursivas e as comunidades de fala (num sentido mais amplo) interagem e se interinfluenciam, Swales (1992) espraia a noção de comunidade discursiva. Segundo a reformulação de 1992, os mecanismos de participação na comunidade discursiva não mais se limitam unicamente a promover o *feedback* e a informação, mas se abrem às possibilidades da inserção do novo na comunidade. Se as práticas sociais podem ser inovadas, como pressupõe o terceiro critério, é natural que os gêneros aflorem, diversificando-se para dar conta do uso que também se diversifica, mas sem descaracterizar a comunidade, uma vez que os mecanismos de participação buscam "manter os sistemas de crenças e de valores" (SWALES, 1992, p. 11). Talvez, devido ao caráter de inovação incorporado à definição reformulada de comunidade discursiva, o léxico não se encontre já definido, como o disse alhures Swales (1990), mas está em busca de uma *terminologia específica*. Finalmente, a admissão de novos membros não é filtrada por uma *perícia discursiva*, ainda que não se abra mão de uma hierarquia que deverá ser respeitada, seja explícita, seja implícita.

Como se pode perceber, a reformulação dissolve a ideia de que a comunidade discursiva seria um grupo existente e estável e de que haveria consenso no posicionamento do grupo e nas suas decisões. Outra mudança relevante diz respeito à incorporação da noção de avanço ou evolução do grupo, o que se consubstancia na possibilidade de novidade, que também possibilita caracterizar a comunidade discursiva. Passou-se, então, a entender que a comunidade procura gêneros novos, assim como busca a novidade em tópicos, questões e produtos e na criação de espaços novos de pesquisa (SWALES, 1993).

No livro *Other floors, other voices: a textography of a small university building*, Swales (1998) retoma essas questões, abraçando a possibilidade de existirem conflitos dentro das comunidades discursivas e apontando outro fator, que seria a necessidade de se esclarecer os mecanismos que permitiriam identificar a abrangência do termo "comunidade discursiva". Se as instituições têm vários níveis de "comunidades", qual seria a comunidade em, por exemplo, uma universidade: a universidade como um todo ou os centros, ou os departamentos?

Outra limitação da definição é que ela se aplica apenas às comunidades já formadas, que são os resultados visíveis ou as consequências manifestas impulsionadas pela vontade de formar uma comunidade, na análise de Atkinson (1993), referida por Swales (1998, p. 21). Além disso, comunidades na fase embrionária ou em transição não têm gêneros que as identificam porque os traços linguísticos são instáveis. Enfim, Swales diz que o conceito proposto em 1990 serviu para validar grupos já existentes, mas não forneceu meios de analisar o processo de formação de grupos. Por fim, depois de quase abandonar o conceito, resolve reelaborar o seu entendimento de comunidade discursiva, o que faz no contexto de uma instituição universitária – a University of Michigan.

O estudo que Swales então desenvolve demonstra a evolução do conceito, o qual passa a chamar de "teoria de comunidade discursiva" (SWALES, 1998, p. 197). A partir da visão de Killingsworth e Gilbertson (1992, citados por SWALES, 1998), autores que argumentam pelas noções de comunidade discursiva local e comunidade global, Swales propõe o conceito de comunidade discursiva de lugar como um grupo de pessoas que regularmente trabalham juntas e têm uma noção estável dos objetivos do grupo, ao mesmo tempo que percebem a possibilidade de haver mudança nos objetivos. A comunidade de lugar desenvolve os gêneros de acordo com os objetivos e as propostas do grupo. Os gêneros, por sua vez, constituem uma rede interativa de comunicação e representam o meio pelo qual as atividades da comunidade são validadas fora do seu ambiente. Além disso, os membros da comunidade de lugar têm um autoconhecimento sobre os seus valores e identidade. Conhecem também a sua própria história, e os novatos são instruídos nas tradições e nas práticas discursivas da comunidade (SWALES, 1998, p. 204). Por fim, nessa visão, a comunidade discursiva pode também comportar a divergência, a falta de união e o preconceito entre os membros.

A REVISÃO DO PAPEL DO PROPÓSITO COMUNICATIVO

Conforme referimos na teoria elaborada em 1990, o propósito comunicativo seria o critério privilegiado na identificação de gênero e determinaria a estrutura do gênero e as escolhas quanto ao conteúdo e ao estilo. O propósito seria a força que estabelece o foco da ação retórica do gênero. No entanto, em se considerando às já detectadas dificuldades com o conceito, resumidas anteriormente, Swales o revisita. Em um artigo em coautoria com Inger Askehave (ASKEHAVE; SWALES, 2001), argumenta que o propósito comunicativo não é sempre visível, ao contrário da forma do gênero e, por consequência, não serviria como um critério fundamental para a identificação de um gênero. No seu livro *Research genres: explorations and applications* (2004), Swales retoma o conceito e observa que, com base em sua própria pesquisa sobre cartas de recomendação, é uma tarefa difícil identificar o propósito do gênero. Vai além e afirma que pode haver múltiplos propósitos comunicativos (SWALES, 2004, p. 71).

Askehave e Swales (2001) ressaltam a posição de Bhatia (1993), para quem os membros mais experientes *exploram* o gênero, manipulando os elementos de intenção, posicionamento, forma e função *para as suas intenções pessoais*, e o fazem dentro dos propósitos socialmente reconhecidos. Em consequência disso, a identificação do propósito se complica, reconhecem os autores, utilizando o exemplo de um jornalista que explora a reportagem para inserir a sua visão política sobre o tópico. Por isso, eles preferem abordar o conceito de propósito comunicativo como uma questão de *propósitos em camadas de forma complexa*, ao invés de uma lista de propósitos.

Os autores concluem que se deve abandonar a noção de que o propósito comunicativo possa servir como instrumento para uma identificação imediata do gênero discursivo. Como desdobramento dessa conclusão, propõem uma análise de gênero que implica a redefinição do propósito do gênero ao longo do processo de análise, o que eles chamam de "repropósito do gênero" (*repurposing the genre*). Nesse trabalho conjunto (ASKEHAVE; SWALES, 2001) e num posterior (SWALES, 2004), observa-se especialmente que o propósito comunicativo deixaria de ser o critério principal para a identificação de gêneros, porém seria mantido como um dos critérios a ser aplicados como instrumento de investigação de um gênero. Para isso, os autores lançam mão de um esquema (reproduzido a seguir) com dois procedimentos analíticos para a identificação de gêneros. Um dos processos contemplados no esquema (Quadro 1), o textual, teria o propósito comunicativo como um dos elementos a ser examinados. O propósito, a estrutura do gênero, o estilo e o conteúdo seriam examinados em uma primeira etapa da investigação. Posteriormente, o propósito deveria ser revisto (*repurposing the genre*) para a confirmação ou redefinição do gênero.

QUADRO 1

Análise de gêneros a partir do texto.

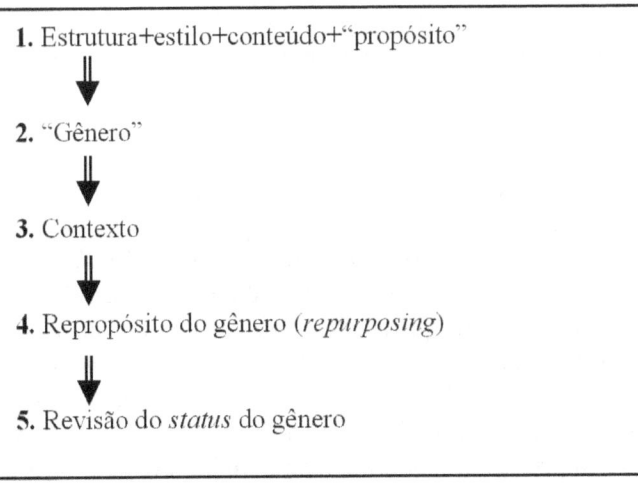

Fonte: ASKEHAVE; SWALES (2001).

No processo contextual (Quadro 2), diferentemente, as etapas da investigação incluem, além do propósito, a identificação da comunidade, seus valores, suas expectativas e seu repertório de gêneros e as características dos gêneros no repertório. Ambos os procedimentos incluem a redefinição do propósito comunicativo do gênero e, por isso, Swales (2004, p. 72) sugere que essa redefinição aconteça "no final do processo de análise", pois somente após o exame mais cuidadoso dos propósitos comunicativos dos gêneros é que se "completará o círculo hermenêutico" sobre o qual falam Askehave e Swales (2001, p. 210).

QUADRO 2
Análise de gêneros a partir do contexto

---

1. Identificação da comunidade comunicativa (discursiva)
⇓
2. Valores, objetivos, condições materiais da comunidade discursiva
⇓
3. Ritmo de trabalho, horizontes de expectativas
⇓
4. Repertório de gêneros e normas de etiqueta
⇓
5. Repropósito dos gêneros (*repurposing*)
⇓
6. Características textuais dos gêneros A, B, C, D.

Fonte: ASKEHAVE; SWALES (2001).

Os dois procedimentos valorizam o dinamismo do gênero. Mas os autores mostram uma preocupação metodológica ao observar que a identificação do gênero deverá ser realizada através de uma investigação complexa do texto em seu contexto. Como ilustração disso, em *Other floors, other voices*, Swales (1998) faz uma investigação de gêneros, utilizando os múltiplos textos produzidos por pesquisadores, funcionários e professores, além de empregar a técnica da entrevista com esses membros nas três comunidades discursivas pesquisadas. Dessa forma, Swales relaciona conteúdos e traços textuais às convenções discursivas e, a partir disso, às práticas sociorretóricas e à lógica subjacente a essas práticas. Também fica evidente o conhecimento que os membros das comunidades têm dos eventos comunicativos realizados através do seu repertório de gêneros.

Independentemente da orientação em que se inscreve a pesquisa (centrada seja no texto, seja no contexto), na opinião de Swales (2004), se um gênero regula determinada atividade social, então é provável que as coisas possam mudar no interior dos grupos sociais. Isto implica que

> [...] os propósitos sociais evoluem, podendo se expandir ou se retrair [ou seja] os quadros de atividade social e os padrões podem mudar [...] características mais prototípicas podem ocupar posição mais central, atitudes institucionais podem se tornar mais ou menos amigáveis para os de fora, e até mesmo os atos de fala podem dar espaço para diferentes interpretações. (SWALES, 2004, p. 73)

Se as comunidades discursivas mudam e se com elas mudam também os gêneros, Swales considera prudente que o analista utilize o conceito de "repropósito do gênero" (*repurposing the genre*), apresentado de forma criativa pelo autor "como parte do *kit* de ferramentas para a Análise de Gêneros" (SWALES, 2004, p. 73-74). Salientamos, no entanto, que a confirmação do propósito comunicativo de um gênero não é algo que pode ser decidido somente pelo analista, sobretudo se a pesquisa for revestida por contornos etnográficos. Assim, para operar com o conceito swalesiano de "repropósito do gênero", o pesquisador terá de elaborar dispositivos metodológicos que lhe permitam extrair essa confirmação com a colaboração dos autênticos produtores/consumidores dos gêneros, membros experientes das comunidades discursivas de que participam.

Uma proposta de análise da organização retórica de gêneros

Importante contribuição metodológica para a análise das estratégias que os escritores/autores usam para distribuir as informações nos textos pertencentes a gêneros é a criação do modelo CARS (*Create a research space*), que começou a ser elaborado com base no estudo de um *corpus* de 48 introduções de artigos de pesquisa (Swales, 1984), estendendo-se, numa segunda etapa, a 110 introduções de artigos de três áreas diferentes: física, educação e psicologia (SWALES; NAJJAR, 1987). Os resultados dessas duas pesquisas apontaram uma regularidade de quatro movimentos (*moves*) na composição textual de introduções de artigos de pesquisa (doravante AP).

Nessa primeira versão do modelo, o primeiro movimento – *Estabelecendo o campo de pesquisa*, o autor/escritor comumente apresenta ao leitor a área em que se insere a sua pesquisa; o segundo – *Sumarizando pesquisas prévias*, faz referência a pesquisas já desenvolvidas, que oferecem subsídios de continuidade ou de contestação; o terceiro – *Preparando a presente pesquisa*, descreve sucintamente a presente pesquisa, indicando objetivos, hipóteses, métodos; e o quarto movimento – *Introduzindo a presente pesquisa*, mostra aspectos da sua relevância dentro do cenário em que se desenvolveu (SWALES, 1984, p. 80).

Segundo o próprio Swales (1990), algumas experiências de outros pesquisadores apontaram dificuldades em aplicar o modelo em análise de outros gêneros, entre elas, separar o movimento 1 do movimento 2. Uma revisão cuidadosa do modelo inicial resultou na redução dos quatro movimentos a três, e Swales acrescentou vários passos (*steps*) em cada um dos movimentos, sofisticando a sua segunda versão e valendo-se de uma "analogia ecológica" para nomear os três movimentos. Os passos de cada movimento, entre opcionais e obrigatórios, revelam como as informações são distribuídas em introduções de AP, e a maior relevância é dada à ocupação do nicho, no movimento 3, definido ecologicamente como "um microambiente particular em que um certo organismo pode se desenvolver. [...] um contexto onde um determinado tipo de pesquisa faz sentido" (SWALES; FEAK, 1994, p. 175).

O novo modelo CARS compreende, então, três movimentos e onze passos, conforme se pode visualizar no Quadro 3, com a possibilidade dos passos marcada por **e/ou** à direita de cada passo opcional e com o esforço retórico indicado por setas em sentido decrescente a cada movimento.

QUADRO 3
Modelo CARS para introduções de artigos de pesquisa

MOVIMENTO 1: ESTABELECER O TERRITÓRIO		
Passo 1 – Estabelecer a importância da pesquisa	e/ou	↓
Passo 2 – Fazer generalização/ões quanto ao tópico	e/ou	Diminuindo o
Passo 3 – Revisar a literatura (pesquisas prévias)		esforço retórico
MOVIMENTO 2: ESTABELECER O NICHO		
Passo 1A – Contra-argumentar	Ou	↓
Passo 1B – Indicar lacuna/s no conhecimento	Ou	Enfraquecendo
Passo 1C – Provocar questionamento	Ou	os possíveis questionamentos
Passo 1D – Continuar a tradição		
MOVIMENTO 3: OCUPAR O NICHO		
Passo 1A – Delinear os objetivos	Ou	↓
Passo 1B – Apresentar a pesquisa		Explicitando
Passo 2 – Apresentar os principais resultados		o trabalho
Passo 3 – Indicar a estrutura do artigo		

Fonte: SWALES (1990, p. 141).

O movimento 1 pode se realizar em três passos que constituem opções de "estabelecimento do território". No passo 1, o autor chama a atenção da comunidade discursiva para uma área de pesquisa significativa e bem-estabelecida; no passo 2, toma uma posição neutra e faz declarações generalizadas sobre conhecimento ou prática corrente; e no passo 3, faz referência aos pesquisadores que atuaram na área anteriormente e relata o que já descobriram. O exemplar de introdução de AP que Swales (1990, p. 143) usa para ilustrar o modelo contém os três passos do movimento 1, mas o autor ressalta que eles não são obrigatórios; portanto, nem todas as introduções apresentam essa organização retórica.

O movimento 2, caracterizado por "estabelecer o nicho", tem um passo, segundo o autor, que é o mais prototípico – o passo 1B, entre as quatro opções que compõem o movimento. Nesse passo, o autor da introdução indica uma lacuna a ser preenchida na área de conhecimento escolhida e realça algumas limitações que foram detectadas em pesquisas anteriores.

O terceiro movimento tem a função de "ocupar o nicho" estabelecido no movimento 2, isto é, ocupar um espaço de pesquisa determinado. O passo 1 é considerado obrigatório, pois é regularmente preenchido na opção A, em que o autor expõe o principal objetivo ou os objetivos da sua pesquisa "Ou" na opção B, em que ele descreve as suas principais características. Os outros dois passos, em que o autor apresenta os principais resultados (passo 2) e indica a estrutura do artigo (passo 3) são menos frequentes do que os dois anteriores; portanto, são opcionais. Segundo Swales (1990, p. 161), "uma opção final na introdução é indicar em vários graus de detalhes a estrutura do AP – e ocasionalmente o conteúdo dessa estrutura". Já o início do movimento 3 "é tipicamente marcado por (a) ausência de referências a pesquisas anteriores e (b) uso de referências dêiticas ao próprio texto" (Swales, 1990, p. 159).

O modelo CARS, aqui sucintamente descrito, inspirou muitas pesquisas voltadas para a análise da organização retórica de gêneros acadêmicos e não acadêmicos no Brasil. Alguns dos capítulos que compõem este livro apresentam adaptações do modelo, mantendo a sua estrutura em termos de *moves* e de *steps*, renomeando-os com uma nomenclatura que traduz o conceito de *move* e *step* em língua portuguesa e, ao mesmo tempo, atende as necessidades de identificar as informações que aparecem organizadas retoricamente em cada gênero analisado.

Algumas considerações complementares

Na teoria de gênero textual proposta e revista por Swales, destacam-se algumas contribuições importantes. A teoria formalizada em 1990 apresenta o gênero como uma classe de eventos comunicativos, que se constitui em torno de propósitos comunicativos partilhados entre os membros de uma comunidade discursiva. Esta produz os gêneros e reconhece a lógica subjacente a eles, desenvolve e possui um repertório de gêneros, assim como um léxico próprio para os gêneros.

Esses dois conceitos – gênero e comunidade discursiva – ganharam importância em estudos posteriores. A noção de comunidade discursiva, especialmente, evoluiu para a caracterização de um grupo de pessoas que trabalham no mesmo lugar e mantêm um repertório de gêneros, que possuem traços retóricos claros e validam as atividades da comunidade. A novidade e a evolução passaram a fazer parte da concepção de comunidade discursiva, consideradas na medida em que os seus membros podem desenvolver novos gêneros.

Em se considerando a aplicação da sua teoria à análise de gêneros textuais, os estudos que o próprio Swales elabora ao longo de sua obra trazem contribuições para estudos de gênero em três aspectos. Primeiro, a preocupação com o texto permeia toda a obra do autor e, se o texto teve um lugar central na análise de gêneros nos seus primeiros estudos, pode-se dizer que a sua atenção evoluiu para uma abordagem mais ampla de análise, que privilegia um conjunto de textos representativos de cada gênero e o seu contexto de uso. Swales entende o texto como imbricado no contexto retórico e social. Assim, a estrutura, o conteúdo e os traços léxico-gramaticais dos gêneros são abordados ao lado de características da comunidade discursiva, incluindo os seus valores, suas práticas e suas expectativas sobre o gênero. Ou seja, enquanto Swales continua mostrando a relevância de uma análise do texto, demonstra perceber que o acúmulo de estudos sobre o assunto, não somente os dele, contribuiu para se ter uma visão da complexificação da abordagem de gêneros. Uma boa ilustração disso é a textografia apresentada no livro *Other floors, other voices* (SWALES, 1998), no qual o autor desenvolve um estudo bastante denso e minucioso, que reúne os elementos inseparáveis, interdependentes, de texto e contexto.

Segundo, deve-se ressaltar a abrangência da aplicabilidade de sua teoria que, em princípio, se destina a aplicações no ambiente acadêmico e profissional tanto na pesquisa quanto no ensino, mas que vai além desses contextos, como se pode constatar em alguns capítulos deste livro, em que o conceito de comunidade discursiva, por exemplo, tem grande relevância na descrição e análise de algumas comunidades não acadêmicas e pode esclarecer as práticas e o saber de outras.

O terceiro aspecto diz respeito à criação do modelo CARS (*Create a research space*) (SWALES, 1990). Acreditamos que a maior contribuição de Swales aos estudos de gêneros, em termos analítico-metodológicos e pedagógicos, seja esse seu modelo de análise de gêneros textuais, que se caracteriza pela regularidade dos movimentos retóricos, com a força e a flexibilidade suficientes para ser aplicado nos mais variados contextos. As adaptações ao modelo, que são apresentadas em vários capítulos deste livro, constituem uma resposta às possibilidades de análise em contextos diversos de uso dos gêneros, somando tradições, valores, expectativas e convenções próprias nas comunidades que os (re)produzem.

Sobre modelos de análise do discurso

John M. Swales

> *Certo dia, um homem se aproxima de Mozart numa rua de Viena e pergunta: "Com licença, senhor Mozart, o senhor podia me dizer como escrever uma sinfonia?". "Com certeza" – responde Mozart – "faça o seguinte [e o homem pega um caderno para anotar tudo]: primeiro, escreva uma peça para piano solo, depois um dueto, depois um quarteto, depois um concerto para uma pequena orquestra, e aí finalmente você estará pronto para escrever uma sinfonia". Depois de anotar tudo aquilo, o homem da rua de Viena levanta os olhos e exclama: "Mas não foi assim que o senhor fez, senhor Mozart!". E Mozart replica: "Ah... veja, há uma grande diferença entre nós dois: eu não precisei perguntar a ninguém".*

É claro que Mozart foi um ser humano excepcional; além de ser um gênio da música, ele bem cedo recebeu de seu ilustre pai uma preparação admirável e incrivelmente intensiva nas artes musicais. Sem dúvida, existem muito poucos "talentos naturais"; poucos autodidatas bem-sucedidos, que não precisam perguntar como criar uma grande obra; poucos como Conrad e Nabokov, que são capazes de escrever de modo brilhante em línguas que não são originalmente suas. Contudo, a maioria de nós precisa de algum tipo de suporte, alguma espécie de estrutura progressiva e acolhedora fornecida por cursos, currículos, ementas ou tarefas gradativas e aconselhamento individual em vários níveis e em variadas situações. De uma perspectiva retórica, importante, mas parcial, podemos perceber esse processo educacional como uma série de escadas genéricas – embora também haja, é claro, como se diz na Inglaterra, algumas serpentes ou, no dizer dos americanos, algumas corredeiras. Em termos do discurso acadêmico escrito, os degraus superiores dessas escadas genéricas podem consistir em monografias de conclusão de cursos de graduação, dissertações de mestrado, teses de doutorado e publicações substanciais em periódicos de ponta para professores pesquisadores.

Em nosso livro de texto para doutorandos e pesquisadores iniciantes não nativos de inglês ao redor do mundo, Chris Feak e eu (SWALES; FEAK,

2000) tentamos acompanhar esse tipo de progressão na maior parte de nossas oito unidades. Os títulos dessas oito unidades são os seguintes:

1. O posicionamento do escritor pesquisador
2. Passando para um estágio mais elevado – o *abstract*
3. A pesquisa em evidência – o pôster
4. A revisão de literatura
5. Revisões de literatura mais complexas
6. Passos para frente e paradas na estrada da tese
7. Comunicações acadêmicas como suporte para o processo de pesquisa
8. Comunicações acadêmicas como suporte para uma carreira de pesquisa

Após uma orientação inicial na primeira unidade, as cinco unidades seguintes tratam dos gêneros ou partes de gêneros oficiais, começando com o *abstract* de trabalhos acadêmicos, uma vez que tipicamente é o primeiro texto produzido por um estudante de pós-graduação que se dirige para fora de seu próprio contexto institucional e, não por coincidência, breve o bastante para ser adequado à revisão por pares. As duas últimas unidades tratam do que eu chamei noutro lugar de "gêneros ocultos [*occluded*]" (SWALES, 1996); são requerimentos, inscrições, lembretes, recomendações e assim por diante, que dão suporte a uma carreira acadêmica prolífica, mas eles mesmos não fazem parte dos registros formais. A maior parte dos gêneros e partes de gêneros desses dois tipos é suscetível a uma estruturação em forma de modelo (ou seja, há uma tendência para a previsibilidade do que pode acontecer nas unidades de abertura, desenvolvimento e conclusão). Entretanto, de acordo com nossa pesquisa, uma exceção é a revisão da literatura, que parece ser bem menos suscetível a tal abordagem (SWALES; LINDEMANN, 2001), mas isso é outra história.

Reflexões sobre modelos estruturais

Neste trabalho, gostaria de refletir com alguma profundidade sobre o *status* e a disposição desse tipo de modelo estrutural na análise do discurso aplicada e, por extensão, na escrita acadêmica e profissional e, indo um pouco mais além, na fala acadêmica e profissional. O tipo de modelo que tenho em mente é o que pretende dar conta da estrutura do discurso, tal como o modelo de situação-problema-solução-avaliação de Michael Hoey (HOEY, 1983), em muitas espécies de textos técnicos e expositivos – e diga-se de passagem que a primeira definição de "modelo" em meu dicionário Oxford é "representação de uma estrutura". Na análise do discurso, esses modelos estruturais possuem comumente uma forma esquemática, em geral acompanhada de setas ou em forma de listas numeradas, às vezes com vários tipos de subcategorização.

Porém, antes de tentar desenvolver meu argumento central, pode ser útil colocar esse aspecto da pesquisa em linguística aplicada num contexto mais amplo, a menos que eu quisesse ser ainda mais obsessivo-compulsivo sobre a importância da análise de gêneros do que realmente sou. Para isso, usarei o excelente mas pouco conhecido livro de Anne Beaufort, de 1998, intitulado *Writing in the real world* [*A escrita no mundo real*]. A autora apresenta um modelo (essa palavra de novo!) para "cinco domínios de conhecimento contextualizado para a escrita especializada". Os quatro indicados abaixo se sobrepõem e se unem para moldar um texto especializado:

> Conhecimento do assunto
>
> Conhecimento retórico
>
> Conhecimento do processo de escrita
>
> Conhecimento do gênero

Todos esses quatro serão posteriormente encapsulados ou envolvidos pelo que Beaufort chama de "conhecimento da comunidade discursiva" (p. 64), ou pelo que Ken Hyland (2000) chama de "culturas disciplinares", ou pelo que outros chamaram de "comunidades de prática" (LAVE; WENGER, 1991), ou talvez pelo que Bourdieu chama de "habitus" (BOURDIEU, 1991). Seja qual for a terminologia, o aspecto que desejo enfatizar nesse primeiro momento é que o meu foco se concentra aqui apenas em parte – apenas numa quinta parte, no modelo de Beaufort – do que podemos conceber como capacidade de escrita; as demais partes são importantes, mas não é possível abrangê-las em um espaço tão pequeno.

Apesar da potencial importância de modelos estruturais como demonstrações do que a análise do discurso pode produzir e elucidar em um nível acima da sentença e do enunciado, a reflexão meta-analítica séria sobre seus usos e papéis é rara na literatura de linguística aplicada ou de inglês como segunda língua (ISL). Pelo contrário, os modelos tendem a ser descritos de duas maneiras equivocadas. Por um lado, eles frequentemente são acompanhados de ressalvas que os apresentam como "provisórios" ou como "simplificações". Por outro lado, muitas vezes são descritos como marcos de realização acadêmica, como quando autores anunciam que seus longos estudos já podem ser resumidos em novos modelos ou que seus modelos evidenciam o que análises esquematizadas podem fazer do ponto de vista tanto heurístico quanto pedagógico. Além desse tipo de comentário verbal modalizador ou encomiástico, parece que teríamos muito pouco.

Essa reticência, obviamente, pode estar relacionada com o fato de que os modelos não são universalmente aprovados nos círculos acadêmicos, por causa de seu uso disseminado, mas não fundamentado em pesquisa, nos livros de texto em comunicação empresarial e técnica, bem como em seus equivalentes em L2. Os modelos também tendem a ficar desconfortáveis entre aqueles que adotam abordagens processuais à escrita, entre os que privilegiam a expressão individual e a criatividade e entre os que acreditam que modelos são inerentemente conservadores e restritivos, diminuindo, portanto, as oportunidades que alunos e professores têm de desconstruir os sistemas hierárquicos de que fazem parte (PENNYCOOK, 1997).

A despeito dessas preocupações, os próprios modelos têm um lugar venerável na breve história da análise do discurso. Na análise do texto escrito, o primeiro provavelmente foi o modelo do conto europeu/eslavo de Vladimir Propp em 1928, com sua análise dos 31 elementos que caracterizavam o gênero e sua descoberta de que, no entanto, muitos desses elementos se realizavam em cada conto sempre seguindo uma determinada ordem (que se reflete miraculosamente nos livros de Harry Potter).

No discurso oral, uma das primeiras tentativas foi o relato neofirthiano de Mitchell (1957) sobre transações comerciais no norte da África (baseado em dados coletados em 1949), intitulado *Compra e venda em Cirenaica: um relato situacional*. Esse estudo claramente estava à frente do seu tempo; aparentemente rejeitado pelos periódicos britânicos como "não sendo linguística" (e, mais tarde, descartado por Langendeon como "etnografia", [VENTOLA, 1998]), casualmente foi publicado em uma revista de arqueologia do Marrocos, chamada *Hesperis* e, desde então, teve um destino bastante obscuro. Apesar disso, o artigo permanece como um importante precursor, até pela íntima inter-relação que faz entre contexto e expressão linguística. Segue-se um dos modelos de Mitchell (1957, p. 45):

Transações em mercados e lojas

Essas categorias partilham um padrão comum de estágios, como se segue:

1) saudação
2) inquirição sobre o objeto de venda
3) investigação do objeto de venda
4) barganha
5) conclusão

Observe-se, além da lista numerada, o uso da expressão "padrão comum de estágios", que na sequência Mitchell descreve, qualifica e exemplifica. É assim que ele inicia sua descrição do Estágio 1:

> As situações de loja e de mercado diferem porque para este último é possível que, por exemplo, não sejam trocadas saudações. *No todo*, é mais provável que isso aconteça quando o cliente for um homem da cidade. *Como regra*, entretanto, tanto por causa da importância atribuída pela sociedade à saudação dos conhecidos e, mais particularmente, *pelos possíveis benefícios da parte do atendente na transação*, o comprador inicia os procedimentos com a saudação apropriada. (p. 45; ênfase minha)

Embora se trate de um projeto iniciado 50 anos atrás, os primeiros dois elementos em itálico apontam para o que se tornaria uma preocupação duradoura, qual seja, permitir exceções no modelo, e o terceiro, para o fornecimento de alguma justificativa para as escolhas preferidas. Em um periódico contemporâneo, o aparecimento dessas características, e mais outras, como a soberba documentação linguística, não seria indesejável nem desnecessário.

Outros modelos, é claro, estabeleceram uma relativa popularidade ou até mesmo notoriedade. Eis aqui quatro, todos com mais de dez anos de existência:

Narrativas orais (Labov, 1972)
Resumo
Orientação
Complicação
Avaliação
Resolução
Coda

Problema-solução (Hoey, 1983)
Situação
Problema
Solução
Avaliação

Encontros de serviços (Ventola, 1987)
Oferta do serviço
Solicitação do serviço
Transação
Saudação

Introduções de artigos de pesquisa (SWALES, 1990)
Estabelecendo o território
Estabelecendo o nicho
Ocupando o nicho

Em seguida, gostaria de levantar três questões intimamente relacionadas a tais modelos em análise do discurso aplicada, concentrando-me no último, em parte porque conheço o modelo muito bem e sei algo sobre a literatura que tem gerado, em parte porque o modelo foi projetado especificamente para a escrita acadêmica e profissional em ISL. As perguntas são as seguintes:

1) O que faz um modelo ser "bom"?

2) Quais são as relações preferidas entre modelos e os discursos associados a eles?

3) O que podemos aprender das questões acima sobre o papel dos modelos na análise (aplicada) do discurso?

Um traço que aparentemente predispõe à aceitação de modelos estruturais é certa simplicidade. Embora todos os quatro modelos que selecionei sejam mais complexos do que a forma como os representei (Labov trata de elementos faltantes, Hoey com sequências alternadas, Ventola com elementos recursivos e Swales com "passos" dentro de três "unidades retóricas", e nenhum deles chega a ser complicado em seus elementos básicos. Em contraste, modelos elaborados, por sua sofisticação e pelo tempo e esforço empregados em sua evolução, de alguma forma, são incapazes de chamar a atenção das comunidades discursivas relevantes de modo consistente, independentemente do apelo que trazem para confrarias de pesquisadores de pensamento semelhante. É como se a simplicidade tornasse os modelos memoráveis, e isso por sua vez tornasse possível seu uso, sua citação e seu ensino (em algum sentido a ser discutido).

A segunda característica óbvia dos quatro modelos é que seus elementos são retratados em termos de categorias pragmáticas ou retóricas, e não em categorias linguísticas ou formais. O terceiro traço importante é que, com a possível exceção de Hoey, os elementos escolhidos foram rotulados de acordo com as exigências de tipos discursivos ou gêneros específicos. O quarto traço seria que todos os modelos estão muito bem fundamentados em diversos *corpora* de dados do mundo real, já que nenhum deles surgiu da introspecção ou especulação, e nenhum deles foi herdado diretamente de Aristóteles ou de alguma outra celebridade retórica.

Para a quinta e decisiva característica poderá ser útil recordar o famoso artigo de Murray S. Davis (1971) sobre o que faz uma teoria ser interessante, especialmente na sociologia. A resposta de Davis, em poucas palavras, é que as teorias ou proposições – no nosso caso, os modelos estruturais de discurso – rejeitam certas premissas de seus interlocutores. A primeira categoria, dentro do que Davis chama de "índice do interessante", é a mais relevante para a presente discussão.

(i) *Organização*

a. O que parece ser um fenômeno desorganizado (desestruturado) na realidade é um fenômeno organizado (estruturado).

De modo bastante interessante, Davis comenta que essa é a ambição típica de uma "jovem disciplina em amadurecimento", o que parece se encaixar muito bem no campo dos estudos do discurso.

Em nosso caso, então, parece que os "bons" modelos de estrutura do discurso seriam os que oferecem ordem onde não se esperaria ordem, ou onde esta ainda não tivesse sido relatada. Essencialmente, os "bons" modelos devem causar em seus leitores, ou pelo menos em boa parte deles, certo senso de revelação; precisam evocar, pelo menos no início, algum sentimento como: "Ah, agora entendo o que está acontecendo aqui, de uma maneira que eu não percebia antes; antes eu só via os detalhes, agora tenho uma visão do todo." Desse modo, nossa percepção original, confusa e incipiente, sobre uma narrativa oral, um breve relatório técnico, uma transação comercial ou uma introdução de artigo de pesquisa é substituída pelo esquema que o modelo nos impõe. Em outras palavras, aparentemente algum poder exegético entra em operação aí. Não surpreende, portanto, que os modelos dotados de todas as cinco características que mencionei sejam raros.

De fato, a despeito de todas as tentativas, até agora só tenho conseguido repetir meu antigo sucesso. Talvez da mesma forma que os compositores aparentemente só conseguem escrever um único concerto para violino, os analistas do discurso só possam produzir um modelo de sucesso.

Murray Davis também pode nos ajudar a refletir sobre as outras duas perguntas, especialmente se um modelo é "bom", caso dê conta dos dados para os quais pode ser aplicado de forma (mais ou menos) apropriada. À primeira vista, a resposta deveria ser um direto, óbvio e aberto "Sim, é claro que deve haver uma boa correspondência entre os dados e o modelo." De fato, a ciência aparentemente segue esse raciocínio; eis uma breve citação de Stephen Hawking, que naturalmente está falando das ciências físicas teóricas: "Uma teoria é boa se ela for um modelo elegante, se descrever um amplo espectro de observações e se predisser os resultados de novas observações" (HAWKING, 1993, p. 6). Contudo, eu gostaria de propor que, pelo menos no campo aplicado, nada é transparentemente óbvio ou evidentemente correto sobre tal posição, e isso apesar dos numerosos estudos do tipo "teste o modelo" realizados em nível de mestrado e doutorado.

Um caso-teste

A essa altura, será útil considerar uma simples situação hipotética. Imagine que queremos construir um modelo para dar conta do que acontece linguisticamente quando alguém faz uma pergunta. Eis aqui um exemplo baseado no conhecido modelo de tomadas de turno de Sacks, Schegloff e Jefferson (1974):

1) Pergunta

2a) Resposta ou

2b) Pergunta ou

2c) Silêncio → 3a) Repetição da pergunta

3b) Outra resposta

Vamos presumir, a bem do meu argumento, que esse modelo cubra todas as possíveis contingências do comportamento verbal subsequente a uma pergunta. Como consequência, parecerá que o modelo é "bom"; entretanto, no sentido de Murray Davis, ele não é muito interessante. Ainda que pudesse agradar a filósofos e assemelhados, o modelo não nos diz nada muito específico sobre as *propensões* do comportamento verbal humano, nem como essas propensões são afetadas pelos vários tipos de contexto, exatamente da mesma forma que as máximas de Grice (1975) precisam ser recalibradas para cada contexto situacional para que tenham algum valor prático. Por exemplo, a *máxima de quantidade* ("Diga exatamente o necessário, não mais") não passa de um truísmo vazio até que a interpretemos dentro das convenções do que é permitido e esperado em um determinado gênero.

Portanto, ofereçamos uma alternativa simples:

1) Pergunta

2) Resposta

Agora, isso é mais "interessante" (no sentido em que estou usando este adjetivo), pois o modelo capta o sistema de "preferência" em análise da conversação, pelo qual a resposta é o comportamento preferido; o modelo também pode captar o bem atestado fenômeno de que em díades institucionais (em contextos jurídicos, médicos e educacionais) os especialistas têm o direito de fazer perguntas que exigem respostas dos interactantes não especialistas, ao passo que esses últimos têm direitos reduzidos no que diz respeito a formular perguntas. Também importante é que o modelo se torna falseável no sentido popperiano. Poderíamos mostrar, por exemplo, que, no estudo feito por Perez-Gonzalez, as 911 chamadas em que os clientes solicitam diversos tipos de respostas são tipicamente seguidas por perguntas dos atendentes solicitando mais informação (PEREZ-GONZALEZ, 1998), e que isso normalmente acontece em encontros de serviço e em sequências de pedidos de informação (SCOTTON; BERNSTEN, 1983):

> *Pergunta:* Você podia me informar o caminho para os Correios?
> *Pergunta:* Você conhece bem a cidade?

A essa altura, surge um terceiro modelo alternativo, que seria mais ou menos o seguinte:

1) Pergunta

2) [Quando o interlocutor 1 omite informação relevante]
Pergunta

Agora esse modelo mais inesperado tem "valor de novidade" nos termos de Berkenkotter e Huckin (1995); ele é mais "interessante" do que os dois anteriores, no conceito de Davis; apresenta um interessante potencial explicativo; e provavelmente atrairia mais investigação empírica nas áreas em que pudesse ser aplicado. Agora parece que, afinal, a qualidade de ser bom como adequação aos dados globais pode não ser um critério de definição necessário nem suficiente para modelos estruturais úteis do ponto de vista pedagógico ou prático em nosso campo.

Revisitando as introduções de artigos de pesquisa

O modelo CARS (*create-a-research-space*), de 1990, tem sido comparativamente bem-sucedido, em termos tanto descritivos quanto pedagógicos (ou pelo menos é aquilo em que ingenuamente acredito), por ser relativamente simples, funcional, apoiado em *corpora, sui generis* para o gênero a que se aplica e por, pelo menos no estágio inicial, oferecer um esquema que até o momento não estava amplamente disponível. Um possível sexto elemento que predisporia ao sucesso do modelo poderia ser seu forte colorido metafórico – a competição ecológica por espaço de pesquisa em um território fortemente disputado. Contudo, o emprego de uma metáfora controladora dessa natureza particular teve como consequência a geração de dois efeitos conflitantes. A metáfora contribuiu, por um lado, para que o modelo se tornasse "interessante"; por outro, para sua aparente falibilidade. Esses efeitos resultam do fato de que a metáfora *criar-um-espaço-de-pesquisa* privilegia um ambiente em que o promocionalismo e a vibração acadêmica são fortes (LINDENBERG, 1998; HYLAND, 2000); ela reflete primariamente a pesquisa em um mundo grandioso, em campos grandiosos, línguas grandiosas, com grandes periódicos e grandes bibliotecas.

Em outros lugares no cenário acadêmico, as coisas podem ser bastante diferentes, como Mauranen (1993) mostrou com relação aos economistas finlandeses, Ahmad sobre os cientistas malaios (AHMAD, 1997), Duszak (1997) e Golebiowski (1999) sobre os pesquisadores poloneses Fredrickson e Swales (1994) sobre os linguistas suecos, para citar apenas algumas pesquisas. Suponho que poderíamos agora construir um modelo alternativo para dar conta desse novo tipo de dados, um modelo que poderia se chamar OARO, ou *Open a Research Option* [abrir uma opção de pesquisa]. Esse modelo poderia ter a seguinte forma:

QUADRO 1
Modelo OARO

---

0 *[Atraindo os leitores]* Abertura opcional (Fredrickson e Swales)

1 *Estabelecendo a credibilidade*

    a) Partilhando conhecimento anterior (Golebiowski)

    b) Justificando a necessidade da pesquisa *per se* (Ahmad)

    c) Apresentando pensamentos interessantes (Clyne)

    d) Apresentando o objetivo geral (Golebiowski)

2 *Oferecendo uma linha de investigação*

    a) Discutindo problemas correntes

    b) Expressando interesse em um tópico emergente

3 *Apresentando o tópico*

Esse modelo alternativo capta um mundo da pesquisa mais gentil e suave, em que há pouca competição por espaços de pesquisa, mas onde pode haver competição por leitores (como é o caso dos linguistas suecos escrevendo em sueco – Fredrickson e Swales), em que justificar a realização de qualquer pesquisa pode ter uma prioridade mais elevada do que estabelecer alguma pequena lacuna em uma extensa literatura existente (como acontece com os cientistas malaios de Ahmad), e onde um pesquisador iniciante, como um estudante de pós-graduação, por exemplo, pode descobrir uma zona de conforto mais ampla. Poderíamos esquematizar essa polarização da seguinte forma:

QUADRO 2
Comparando os dois modelos

OARO (*Abrir uma opção de pesquisa*)	CARS (*Criar um espaço de pesquisa*)
Não antagonístico	Antagonístico
Campos mais amenos	Campos mais duros
Pequenas comunidades discursivas	Grandes comunidades discursivas
Culturas não anglófonas	Culturas anglófonas
Não seccional/não convencional	Convencional (IMRD)

Nesse estágio, alguns podem pensar que o contraste acima representa algum pequeno tipo de *tour de force* e que seu autor deveria ser parabenizado pela contribuição para nossa compreensão do discurso acadêmico e por sua potencial utilização no ensino da escrita acadêmica e de pesquisa. Entretanto, em vez de ser seduzidos por tal polaridade superficialmente atrativa, na verdade precisamos estar conscientes de que essas expansões são apenas o começo da história, e não o seu fim. E isso porque em seguida precisaremos de um modelo que, vamos dizer, seja capaz de caracterizar – e talvez posteriormente orientar – introduções que ocupem uma posição média na polaridade acima. Podemos chamar esse modelo de *Present-a-Research-Topic* [*Apresentar um tópico de pesquisa*], ou modelo PART. Contudo, uma vez que abrimos a caixa de Pandora, precisamos de um modelo para dar conta daquelas elaboradas introduções em inglês nas quais os autores se opõem às crenças convencionais ou tentam instigar uma mudança de paradigma kuhniana. Paul e Charney (1999) fizeram uma preciosa comparação de artigos antigos e novos sobre a Teoria do Caos e mostraram que os mais diferenciados entre os artigos antigos continham "unidades retóricas exemplares". Como os autores dizem, "os exemplos continuam sendo o terreno comum que pode ser partilhado tanto pelos pesquisadores que buscam a ciência normal como por aqueles que estão tentando lançar uma revolução ou uma mudança de paradigma" (p. 406). Podemos chamar isso de *Take-on-the-Establishment* [*Enfrentar o establishment*], ou modelo TOTE. Em termos de esforço retórico crescente, agora temos quatro modelos:

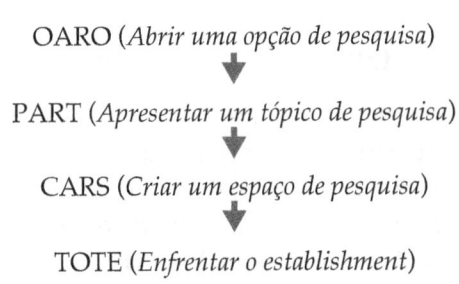

OARO (*Abrir uma opção de pesquisa*)
⬇
PART (*Apresentar um tópico de pesquisa*)
⬇
CARS (*Criar um espaço de pesquisa*)
⬇
TOTE (*Enfrentar o establishment*)

Dessa maneira, os modelos para introduções de artigos proliferam e começam a levantar um questionamento: essa proliferação leva a uma especificação mais aguda ou, pelo contrário, a uma significativa perda de generalidade? E podemos observar que, mesmo dentro do artigo de pesquisa, ainda não chegamos nem perto de dar conta de todas as variáveis. Hyland (2000), em sua análise dos discursos disciplinares, mostra uma considerável variação linguística e retórica nos oito campos que investiga. Além disso, frequentemente se sugere que as opções disponíveis para pesquisadores estabelecidos podem ser muito diferentes das disponíveis para iniciantes; consequentemente, além de esquemas para "jovens revolucionários" (para quem um modelo do tipo CARS pode ser suficiente), precisamos captar os movimentos retóricos das introduções de "veteranos".

A essa altura, eu sugeriria que a melhor política seria tomar a Navalha de Occam ("não multiplique as entidades desnecessariamente") e começar a podar os modelos tanto para análises descritivas como para materiais pedagógicos. Sobre as primeiras, Golebiowski (1999) recentemente comparou introduções em inglês e polonês e concluiu: "a variação entre os estilos anglo-americano e polonês de escrita acadêmica é significativa demais para que se justifique a implementação da mesma ferramenta investigativa (o modelo CARS) em ambos os casos" (p. 239). Eis aí uma afirmação deveras interessante. Por um lado, dadas as discrepâncias que ela encontrou, sem sombra de dúvidas, é verdade que o modelo CARS não pode nem deve ser utilizado em nenhuma aplicação direcionada para o ensino de escrita acadêmica em polonês. Por outro lado, de modo algum fica claro se Golebiowski poderia ter apontado as diferenças de modo tão contundente sem usar alguns esquemas relativamente simples, metaforicamente ricos e retoricamente direcionados como aqueles fornecidos pelo modelo CARS. Isso também levanta de forma direta um tópico igualmente importante: não se tais disparidades existem, mas por que existem. Seriam elas determinadas por uma tradição cultural hereditária, pelo *ethos* sociopolítico, pela formação acadêmica, tamanho da comunidade discursiva ou maturidade do campo nacional, e em que proporção e combinação?

Observações conclusivas

Neste trabalho, apresentei alguns argumentos para que se vejam os modelos retóricos e estruturais como metáforas potencialmente reveladoras dos arranjos discursivos que operam como hipóteses testáveis e rejeitáveis para o planejamento comunicativo por parte de escritores, leitores, ouvintes e falantes. Uma óbvia razão para se fazer isso é uma apreensão com os assim chamados "formulaicos" e uma preocupação com o modo pelo qual a análise descritiva pode se tornar um controle normativo, como quando meus alunos de pós-graduação em linguística me dizem que escrevem seus resumos "de acordo com o manual".

Em termos da prática de ensino real, tenho pouco a oferecer como novidade surpreendente, antes, considero-me alinhado às práticas contemporâneas. Essas práticas foram recentemente sintetizadas por Anthony (2000) no periódico *TESOL Matters* da seguinte forma: "os métodos propostos para o ensino de gêneros também passaram de abordagens explícitas para outras em que certos traços dos gêneros são 'negociados' na discussão em sala de aula ou 'reinventados' por meio de elaboradas tarefas de escrita" (p. 18). Nessa abordagem "negociada", especialmente quando se torna personalizada e particularizada para a situação retórica individual do escritor não-nativo de inglês, e onde os esquemas se tornam "recontextualizados", simples e falíveis, porém "interessantes", os modelos estruturais perdem sua autoridade, e não é para menos, especialmente numa era em que os gêneros profissionais estão em movimento dinâmico e em rápida evolução.

Também vivemos numa era em que os estudantes estrangeiros de pós-graduação estão invadindo as universidades do mundo de fala inglesa; uma época em que o inglês lamentavelmente está produzindo um estrangulamento nas comunicações do mundo acadêmico internacional; uma época em que (lamentavelmente, mais uma vez) existe uma pressão crescente ao redor do mundo para a publicação em periódicos internacionais e, agora, predominantemente escritos em inglês; uma época em que há expectativas crescentes de que os doutorandos, especialmente nos Estados Unidos, também contribuam com essa florescente literatura; uma época em que um fluxo crescente de publicações objetiva delinear os traços do inglês acadêmico; e uma época em que os estudos transculturais estão em ascensão e ao mesmo tempo são cada vez mais problematizados, como em Kubota (1997).

Em resposta a tais tendências, como profissional de Inglês com Propósitos Acadêmicos, eu hoje ensino escrita acadêmica principalmente para estudantes de terceiro, quarto e quinto anos do doutorado, todos eles voluntários nas respectivas classes. O nível em que Chris Feak e eu operamos talvez possa ser visto como um sinal de crescente maturidade em nosso campo; pelo menos mostra que temos alguma coisa útil para ensinar nesses níveis. Mostra o reconhecimento de que mesmo os estudantes de pós-graduação mais avançados podem precisar de algum apoio enquanto galgam os degraus superiores das escadas genéricas nas disciplinas que escolheram. Nos "laboratórios" multidisciplinares de nossas classes – e nossos participantes podem vir de qualquer uma das 19 escolas e faculdades da universidade – a representação e discussão não normativa das estruturas genéricas fornecem um *locus* para uma ampliação da consciência metalinguística dos participantes e para um maior ajustamento e compreensão por parte dos professores. Se, como Wollman-Bonilla (2000) argumenta em relação aos alunos de primeira série em Boston, e como Jim Martin e seus colegas de Sydney há muito têm afirmado com respeito à escola primária australiana, as crianças falantes nativas são capazes de recontextualizar informações de gênero, e são capazes de encarar os gêneros como "recursos de sentido" e não como "sistemas de regras" (HALLIDAY; MARTIN, 1993, p. 22), então com certeza o mesmo acontece com nossa elite dentre os falantes não nativos, que muitas vezes possuem soberbas habilidades analíticas em suas próprias áreas de especialização. Se, como parte do despertamento de sua consciência retórica e metalinguística, todos os participantes de nossas classes hoje são analistas do discurso, então, para esses estudantes de tempo parcial, é melhor criticar e modificar modelos mais simples do que aprender e aplicar modelos sofisticados.

SEGUNDA PARTE

Análises da organização retórica de gêneros

O gênero resumo:
uma prática discursiva da comunidade acadêmica

Bernardete Biasi-Rodrigues

As cebolas não têm íntimo, cada sobrecasca as resume. No entanto provocam-me a penetrar com faca em seu inamistoso, inexistente coração.
(ADÉLIA PRADO, *Os componentes da banda*)

Objeto de estudo e contexto de produção

O tema deste capítulo é o estudo do gênero resumo acadêmico quanto à distribuição e ao conteúdo das informações no texto resumido, considerando os seus propósitos sociocomunicativos dentro da comunidade discursiva a que pertencem os autores. A pesquisa, portanto, foi desenvolvida tendo-se em mente a população acadêmica que escreve resumos para participar de um diálogo científico nacional e internacional, já que esse gênero é veiculado em diferentes mídias e pode compor bancos de dados no País e no exterior.

O objetivo geral da pesquisa foi investigar mecanismos usados pelo produtor tanto na seleção e distribuição dos conteúdos quanto nos arranjos linguísticos para compor o texto-resumo, refletindo mais ou menos a organização retórica do texto-fonte, com propósitos comunicativos específicos. Esses mecanismos receberam a denominação generalizada de **estratégias de condução de informações**.

O que apresento neste capítulo é, em parte, um recorte de minha pesquisa para tese de doutorado (BIASI-RODRIGUES, 1998), em que procurei desenhar um padrão de resumos de dissertações de mestrado, realçando aspectos convencionais e outros não tão convencionais que representam um percentual de variabilidade bastante significativo nesse gênero. Na sequência apresento, comparativamente, resultados quantitativos da análise de resumos de outros gêneros praticados na comunidade discursiva acadêmica.

As questões mais relevantes que subsidiaram a pesquisa e que foram investigadas teórica e metodologicamente são as seguintes:

- Em que medida a comunidade discursiva estudada revela um conhecimento das convenções praticadas dentro da comunidade acadêmico-científica para a composição textual do gênero resumo?
- Os resumos que compõem o *corpus*, produzidos por sujeitos/autores da comunidade discursiva acadêmica, apresentam um padrão de condução das informações?
- Quais são as pistas linguísticas funcionalmente determinantes da identificação das unidades de informação nos resumos acadêmicos?
- As relações léxico-gramaticais na linearidade textual oferecem subsídios para descrever como as informações são conduzidas linguisticamente em resumos acadêmicos?

O objeto de estudo compreende dois *corpora* de resumos acadêmicos. O primeiro (GRIM-CABRAL, 1996) constitui-se de 134 resumos de dissertações de mestrado produzidos ao longo de 25 anos de pós-graduação em linguística na Universidade Federal de Santa Catarina (UFSC) (cf. BIASI-RODRIGUES, 1998). Os seus autores são mestres em linguística, com experiência em diversas instâncias de produção escrita (monografias, seminários, comunicações, colóquios, debates, dissertação, resumos, etc.), portanto escritores proficientes.

Na segunda etapa da pesquisa,[1] o padrão de resumos de dissertações encontrado foi aplicado na análise de um *corpus* constituído também de resumos de teses, artigos de pesquisa e comunicações em congressos, a maioria deles produzidos por alunos e professores da Universidade Federal do Ceará (UFC), em quatro subáreas das ciências humanas: linguística, educação, sociologia, economia; em duas das ciências da saúde: enfermagem e farmácia; e em duas das ciências tecnológicas: engenharia elétrica e engenharia mecânica (cf. BIASI-RODRIGUES, 2000).

Esses resumos, como formas reduzidas dos respectivos gêneros expandidos, convencionalmente apresentam uma seleção e distribuição de informações que reproduzem a organização retórica do texto-fonte. Além disso cumprem a função sociocomunicativa de veicular informações sumarizadas em catálogos impressos e em bases de dados informatizadas

---

[1] Projeto de pesquisa realizado com apoio financeiro do CNPq e da Pró-Reitoria de Pesquisa e Pós-Graduação da UFC. O projeto se desenvolveu em três etapas, de ago. 1999 a jul. 2002, vinculado ao Programa de Pós-Graduação em Linguística da UFC, e contou com a participação de dois bolsistas de Iniciação Científica, Damião Carlos Nobre Jucá (Mestrado em Linguística no PPGL/UFC, concluído em 2006) e Francisco Thiago Chaves de Oliveira (Mestrado em Literatura na UFC).

para uma audiência potencial em franca expansão, dadas as facilidades atuais de acesso às informações.

Os diferentes gêneros textuais produzidos pela comunidade acadêmico-científica possuem características particulares, convencionalmente determinadas, que constituem fatores restritivos na definição da sua forma em cada situação comunicativa. A estabilidade de um gênero, por isso, é garantida em larga medida pela sua estrutura interna convencionalizada, que é, segundo Bhatia (1993, p. 14),"resultado cumulativo da experiência e/ou do treinamento dentro da comunidade de especialistas". Estes, por conseguinte, são capazes de lidar estrategicamente com as restrições, enquanto os não especialistas podem deformar o gênero, na tentativa de ser criativos ou por desconhecer as convenções.

Os resumos de dissertações, em geral, são escritos como parte do ritual de compor o volume da dissertação, ocupando um espaço determinado, com a função de anunciar resumidamente o texto-fonte. Os seus autores constituem, em princípio, uma comunidade de escritores proficientes e de especialistas na sua área de conhecimento, presumivelmente conhecedores de estratégias já convencionadas academicamente quanto às formas de organização das informações, aos padrões linguísticos e às normas de objetividade nesse e nos demais gêneros acadêmicos. Sua audiência, por outro lado, compõe-se, principalmente, de especialistas da mesma área de conhecimento, potencialmente aptos a reconhecer todo o aparato estratégico e retórico utilizado pelos autores.

Com a expansão dos sistemas informatizados de armazenamento e transmissão de informações, os resumos ganharam independência e constituem peças genéricas disponíveis a uma audiência que tende a se ampliar dia a dia. Esse fato coloca os produtores de resumos de dissertações e de outros gêneros acadêmicos em outros circuitos comunicativos e pode requerer maior atenção para organizar retoricamente as informações de modo a obter eficácia comunicativa.

Segundo Bhatia (1993, p. 78), o gênero resumo se organiza em torno das seguintes questões: 1. *O que o autor faz;* 2. *Como o autor o faz;* 3. *O que o autor encontrou;* 4. *O que o autor concluiu.* Se o produtor se coloca na posição do leitor e procura organizar o seu resumo respondendo a essas questões e, se o leitor reconhece tal hierarquia na distribuição das informações, o efeito pretendido tem maiores chances de ser alcançado. Em outras palavras, escritor e leitor precisam estar em sintonia quanto às convenções que dão legitimidade a cada gênero em uso na sua comunidade discursiva, constituída, segundo Swales (1990), em torno de objetivos públicos comuns e de mecanismos de intercomunicação para o alcance desses objetivos (cf. cap. 1 deste livro).

A organização retórica de informações seja em resumos, seja em outros gêneros, é, portanto, funcionalmente determinada. A escolha de um gênero e a sua utilização são determinadas pelas necessidades imediatas dos interlocutores, pelos propósitos comunicativos partilhados e pelas convenções que regulam o uso de cada gênero ou classe de eventos comunicativos (SWALES, 1990, cf. cap. 1 deste livro).

Levando em conta esse aporte teórico, centramos nossa atenção no gênero resumo acadêmico, no intuito de investigar mecanismos retóricos de condução de informações em resumos que relatam pesquisas e de oferecer uma contribuição, no campo da Análise de Gêneros, para a descrição de gêneros acadêmicos em português. Estudos anteriores realizados no Brasil sobre resumos de artigos de pesquisa (SANTOS, 1995; MOTTA-ROTH; HENDGES, 1996), com base no modelo CARS (*Create a research space*, Swales, 1990, cf. cap. 1 deste livro), já mostram uma organização retórica peculiar desse gênero nas práticas discursivas da comunidade acadêmica, revelando especificidades que contradizem as apontadas na norma oficial (NBR-88/1987, ABNT) e nos manuais de metodologia científica que, em geral, a reproduzem.

Operacionalização da análise

Neste item procuro trazer a público as reflexões que permearam o processo de tratamento dos resumos que foram objeto de estudo e a descrição das operações desenvolvidas para a coleta e análise dos dados, com o objetivo de contribuir para minimizar os conflitos de muitos pesquisadores iniciantes que se debatem pelos meandros da pesquisa científica.

REFLEXÕES SOBRE O PROCESSO DE MANIPULAÇÃO DOS DADOS

As perguntas que, provavelmente, a maioria dos pesquisadores devem fazer-se diante dos dados são: Por onde começar? Parte-se de um modelo já existente para enquadrar os dados na sua fôrma? Ou parte-se dos dados em busca de um padrão que reflita as regularidades do conjunto? Não foi diferente no caso da minha experiência. O serviço braçal de garimpar os dados deu-se entre muitas idas e vindas, ora olhando para o objeto de análise sob vários ângulos, ora retomando os princípios teóricos, mudando frequentemente de estratégia, sempre na esperança de encontrar preciosidades, aquelas que outros pesquisadores ainda não haviam descoberto, e de poder mostrá-las como novidade, como algo realmente original.

Num primeiro ensaio de análise, tentei identificar as estratégias de condução de informações com apoio na organização do texto-fonte, conhecida pela sigla IMRD – introdução, metodologia, resultados e discussão (HILL et al., 1982; GARCIA, 1992), o que revelou uma amostragem preliminar de algumas discrepâncias bastante salientes nos textos analisados, em diversos níveis, bem como uma antevisão de algumas tendências e traços característicos e sistemáticos, como as formas de início do texto-resumo, indicando deiticamente a sua localização espacial, por meio dos pronomes demonstrativos 'esta', 'este', e colocando a 'pesquisa' ou a 'dissertação' no papel semântico-sintático de sujeito, privilegiando a propalada objetividade do discurso científico. Por exemplo: *Esta dissertação... Este trabalho... A presente dissertação... Este estudo... A presente pesquisa...*

Assim, além de consultar e comparar manuais de metodologia científica, destinados a orientar estudantes e pesquisadores na redação de textos acadêmicos, debrucei-me sobre as adaptações do modelo CARS e especialmente sobre as definições das unidades retóricas dadas pelos pesquisadores que o aplicaram a resumos em inglês e português. Também tive de me defrontar com uma variada nomenclatura utilizada para rotular as unidades de informação: *moves* e *steps* em introduções de AP (artigo de pesquisa) em inglês (SWALES, 1990); *moves* e *sub-moves* em *abstracts* de AP em inglês (SANTOS, 1995); *moves* e *sub-functions* em resenhas de livros em inglês (MOTTA-ROTH, 1995) e em resumos de AP em inglês e português (MOTTA-ROTH e HENDGES, 1996); *moves* e *strategies* também em resenhas de livros em inglês (ARAÚJO, A. D., 1996); e ainda *unidades retóricas* em introduções de AP em português (MEURER, 1997).

A partida foi dada com a análise preliminar da organização retórica de uma amostra de 10 resumos de dissertações selecionados aleatoriamente, na intenção de definir alguns parâmetros para trabalhar o *corpus* integralmente. Essa foi uma das estratégias escolhidas para começar a garimpar os dados, para dar início ao trabalho arqueológico de descobrir o que escondiam e o que poderiam revelar os resumos de dissertações produzidos no mestrado em Linguística da UFSC. Desse modo, foi possível sanear algumas dúvidas em termos de identificação e delimitação do conteúdo informativo, para então prosseguir, com mais segurança, a análise nos demais resumos do *corpus*.

A distribuição das informações foi orientada geralmente por pistas léxico-semânticas ('objetivo', 'com o fim de', 'metodologia/método', 'análise/analisa', 'sintetiza', 'resultado', 'conclui-se', 'conclusão', etc.), que muitas vezes eram falsas, mas, mesmo assim, foi o parâmetro que se mostrou mais eficaz para o reconhecimento do conteúdo esperado no gênero resumo acadêmico.

Desse primeiro exercício de análise resultou um modelo preliminar de resumos de dissertação, com cinco **unidades retóricas**, tomando-se como parâmetro o conteúdo informacional e sua distribuição sequencial no texto, independentemente dos limites da sentença ou do parágrafo. As cinco unidades encontradas ganharam contornos mais nítidos na continuidade da análise do *corpus* e revelaram desdobramentos em formas opcionais de condução das informações que denominamos de **subunidades retóricas**.

A delimitação de unidades e subunidades não foi, de forma alguma, uma tarefa fácil, e foi necessário limpar continuamente o terreno para encontrar caminhos que levassem a demonstrar as recorrências (cf. MILLER, 1984) que evidenciam o padrão do gênero resumo. Entre as dificuldades encontradas estão as seguintes: (a) nem todas as unidades retóricas identificadas na amostra estão presentes em cada resumo e na mesma ordem sequencial; (b) os limites das sentenças e dos parágrafos não são sempre coincidentes com as fronteiras das unidades retóricas; (c) ocorrem unidades complexas com certa frequência, com uma unidade intercalada em outra ou com as informações sobrepostas, dificultando e até impossibilitando a sua delimitação no texto; (d) as unidades retóricas denominadas de 'resultados', 'discussão' e 'conclusão' não são claramente definidas nas fontes teóricas consultadas, apesar de ser amplamente citadas na literatura da área; (e) muitos resumos apresentam descrição explícita dos capítulos da dissertação, função comumente atribuída à introdução do texto expandido.

Outros complicadores na operacionalização da tarefa se devem, principalmente: (a) à forma muito sintetizada das informações, com a consequente omissão de pistas lexicais que poderiam facilitar a identificação da unidade retórica; (b) a pistas falsas que desafiam a argúcia do pesquisador; (c) à vagueza temática; (d) a desvios de ordem coesiva, no nível da estrutura formal do texto.

Enfim, o processo foi longo e conflituoso, principalmente pela dificuldade inegável de trabalhar com critérios semântico-pragmáticos de tratamento de instâncias discursivas, tendo-se como objeto de análise, quase que exclusivamente, o produto escrito. Considerando o propósito do gênero, que é satisfazer a audiência com relação a uma síntese do tópico/problema investigado, da metodologia empregada, dos resultados alcançados e das conclusão(ões), os resumos que contêm essas informações foram considerados os mais representativos do gênero.

COMPOSIÇÃO DOS *CORPORA*

O *corpus* desta pesquisa, na sua primeira etapa, originou-se de um conjunto de 156 resumos de dissertações, reunidos numa publicação que marca os 25 anos do Curso de Pós-Graduação em Letras/Linguística (PGLL) da Universidade Federal de Santa Catarina (GRIMM-CABRAL, 1996) e disponíveis na Internet na página do PGLL. Desse conjunto, alguns resumos foram descartados por razões diversas, e o primeiro *corpus* (C1), que foi alvo da pesquisa para a minha tese de doutorado (BIASI-RODRIGUES, 1998), constitui-se, efetivamente, de 134 resumos, na versão que foi publicada no volume da dissertação.

Esse conjunto de textos-resumos foi produzido originalmente em língua portuguesa e é representativo de uma mesma subárea de conhecimento e de uma mesma comunidade discursiva. O acesso aos textos foi facilitado pelo registro informatizado do conjunto e permitiu-me dispor facilmente de todos os dados para diversos tipos de tratamento, inclusive através de programas (*softwares*) de seleção e frequência lexical como o Count e o MicroConcord.[2]

Na segunda etapa da pesquisa, foi ampliado o raio de ação do trabalho de tese, e foi constituído um segundo *corpus* (C2), com outras modalidades de resumo, de tese, de artigo de pesquisa e de comunicação em congresso, composto de 160 resumos da área de Ciências Humanas, nas subáreas de Linguística, Economia, Educação e Sociologia, em cursos da UFC, e de 157 resumos de outras duas áreas, Ciências da Saúde e Tecnologia, nas subáreas de Enfermagem, Farmácia, Engenharia Elétrica e Engenharia Mecânica, em cursos da UFC e da UFSC.

Para preservar a identidade dos autores, seus nomes foram omitidos em todos os resumos, mas os títulos foram mantidos, por duas razões: (1) para garantir a origem e a identificação de cada resumo; (2) porque alguns serviram de pista para o reconhecimento do tópico geral da pesquisa, ou porque, algumas vezes, constituíam o próprio tópico.

PROCEDIMENTOS DE ANÁLISE

Para alcançar o primeiro objetivo da pesquisa, em sua primeira etapa, qual seja, verificar que convenções são praticadas dentro da comunidade acadêmico-científica para a composição textual do gênero resumo, foram entrevistados quatro professores-orientadores, entre os que tinham maior número de dissertações orientadas no Programa de Pós-Graduação em Letras/Linguística da UFSC, desde a sua fundação.

---

[2] O programa Count levanta quantitativamente e em ordem alfabética ocorrências lexicais de um conjunto de dados, e o programa MicroConcord (SCOTT; JOHNS, 1993) é um *software* que permite rastrear palavras para investigar aspectos semânticos e sintáticos do léxico selecionado em relação ao contexto que o precede e o segue (até 10 palavras para a direita e para a esquerda).

E para descrever a organização retórica dos exemplares de resumos, o primeiro *corpus* (C1) foi submetido a um tratamento de identificação de unidades temáticas ou informacionais, tomando-se como ponto de partida as adaptações do modelo CARS (cf. cap. 1 deste livro) para a análise de resumos de artigos de pesquisa, feitas por Santos (1995) e por Motta-Roth e Hendges (1996). O segundo *corpus*, por sua vez, foi analisado e segmentado com a aplicação do modelo de resumos de dissertações de Biasi-Rodrigues (1998, cf. seção 3 deste capítulo), procurando-se identificar estratégias de condução de informações que caracterizam o gênero resumo acadêmico em diversas áreas e subáreas de conhecimento. Todos os exemplares de resumos que ilustram este capítulo receberam um código alfanumérico, por exemplo, C1-R1 (Corpus 1 e Resumo 1).

Cada bloco textual, com uma informação esperada, que denominamos de **unidade** e **subunidade retórica** (cf. MEURER, 1997), foi demarcada na estrutura física do texto por uma linha horizontal e identificada, às margens esquerda e direita do texto, por um código alfanumérico adotado para categorizar unidades (**Un1**...) e subunidades (**S1**...) respectivamente. A identificação do conteúdo informativo nos textos-resumos foi apoiada por mecanismos léxico-gramaticais usados como instrumentos funcionalmente determinantes, ou seja, como pistas semânticas de reconhecimento das unidades retóricas, que receberam tratamento predominantemente qualitativo.

Os *corpora* foram analisados inúmeras vezes e, uma ou outra, na tentativa de não viesar o julgamento, foi informalmente submetido a um segundo julgador para resolver os casos mais complexos, em geral os que não ofereciam uma pista segura para enquadrá-los em alguma das unidades retóricas básicas mais regulares em cada resumo.

Os dados quantitativos que foram levantados durante o processo de análise dos *corpora* e que oferecem sustentação à leitura e interpretação dos resultados são discutidos na seção seguinte. Todos os casos que apresentaram alguma peculiaridade significativa dentro de qualquer unidade retórica, mas que não mereceram classificação própria, e os que foram considerados de identidade duvidosa receberam tratamento qualitativo.

Estratégias de condução das informações em resumos de dissertações em Linguística

CENÁRIO DE PRODUÇÃO

Apresento nesta seção alguns aspectos contextualizadores da comunidade acadêmica a que pertencem os autores dos resumos de dissertações, delineados a partir de breves entrevistas com alguns professores, cujas informações contribuíram para corroborar os seguintes pressupostos: (a) não existe uma prática regular e normatizada de orientação para a redação de resumos de dissertações e teses na comunidade acadêmica a que pertencem os sujeitos/autores; (b) os autores podem ter consultado os seus orientadores em busca de auxílio para a redação do seu resumo.

De fato, vários resumos fogem ao padrão de condução das informações, e alguns parecem cumprir o papel de uma introdução reduzida. Eles incluem uma descrição da estrutura do texto da dissertação em capítulos que, no modelo CARS (SWALES, 1990) de introduções de artigos de pesquisa, corresponde ao *step* 3, um passo não obrigatório do *move* 3. Segundo o autor, "uma opção final na introdução é indicar em graus variados de detalhe a estrutura – e ocasionalmente o conteúdo – do restante do AP" (p. 161). Um exemplo disso é o resumo C1-R11, cujo trecho transcrito abaixo ocupa o segundo e o terceiro parágrafos do texto, entre a apresentação do objetivo e a metodologia da pesquisa, no primeiro parágrafo, e a conclusão, no quarto parágrafo.

> C1-R11
>
> O capítulo I trata da resenha bibliográfica sobre conceitos e características do carente cultural e das implicações de ordem pedagógica que podem advir da marginalização cultural.
>
> O Capítulo II está dividido em três partes. A primeira trata da metodologia do trabalho de campo; a segunda é consagrada à análise quantitativa dos dados obtidos, e a terceira diz respeito à análise qualitativa das diferenças sintático-semânticas evidenciadas nos dados fornecidos pela pesquisa.

Também ocorre variabilidade na ocorrência e na ordem das unidades retóricas. Por exemplo: um resumo com menos de 100 palavras, extremamente condensado em relação à extensão do texto-fonte, limita-se a duas ou três unidades temáticas, em geral tópico e subárea de conhecimento/contexto da pesquisa; outros resumos, apesar de bastante extensos, não apresentam, necessariamente, informações mais consistentes e nem sempre contemplam as unidades temáticas convencionais. Essa não padronização em termos de extensão e de seleção de informações mostrou-se um indício de pontos de deriva quanto à organização retórica nesses resumos, bem como pode denotar um senso não muito apurado dos seus autores quanto a sua função sociocomunicativa.

As respostas às entrevistas feitas com quatro orientadores corroboram a segunda pressuposição, qual seja: alguns autores teriam provavelmente consultado os seus respectivos orientadores ao executarem a tarefa de redigir o seu resumo. Um dos entrevistados declara: "De maneira geral, minha orientação básica era incluir no resumo: a definição do problema ou tema pesquisado (podendo incluir objetivo(s) e hipóteses), metodologia e resultados (às vezes, limitações do trabalho)" (PO-1).[3] Entretanto, o conhecimento dessa organização hierárquica das informações no texto-resumo foi transmitido a muito poucos orientandos, pois esse orientador garante que "raramente foi solicitado a prestar ajuda na elaboração do resumo".

Outro orientador diz recomendar aos seus orientandos "que os 'resumos' sejam concisos e precisos, como aparecem nos manuais americanos [...]. A ideia subjacente é que, quando os resumos são muito longos, tendem a ser repetitivos" (PO-2). De fato, a maioria dos resumos dos seus orientandos é bastante breve. Veja-se o exemplo transcrito abaixo, com apenas 68 palavras, porém com as seguintes unidades retóricas claramente definidas: apresentação do tópico/objetivo, da lacuna que o pesquisador se propõe preencher e da subárea de conhecimento onde se insere a pesquisa.

> C1-R53
>
> O objetivo deste trabalho é tentar examinar o problema da polissemia (com referência especial ao verbo ficar), um problema que não tem sido suficientemente analisado nas gramáticas tradicional estruturalista e gerativa.
>
> Visto que a polissemia é um problema essencialmente semântico, a gramática de casos foi usada para tratar do nível semântico, junto com o modelo da sintaxe gerativa, com a finalidade de integrar os dois níveis de análise.

A prática de descrever a estrutura da dissertação, anteriormente referida e exemplificada (C1-R11), pode ser justificada por uma cultura acadêmica de escrever o resumo com base no texto da introdução. Essa pressuposição encontra respaldo na entrevista com um orientador (PO-3), que, entre as instruções que costuma dar aos seus orientandos para elaborarem resumos, aponta a seguinte estratégia: "baseia-se no primeiro capítulo, que já é uma sinopse da dissertação ou tese".

Em todas as entrevistas transparece uma preocupação com a audiência, que se revela, de forma mais explícita, na seguinte declaração,: "Uma coisa que me ocorre informar aos alunos é que o banco de teses (CAPES/CNPq) tem um formulário para a apresentação de resumos, que permite divulgar amplamente as pesquisas da pós-graduação, pelo que é aconselhável que o texto se conforme aos requisitos ali apontados" (PO-4).

No entanto, a primeira impressão que se tem, diante das irregularidades aparentes de forma e conteúdo dos resumos que são objeto de estudo,

---

[3] Os quatro professores/orientadores entrevistados são identificados pela sigla PO (1-4).

é que a relação autor-audiência passou ao largo no processo de produção. Esses desvios em relação ao padrão esperado podem indicar que não há tradição, entre os sujeitos/autores da população pesquisada, em escrever resumos de acordo com uma estrutura convencionada formalmente e que, em geral, eles não têm consciência do propósito comunicativo do gênero, que é transmitir informações, selecionadas e distribuídas numa determinada ordem, para atender as expectativas de uma dada audiência.

Santos (1995, p. 1), em sua pesquisa com resumos de APs em inglês, desenha o seguinte quadro da situação, que vem ao encontro das pressuposições acima levantadas:

> Os estudantes pós-graduandos ficam ansiosos por fazer pesquisa, mas não são igualmente motivados para publicá-las. Fazer pesquisa é visto como uma atividade imediata e o seu relato é visto como tangencial rito de passagem, como uma tarefa orientada para o professor, sem preencher uma função social, a não ser a de uma atividade institucional burocrática.

No caso dos resumos de dissertações de mestrado, pelo que foi possível detectar, os seus autores, em geral, os produzem como parte do ritual de compor o volume da dissertação para ocupar nela um determinado espaço, para acompanhá-la com destino às prateleiras das bibliotecas, portanto sem uma função comunicativa reconhecidamente independente do texto-fonte, já que este vem a seguir para que os prováveis leitores possam esclarecer quaisquer dúvidas de caráter informacional. Outro fato que dá suporte a essas considerações é a semelhança de certos resumos que relatam pesquisas desenvolvidas numa mesma subárea e em torno de temática similar, demonstrando que uns servem de modelo para outros. Em outras palavras, a prática acadêmica de redação de resumos na comunidade pesquisada se orienta por uma convencionalidade informal, restrita a sua subárea.

Padrão da organização retórica

O modelo CARS, proposto por Swales (1990), foi adaptado para a análise de resumos por outros pesquisadores anteriormente mencionados. Santos (1995 e 1996), descreveu resumos de artigos de pesquisa em inglês, na subárea de linguística aplicada, e Motta-Roth e Hendges (1996) reelaboraram do modelo de Santos na análise de resumos de artigos de pesquisa em inglês e em português, em três subáreas ou disciplinas. Ambos têm em comum uma estrutura de cinco *movimentos retóricos* (cf. Swales, 1990): (1) situar a pesquisa; (2) apresentar a pesquisa; (3) descrever a metodologia; (4) sumarizar os resultados; (5) discutir a pesquisa.

Organização semelhante foi depreendida em minha pesquisa com resumos de dissertações de mestrado (BIASI-RODRIGUES, 1998), com uma alteração na ordem do primeiro e da segundo *movimento*, para respeitar as ocorrências no *corpus* analisado. As unidades retóricas (Un) mais recorrentes foram as seguintes: Un1 – Apresentação da pesquisa; Un2 – Contextualização; Un3 – Apresentação da metodologia; Un4 – Sumarização dos resultados; Un5 – Conclusão(ões) da pesquisa. Cada uma dessas unidades é preenchida com subunidades opcionais (indicadas por **e/ou** no modelo), isto é, o produtor do resumo faz a sua escolha de acordo com a a proeminência que quer dar a certos aspectos das informações nas respectivas unidades. A seguir pode-se visualizar o modelo completo que resultou da análise do primeiro *corpus*, constituído de resumos de dissertações de mestrado na subárea de linguística.

QUADRO 1
Organização retórica de resumos de dissertações em linguística

Unidade retórica 1 - Apresentação da pesquisa
    Subunidade 1A - Expondo o tópico principal   e/ou
    Subunidade 1B - Apresentando o(s) objetivo(s)   e/ou
    Subunidade 2 - Apresentando a(s) hipótese(s)

Unidade retórica 2 - Contextualização da pesquisa
    Subunidade 1 - Indicando área(s) de conhecimento   e/ou
    Subunidade 2 - Citando pesquisas/teorias/modelos anteriores   e/ou
    Subunidade 3 - Apresentando um problema

Unidade retórica 3 - Apresentação da metodologia
    Subunidade 1A - Descrevendo procedimentos gerais   e/ou
    Subunidade 1B - Relacionando variáveis/fatores de controle   e/ou
    Subunidade 2 - Citando/descrevendo o(s) método(s)

Unidade retórica 4 - Sumarização dos resultados
    Subunidade 1A - Apresentando fato(s)/achado(s)   e/ou
    Subunidade 1B - Comentando evidência(s)

Unidade retórica 5 - Conclusão(ões) da pesquisa
    Subunidade 1A - Apresentando conclusão(ões)   e/ou
    Subunidade 1B - Relacionando hipótese(s) a resultado(s)   e/ou
    Subunidade 2 - Oferecendo/apontando contribuição(ões)   e/ou
    Subunidade 3 - Fazendo recomendação(ões)/sugestão(ões)

Fonte: BIASI-RODRIGUES (1998, p. 113).

A ordem sequencial dessa organização, com a unidade de *Apresentação da pesquisa* em primeiro lugar, deve-se ao fato de essa unidade vir preferencialmente abrindo o resumo, isto é, com uma frequência de 97,7% dos

134 resumos do *corpus* nessa posição. Quanto às demais unidades, foram distribuídas no modelo de acordo com o índice percentual mais alto em cada uma das posições que ocupam.

Vale ressaltar também a predominância da unidade 2 na segunda posição (72,4%) e o fato de as unidades 4 e 5 nunca ocorrerem na primeira posição. Na sua maioria, porém, as estratégias de condução de informações nos resumos analisados apresentam larga variabilidade. Verificou-se, por exemplo, acentuada ausência das unidades retóricas 3, 4 e 5, entre 40 a 60% do total de ocorrências, e grande diversidade nas posições ocupadas por essas unidades; no entanto, tal variabilidade, em geral, não comprometeu a qualidade nem a consistência das informações veiculadas.

Foi esse padrão de distribuição de informações (v. também BIASI-RODRIGUES, 1999a, b e c) que orientou as análises das modalidades de resumos que são objeto da segunda etapa da pesquisa em diferentes áreas do conhecimento. As regularidades têm se confirmado, com algumas variações que são determinadas pela instabilidade do gênero na comunidade acadêmica, muito provavelmente porque grande número dos seus membros são iniciantes nessa prática discursiva.

Mecanismos formais e linguísticos de apoio à identificação das informações

As informações são distribuídas pelo texto de acordo com o gênero, preenchendo, portanto, um esquema, ou superestrutura, de organização que é praticado e reconhecido pelos seus usuários. Essa organização tem uma funcionalidade retórica que se sustenta nos propósitos comunicativos de cada gênero e se orienta também por mecanismos de natureza variada convencionados na comunidade discursiva dos interlocutores.

A análise da organização retórica de resumos acadêmicos revelou também que as unidades de informação constituem células temáticas que são reconhecidas através de pistas lexicais identificadas ou inferidas no texto. Essas células temáticas não são em geral ligadas umas às outras através de elos coesivos explícitos, como acontece nos textos expandidos; elas constituem, mais frequentemente, blocos textuais independentes, o que lhes permite alteração de ordem na estrutura textual dos resumos e, em alguns casos, supressão de alguma delas sem prejudicar o conjunto.

Em trabalhos anteriores (BIASI-RODRIGUES, 1998; 2001; 2002) já defendi que a relação entre as unidades temáticas nos resumos não se dá por conexões manifestadas no texto, pelo menos não preferencialmente, mas pelo preenchimento de um esquema textual, que permite lacunas e distribuição sequencial variada das informações. As expectativas do leitor são geradas por pistas diversas. As predições podem ser feitas por meio de palavras-chave em cada unidade, com o auxílio do conhecimento prévio do leitor, da sua competência de antecipar e de conferir se as suas previsões são verdadeiras ou falsas, ou se o texto não oferece condições de confirmá-las, por fugir a regras formais de organização das informações. As fórmulas de início, por exemplo, ativam o esquema do gênero como um todo e possibilitam ao leitor desenvolver expectativas sobre como as informações podem estar dispostas no texto.

Cremos que os mecanismos de coesão sequenciadora que entram em ação nos resumos se organizam principalmente por *encadeamento*, um recurso de sequenciação frástica que, de acordo com Vilela e Koch (2001), pode se dar por *justaposição* ou por *conexão*. A despeito do que sugere o nome, porém, a justaposição não se estabelece necessariamente **sem** o emprego de conectores, como o confirmam os autores:

> A justaposição pode dar-se com ou sem o uso de partículas sequenciadoras. A justaposição sem partículas, particularmente no texto escrito, extrapola o âmbito da coesão textual [...]. Inexistindo tais elementos, cabe ao leitor construir a coerência do texto, estabelecendo mentalmente as relações semânticas e/ou discursivas. (VILELA; KOCH, 2001, p. 498)

Diferentemente dos encadeamentos por conexão, os mecanismos de justaposição proporcionam a sequenciação de porções textuais não articuladas por elos que expressem relações lógico-semânticas ou argumentativas. Em resumos acadêmicos, tenho verificado que, na maioria dos casos, as unidades temáticas se encontram dispostas por justaposição sem o uso de elos sequenciadores. Alguns conectores ocorrem assinalando encadeamentos e podem marcar a mudança de unidade retórica nos resumos acadêmicos, ainda que não muito frequentemente. Ocorrências mais comuns, encontradas na entrada de algumas unidades retóricas em resumos de dissertações (cf. BIASI-RODRIGUES, 1998), são as seguintes:

QUADRO 2
Organização retórica de resumos de dissertações em linguística.

Unidade 2 – Contextualização da pesquisa:
Para chegar à comprovação dessa hipótese...
Para realizar este trabalho...
Para tal fim foi realizada uma pesquisa...
Para tanto, foi necessário rever conceitos...

Unidade 3 – Apresentação da metodologia:
> *Desta forma*, na presente pesquisa será analisada...
> *Para esse fim*, elaborou-se um *corpus*...
> *Para isso*, foram efetuadas gravações...
> *Para tanto*, após detectar os problemas...

Unidade 5 – Conclusão(ões) da pesquisa:
> *A partir de* uma avaliação das abordagens... foi proposto...
> *Dessa forma*, os resultados levaram a crer...
> *Deste modo*, constatou-se...
> *Enfim*, pode-se perceber...

Fonte: BIASI-RODRIGUES (1998).

Como se pode notar, os conectores aparecem na entrada da unidade 2, em que se define a contextualização da pesquisa, e da unidade 3, em que se explicitam os passos metodológicos, e os conectores que estabelecem uma relação de conclusão são mais recorrentes na unidade 5. Esses recursos coesivos configuram-se como fórmulas de topicalizar o conteúdo em algumas unidades de informação, com uma frequência bastante restrita em todo o *corpus*, e são totalmente ausentes na unidade 4 – 'Sumarização dos resultados', sem qualquer prejuízo à informação contida na unidade.

Na análise da organização retórica dos resumos, esses mecanismos foram considerados em função do reconhecimento das unidades retóricas, com a finalidade de caracterizar linguisticamente o gênero. Algumas pistas de identificação, porém, não são de natureza linguística, são pistas fisicamente localizadas no texto, como a marcação do parágrafo e a ordem das unidades retóricas na sequência esperada.

Nos resumos do *corpus* 1, a maioria formatada em parágrafos, a delimitação física visível no texto foi, em geral, útil para identificar fronteiras entre as unidades retóricas, mas, em alguns resumos, foram encontradas unidades distribuídas por mais de um parágrafo inteiro, ou parágrafos contendo mais de uma unidade, e ainda unidades que compreendem parte de um parágrafo e outro parágrafo inteiro.

A ordem esperada, quanto à distribuição hierárquica das informações nos resumos, de acordo com o modelo IMRD (introdução, metodologia, resultados e conclusão), não foi uma pista confiável todo o tempo. Mesmo a primeira posição, que demonstrou o mais alto índice de frequência em todo o *corpus*, não foi ocupada 100% pela introdução ou 'apresentação da pesquisa', e essa unidade retórica apareceu até mesmo em última posição em um dos resumos (C1-R67). As outras unidades também demonstraram ocupar uma posição preferencial, mas a variabilidade foi bem maior em relação à unidade de apresentação, e a posição não esperada constituiu-se não raro uma pista falsa para a identificação de cada unidade retórica (C1-R13, R17, R68, R71 e R97).

Para orientar as múltiplas tentativas de delimitação das fronteiras temáticas entre as unidades, prevaleceram critérios semântico-cognitivos, que permitiram identificar características de ordem mais geral até traços mais específicos. Mesmo assim, depois de exaustiva e criteriosa análise, permanece uma sensação de impotência diante de alguns dados e ficam no ar as seguintes perguntas: "o que foi que o autor quis dizer com isso?" e "será que foi isso que o autor quis dizer?". O conteúdo informativo de cada unidade nem sempre foi reconhecido por meio de pistas lexicais explícitas, conforme dito anteriormente. Ao longo do processo de análise, num exercício contínuo de comparação, é que se definiram características e conceitos mais precisos das várias unidades temáticas, que ofereceram cada vez maior segurança na revisão dos dados.

O título também foi pista decisiva, especialmente na identificação do tópico de pesquisa em alguns resumos (p. ex. C1-R17, R113). Por essa razão, por acompanhar os respectivos resumos nos bancos de dados e nas publicações e por constituir, para o leitor, a primeira informação condensada do assunto, os títulos foram mantidos apensos aos respectivos resumos, nos dois *corpora*. Segundo Coracini (1989, p. 235), "o título desempenha uma importante função argumentativa; afinal constitui uma estratégia a serviço das intenções do sujeito enunciador que pretende influir sobre o leitor, interessá-lo, senão convencê-lo, numa situação real de interlocução".

Por outro lado, cada unidade retórica revela um léxico básico, específico da unidade e da área de conhecimento da comunidade discursiva dada, no sentido que lhe atribui Swales (1990), e compõe-se de itens lexicais chaves que, na concepção de Cavalcanti (1985, p. 172), "centralizam informação que tem relações semânticas diretas no texto e relações pragmáticas indiretas na interação leitor-texto". Nesta pesquisa, ficou evidenciada a proeminência dos nomes na identificação das unidades de informação, pois foram os nomes, em geral, que subsidiaram o cálculo interpretativo do conteúdo temático de cada unidade retórica.

Na unidade retórica 1 – 'Apresentação da pesquisa', por exemplo, as palavras 'língua(s)'(61), 'trabalho'(48), 'objetivo(s)'(46) e 'dissertação'(45) são as mais frequentes (cf. quantidades indicadas entre parênteses). A primeira compõe o léxico específico da subárea de linguística e ocorre com menor frequência nas demais unidades, a segunda concentra maior número de ocorrências nessa unidade e com a mesma função de 'dissertação', 'estudo' (29) e 'pesquisa' (22). A alta frequência de 'objetivo' se justifica pela estratégia dos autores de apresentar o tópico da pesquisa como seu objetivo mais geral.

O item lexical 'análise' e seus derivados demonstra ocupar um campo semântico bastante amplo, funcionando como um coringa, como um nome não específico de alto índice de generalização, que lhe permite receber diferentes significados nos mais variados contextos. Os itens lexicais 'resultados' e 'conclusão(ões)' e alguns verbos como 'constatar' e 'concluir' são empregados indistintamente nas unidades retóricas 4 e 5 e constituem, algumas vezes, falsas pistas de identificação de cada uma dessas unidades.

Um caso inusitado do emprego do item 'resultados' foi encontrado na primeira sentença do resumo C1-R56, mascarando a identidade da unidade retórica 1. O resumo começa com a palavra 'resultados' e a pista para a identificação da unidade é dada por uma forma verbal passiva no futuro ('serão apresentados'), mas somente no final da sentença, como se pode conferir na transcrição seguinte.

> C1- R56
>
> Resultados obtidos através de um experimento dicótico aplicado em 29 crianças de sete anos, pertencentes a dois níveis socioeconômicos (NSE) diferentes (médio-alto, MA e baixo, B) serão apresentados e discutidos.

A imprecisão no uso de alguns itens lexicais e a confusão que pode gerar no reconhecimento de cada unidade temática alertam para a importância da seleção lexical na construção do sentido. No caso dos resumos, em especial, o léxico específico do gênero (cf. SWALES, 1990) pode constituir pista segura para o leitor identificar as unidades temáticas; em contrapartida, as imprecisões ou a ausência de pistas lexicais explícitas podem comprometer o alcance dos propósitos comunicativos. A seleção e uso do léxico nos resumos exige maior precisão do que nos textos expandidos, pois que se trata de um gênero em que não há repetições que possibilitem recuperar ou expandir a informação, pelo menos não no sentido que Hoey (1991) dá à repetição lexical em textos expandidos.

Na perspectiva do autor, certamente há que levar em conta as suas escolhas em termos de que informações considera mais relevantes veicular aos destinatários que imagina. O resumo C1-R106, por exemplo, é bastante breve (101 palavras), constitui-se de três unidades retóricas, Un1 - *Apresentação da pesquisa*, Un2 – *Contextualização da pesquisa* e Un4 - *Sumarização dos resultados*, mas apresenta informações bastante claras em cada uma delas, inclusive no título: *Operações e representações discursivas da enunciação da hipótese em três línguas neolatinas*. Com essas escolhas estratégicas do autor, o referido resumo pode cumprir com sucesso seus propósitos sociocomunicativos, mesmo omitindo a Un3 – *Apresentação da metodologia* e a Un5 – *Conclusão(ões) da pesquisa*.

Alguns indícios de flexibilidade

As evidências de padronização mas também de larga margem de flexibilidade na distribuição das informações no *corpus* de resumos de dissertações de mestrado em linguística (C1) são sustentadas por dados percentuais das ocorrências de todas as unidades e subunidades delimitadas nos textos.

Do conjunto de textos-resumos que analisamos, encontramos pelo menos cinco unidades retóricas na composição da sua estrutura temática, mas a frequência das cinco unidades num mesmo resumo alcança somente 20,1% e, quando ocorrem, não se apresentam na mesma ordem em todos os textos, tomando-se como parâmetro a estrutura padrão de textos acadêmicos em geral (IMRD). Portanto, o que se pôde observar, no restante do *corpus*, foi muito mais uma amostra da flexibilidade na distribuição das informações nos textos-resumos do que de padronização.

Dos 27 resumos que contêm as cinco unidades, oito correspondem ou se aproximam da ordem esperada. O resumo R104, por exemplo, tem uma distribuição de informações que coloca a unidade retórica 3 em segunda posição e a unidade 2 em terceira, plenamente justificada pela construção sintática da sentença/parágrafo, cuja ordem das orações, se fosse invertida, traria o sujeito sintático 'a pesquisa' para o início da sentença e, consequentemente, inverteria a ordem das unidades retóricas 2 e 3. A seguir está transcrito o resumo R104, com as cinco unidades retóricas e respectivas subunidades, representando as escolhas feitas pelo autor para conduzir as informações.

R104

Un1	Esta dissertação tem como objetivo principal investigar como se processa a prática pedagógica que introduz a criança no ensino sistematizado de escritas textuais, na ótica da imbricação processo/produto.		1B
Un3	Conduzida em escolas da rede pública estadual, em duas salas de primeira série do 1° grau que desenvolvem práticas diferenciadas – uma numa linha tradicional e outra		1B
	que se propõe realizar um trabalho alternativo	– a pesquisa tem como orientação global a	1
Un2	Análise do Discurso na perspectiva etnolinguística, de base qualitativa.		

Un4	O acompanhamento da evolução deste processo permitiu compreender mecanismos externos e internos envolvidos nas interações sociais estabelecidas em sala de aula, bem como avaliar de que modo as formas discursivas são determinantes do que se produz. Foram tópicos de observação e reflexão, nesse sentido: a subjetividade, a reversibilidade, as operações com linguagem, o tratamento ao referente, todos relacionados diretamente à comunidade discursiva considerada.	1A
Un5	Pretende-se, com os resultados, fornecer subsídios aos profissionais da educação pela aposta em uma concepção epistemológica de linguagem como interação, dando outra dimensão ao ato pedagógico e às relações interpessoais.	2

Entre os resumos que fogem ao padrão encontrado estão alguns com informações acerca da estrutura da dissertação (ED), porém de forma bem reduzida, ocupando apenas um pequeno parágrafo, dando espaço à presença das cinco unidades retóricas básicas, embora nem sempre com as informações claramente explicitadas. Parte do resumo C1-R11, reproduzida anteriormente (item 3.1, neste capítulo) é um exemplo disso.

A TAB. 1 mostra os percentuais de ocorrência das cinco unidades retóricas e respectivas subunidades e evidencia uma frequência mais alta das unidades 1 e 2 em relação ao número total de resumos. Os percentuais das subunidades foram calculados em relação a sua frequência na respectiva unidade.

TABELA 1

Distribuição das unidades e subunidades em porcentagens

UNIDADES E SUBUNIDADES (%)											
Un1 97,7			Un2 72,4			Un3 61,2			Un4 50,0		Un5 53,7		
1A	1B	2	1	2	3	1A	1B	2	1A	1B	1A	1B	2	3
54,40	53,70	13,40	14,10	50,70	27,60	39,60	22,40	17,90	38,80	11,10	28,30	5,20	16,40	9,70

Fonte: BIASI-RODRIGUES (1998, p. 148).

Essa tabela também revela uma acentuada ausência das unidades 3, 4 e 5, o que constitui um indício de flexibilidade na relevância dada pelos autores às unidades temáticas que selecionam para compor os textos-resumos, bem como pode representar uma cultura acadêmica, talvez restrita ao meio, que pode significar o desconhecimento das convenções praticadas num circuito mais amplo, tomadas como parâmetros para a organização retórica de textos acadêmicos.

A TAB. 2 reúne dados em números absolutos e percentuais da distribuição das unidades nas posições em que ocorrem nos textos-resumos, denotando claramente uma altíssima tendência da unidade 1 de ocupar a primeira posição e uma frequência bastante alta da unidade 2 na segunda posição. Quanto às demais, demonstram um percentual de frequência menor, e as discrepâncias ficam por conta da presença da unidade 3 na primeira posição, das unidades 4 e 5 na segunda e das unidades 1 e 2 em quarta e quinta posições.

TABELA 2
Distribuição das unidades retóricas na posição de ocorrência

	1ª		2ª		3ª		4ª		5ª	
	N	%	N	%	N	%	N	%	N	%
Un1	110	82,09	19	14,18	14	10,45	3	2,24	3	2,24
Un2	37	27,61	51	38,06	20	14,93	10	7,46	1	0,75
Un3	4	2,99	39	29,10	32	23,88	12	8,96	6	4,48
Un4		0,00	7	5,22	26	19,40	21	15,67	7	5,22
Un5		0,00	4	2,99	13	9,70	25	18,66	19	14,18

Fonte: BIASI-RODRIGUES (1998, p. 149).

É interessante ainda mencionar alguns casos raros como o da 2ª posição ocupada pela unidade 5 (C1-R71) e da 5ª, pela unidade 1 (C1-R67), fugindo mais radicalmente ao padrão esperado. Este último resumo, aliás, tem as informações distribuídas de forma muito peculiar, na seguinte ordem: Un3 – Un4 – Un5 – Un2 – Un1.

Outros exemplos mais extremos de desvios quanto ao padrão esperado são: o resumo C1-R116 (207 palavras) com uma extensa apresentação de objetivos, preenchendo apenas a função da subunidade 1B, na unidade retórica 1; o resumo C1-R32 que, além de não expor claramente o tópico, apresenta as demais informações bastante imbricadas nas unidades 2 e 3, num único bloco textual; e o resumo C1-R85, com uma distribuição bastante peculiar das informações, contemplando apenas as unidades retóricas 1 e 5, na seguinte ordem: Un1- Un1/5- Un5.

Uma ocorrência bastante singular em vários resumos de dissertações é a ciclicidade das informações, já detectada e exemplificada por Swales (1990, p. 158-9) em introduções de AP. Essa apresentação cíclica foi encontrada entre diferentes unidades retóricas. Um trecho do resumo C1-R130, transcrito a seguir, mostra a ciclicidade entre informações relativas a procedimentos metodológicos e resultados, isto é, entre as unidades 3 e 4.

C1-R130

[...]		
Un3	A análise fonológica que segue, procura primeiramente, traçar um paralelo entre os demais dialetos da língua Kaigáng, por meio de um comentário minucioso dos	1ª
	respectivos dialetos.	
	Na descrição fonológica do Kaigáng central, em relação aos demais	1A

Un4	dialetos, verificou-se algumas descoincidências de ordem formal, bem como, uma		1A
	divergência na interpretação dos casos das oclusivas pré e pós-nasalizadas.	Com a finalidade	
Un3	de esclarecer este último caso, recorreu-se a recursos acústico-computacionais, por meio dos quais pode-se atestar a presença de segmentos anteriormente duvidosos.		2
		Constatou-se,	
Un4	também, resultados numéricos diferentes para cada um dos casos específicos de pré e pós-nasalização, a partir da análise formântica e por conseguinte, valores formânticos diferenciados para cada caso em específico.		1A
[...]			

Há também alguns resumos com extensa fundamentação teórica, preenchendo as funções retóricas da unidade 2, que foge de uma forma regular bastante breve de apresentar a unidade em todo o *corpus*. Em C1-R84, por exemplo, dos seis parágrafos que constituem o texto, quatro são dedicados à unidade 2 – 'contextualização da pesquisa', que inclui uma conceituação do objeto de estudo, referências generalizadas a pesquisas anteriores e uma descrição minuciosa do problema.

Por fim, não se pode deixar de fazer referência a uma prática de reproduzir resumos inteiros ou parte deles, em geral em torno de temas semelhantes e na mesma subárea de conhecimento. Um comportamento que se poderia chamar de circular ou, talvez mais apropriadamente, de especular, pois revela a busca de modelo de resumo entre os produzidos pelos próprios pares. São exemplos dessa prática acadêmica, alguns trechos de pares de resumos transcritos em seguida, com algumas partes sublinhadas, para evidenciar a especularidade. A numeração de ordem dos resumos indica uma sequência temporal de produção.

> C1-R66
>
> <u>Para tal propósito, gravou-se a fala</u> do informante em situação <u>espontânea</u>, <u>obtendo-se com isso o que se convencionou chamar de registro</u> relaxado. Através de uma leitura natural e de uma leitura silabada dos enunciados produzidos nesse registro (registro relaxado), <u>chegou-se ao registro normal</u> e ao registro enfático-silabado, respectivamente.

> C1-R76
>
> <u>Para tal propósito, gravou-se a fala espontânea</u> de uma mãe com sua filha de um ano, de uma segunda mãe com sua filha de dois anos, de uma menina com sua boneca e de uma mulher

com seu cachorrinho de estimação, <u>obtendo-se o que se convencionou chamar de registro</u> Maternalês (AB). Posteriormente gravou-se a fala espontânea das quatro informantes durante uma conversa informal com o pesquisador, <u>chegando-se ao registro</u> adulto-adulto.

Os dois excertos acima conduzem informações relativas à unidade de metodologia e seguem a unidade de apresentação da pesquisa, em forma de objetivo, como atestam a expressão conectiva 'para tal' e o item lexical 'propósito'. O restante do texto em C1-76 sofreu algumas alterações e acréscimos, devido a diferenças temáticas, mas elas não chegam a disfarçar a similaridade que se evidencia nos trechos sublinhados.

Nos exemplos abaixo, pode-se identificar unidades de conclusão da pesquisa, cujas semelhanças são mais evidentes.

C1-R36

<u>Os resultados deste estudo,</u> <u>embora</u> não possam ser considerados definitivos, dadas as limitações inerentes, <u>apontam</u> direções para novas pesquisas.

C1-R42

<u>Embora os resultados desta pesquisa</u> não sejam definitivos, dadas as limitações que lhe são inerentes, <u>indicam</u> direções para outros trabalhos e novas reflexões.

O resumo C1-R36 foi produzido antes e serviu de modelo para C1-R42. Assim, no segundo excerto, aparecem alguns arranjos feitos pelo autor, facilmente identificáveis: mudança de posição dos primeiros segmentos sintáticos, definindo uma nova estrutura para a sentença; substituição de algumas palavras como 'estudo' por 'pesquisa' e 'apontam' por 'indicam'.

Essa pequena amostra chama a atenção para um ritual de escrever resumos acadêmicos que privilegia as convenções geradas no meio ou, mais especificamente, em uma determinada subárea de conhecimento, o que pode demonstrar um senso limitado de audiência e, consequentemente, resultar em prejuízo das informações específicas de cada pesquisa.

Estratégias de condução das informações em diferentes modalidades de resumos

Neste item apresento a extensão da análise de estratégias de condução de informações para outras modalidades de resumos (C2) que sintetizam outros gêneros produzidos na academia, além das dissertações: teses, artigos de pesquisa e comunicações em congressos, em outras subáreas de conhecimento, além da linguística, a saber: educação, sociologia e economia (ciências humanas); enfermagem e farmácia (ciências da saúde); engenharia elétrica e engenharia mecânica (ciências tecnológicas).

Portanto, o padrão resultante da análise de resumos de dissertações na subárea de linguística (BIASI-RODRIGUES, 1998) foi aplicado a diferentes modalidades de resumos acadêmicos e possibilitou a constatação de regularidades semelhantes na sua organização retórica. As peculiaridades são evidenciadas especialmente pelo realce dado a algumas informações e não a outras, dependendo da área ou subárea de conhecimento.

Na área de ciências humanas, os resumos de teses revelam uma recorrência da Un1 – *Apresentação da pesquisa* em 100% dos exemplares, o que aponta para a institucionalização da unidade na área e para a importância dessa informação para a comunidade discursiva. A Un2 – *Contextualização da pesquisa* já teve uma recorrência bem menor, estando presente em apenas 39,5% dos resumos analisados, conferindo-lhe um caráter de uso bastante facultativo entre os usuários do gênero. A Un3 – *Apresentação da metodologia*, por sua vez, teve uma recorrência bastante significativa, alcançando a frequência de 78,9% dos resumos analisados e chegando a 100% na área de linguística. Essa recorrência aponta também para a relevância dessa informação dentro da comunidade produtora. O mesmo comentário serve para a Un4 – *Sumarização dos resultados* que teve, no *corpus* de resumos de teses, uma recorrência de 71,1% e esteve presente em mais da metade dos resumos em todas as subáreas. A Un5 - *Conclusão(ões) da pesquisa* teve a menor recorrência entre as unidades identificadas por Biasi-Rodrigues (1998), sua frequência foi de apenas 28,9%.

Nos resumos de artigos de pesquisa (AP), a Un1 foi menos recorrente do que nas teses, mas seus 76,3% de recorrência no *corpus* ainda lhe conferem grande relevância entre os membros da comunidade discursiva. A Un2 teve 55,3% de recorrência, o que evidencia uma frequência também significativa nas quatro subáreas, demonstrando que a subárea não foi determinante para a recorrência desta unidade. A Un3, com 39,5% de frequência na amostra de AP, demonstrou variabilidade entre as subáreas: sua recorrência foi de 60% na subárea de linguística, 50% na de sociologia, 40% na de educação e, curiosamente, não ocorreu na subárea de economia, o que revelou que a variante subárea foi determinante em sua recorrência. A Un4 também teve sua menor frequência na subárea de economia, apenas 10%. Chegou a 31,6 % no total, sendo 40% nas subáreas de linguística e sociologia e 30% na de educação. A Un5 foi a menos frequente, somente 5,3% no conjunto dos resumos de teses e de artigos de pesquisa.

Com relação aos resumos de dissertações e de comunicações orais em congressos, a Un1 - *Apresentação da pesquisa* esteve frequente em 100% dos resumos de dissertações e em 87,5% dos resumos de comunicações de congressos. A Un2 - *Contextualização da pesquisa* revelou uma frequência de 47,5% quando foram segmentados os resumos de dissertações e de 37,5% quando foram analisados os de comunicações em congressos. Quanto à Un3 - *Apresentação da metodologia*, em resumos de dissertações, a frequência foi de 40% e em comunicações de congressos de 47,5%. Na Un4 - *Sumarização dos resultados*, os resumos de dissertações apresentaram uma frequência de 37,5% e os de comunicações em congressos somente 27,5%. Por fim, no que diz respeito à Un5 - *Conclusão(ões) da pesquisa,* os resultados apresentaram uma pequena margem de diferença: os resumos de dissertações realizaram esta unidade retórica em 42,5% do *corpus*, e as comunicações em congressos em 45%.

Nas áreas de saúde e de tecnologia, percebe-se claramente que a recorrência das unidades retóricas vai variando em cada subárea, nas diversas modalidades de resumos analisados. Essa variabilidade, no entanto, não compromete o modelo resultante da descrição de resumos de dissertações (BIASI-RODRIGUES, 1998), porque as unidades básicas de informação estão presentes regularmente em quase todas as amostras de resumos e porque a flexibilidade nas escolhas na condução das informações foi prevista no modelo.

Algumas particularidades são mais salientes em cada subárea. Por exemplo, na subárea de farmácia, a unidade mais recorrente foi a Un3, *Descrição da metodologia* (88%), seguida da Un4, *Sumarização dos resultados* (70%), e da Un1, *Apresentação da pesquisa* (65%). A preferência por apresentar a metodologia da pesquisa em todas as modalidades de resumos revela-se como uma característica dessa subárea. Também é interessante registrar que a Un5, *Conclusão(ões) da pesquisa,* tem a segunda maior frequência nos resumos de dissertações, enquanto nos resumos de artigos de pesquisa a mesma unidade de informação não ocorreu. Uma explicação que se pode dar para a ausência das conclusões da pesquisa de forma explícita é que a Un4 – *Sumarização dos resultados* preenche esse papel. Uma ampliação da amostra poderá comprovar essa hipótese ou mostrar outros fatores determinantes da omissão. Esses resultados revelam diferenças em relação aos elencados nas subáreas de economia, educação, linguística e sociologia, em que se constatou uma recorrência da Un1 muito próxima a 100%.

Na subárea de engenharia elétrica as unidades retóricas mais recorrentes foram a Un1 (88%) e a Un3 (80%). Em terceiro lugar aparece a Un4 (49%). As outras unidades, Un2 (35%) e Un5 (17,5%), ocupam o quarto e quinto lugares respectivamente, evidenciando a preferência dos autores por apresentar a pesquisa (Un1), os procedimentos metodológicos (Un3) e os resultados (Un4). E na subárea de engenharia mecânica, a recorrência das unidades retóricas apresenta-se na mesma ordem, porém com percentuais distintos: Un1 – 90%, Un3 – 74%, Un4 – 62%, Un2 – 49% e Un5 –13%. Novamente a Un5, responsável por apresentar conclusões da pesquisa, teve o mais baixo índice de frequência, revelando um *status* informacional menos relevante do que o das outras unidades em todas as modalidades de resumos nessa subárea.

As subunidades retóricas raramente ocorrem combinadas na mesma unidade, por isso os dados quantitativos demonstram somente a frequência das cinco unidades retóricas contempladas no modelo em todo o *corpus* 2. A escolha dos autores dos resumos recai em geral sobre apenas uma das subunidades em cada unidade retórica, e a opcionalidade prevista no modelo (e/ou) se confirmou em todas as subáreas.

A ordem sequencial da organização retórica, com a unidade 1 em primeiro lugar, manteve-se de acordo com o modelo, considerando-se que esta unidade foi a mais utilizada para abrir os resumos. Quanto à posição da unidade 2, além de, em termos percentuais, estar em segundo lugar, aparece muitas vezes intercalada na unidade introdutória, como ocorreu nos resumos de dissertações do *corpus* 1. As demais, que ocorrem menos frequentemente, em geral apareceram na ordem proposta no modelo.

A variabilidade da frequência das unidades de uma subárea para outra e, às vezes, de uma modalidade de resumo para outra, pode ter uma explicação no fato de seus autores não encontrarem instruções bem definidas quanto à organização do conteúdo na norma da ABNT sobre resumos e nos manuais de metodologia científica que a reproduzem (cf. BIASI-RODRIGUES, 1999b). E outro fator que certamente contribui para a predominância de certas informações é a evidência que se quer dar em cada área ou subárea a um determinado aspecto da pesquisa, como os procedimentos metodológicos, nas subáreas de farmácia e de enfermagem, por exemplo. Além disso, a Un1 – *Apresentação da pesquisa,* que demonstrou ser a mais frequente em quase todas as áreas, quando ausente, foi muito bem preenchida pelo título da pesquisa que antecede o resumo nos artigos de pesquisa e nos publicados em livros de resumos de comunicações em congressos, por exemplo.

Os resultados obtidos na análise do *corpus* 2, recolhido em grande parte na Universidade Federal do Ceará e constituído de resumos de teses, de artigos de pesquisa, de dissertações e de comunicações em congressos, de três diferentes áreas, foram bastante próximos do esperado. Comparando-os aos encontrados por Biasi-Rodrigues (1998), cujo objeto de trabalho foi um *corpus* de resumos de dissertações de uma só área, coletado integralmente na Universidade Federal de Santa Catarina, pode-se dizer que revelam práticas retórico-discursivas que se aproximam. São semelhantes tanto no que diz respeito ao uso de certas convenções, que garantem o *status* formal do gênero resumo acadêmico, quanto à flexibilidade própria da linguagem verbal, do estilo de quem produz e das escolhas pertinentes a cada subárea de conhecimento.

Discussão dos resultados

A pesquisa foi desenvolvida com o objetivo geral de descrever o aparato estratégico de condução de informações em resumos acadêmicos, produzidos em língua portuguesa. O tratamento exaustivo dos dados permitiu uma formalização teórica da composição textual prototípica de resumos acadêmicos, que revela particularidades dos textos que lhe deram origem, da comunidade discursiva que os produziu e da área ou subárea em que foram produzidos. Alguns desdobramentos dessa experiência confirmam aspectos que são relevantes na identificação do gênero resumo (cf. JUCÁ; BIASI-RODRIGUES, 2004a; 2004b).

Retomando o conceito de gênero sustentado por Swales (1990), pode-se afirmar que o conjunto de resumos constituem uma classe de eventos comunicativos que se efetivam em torno de um léxico específico, revelam traços formais de prototipicidade e submetem-se a restrições quanto a conteúdo e forma. No entanto, a reprodução de modelos de resumos entre os pares, principalmente da mesma subárea de conhecimento, demonstrou que as convenções são aplicadas mais ou menos intuitivamente, mesmo em se tratando de uma comunidade presumida de especialistas.

A distribuição das informações em células temáticas independentes certamente configura-se como o traço mais prototípico do gênero resumo acadêmico e é essa coesão não marcada linguisticamente que o distingue largamente do gênero expandido de que deriva. As relações que se estabelecem na superfície dos textos-resumos fogem ao padrão dos textos expandidos, e as teorias sobre coesão para esses textos não se aplicam na mesma medida para a composição dos resumos em células temáticas ou unidades de informação com funções próprias e independentes entre si (cf. BIASI-RODRIGUES, 2001; 2002).

Outro fator de destaque na composição dos resumos é a importância da seleção adequada do léxico básico que concentra as informações mais gerais ou mais específicas de cada unidade temática, dependendo do assunto e da área de conhecimento. Dessa seleção depende em grande parte a qualidade dos textos, principalmente quanto à especificidade e à consistência das informações em cada unidade retórica.

Decididamente não é um modelo genérico prescritivo que garante a qualidade de um texto e não existe nenhuma fórmula mágica de escrever textos de qualidade, mas não se pode fugir às convenções ou aos acordos praticados em cada comunidade discursiva, com maior ou menor margem de liberdade em questões de estilo. É imprescindível também ressaltar a relevância de se desenvolver um senso apurado de audiência, na prática de qualquer gênero textual, e de se levar em conta determinados aspectos de conteúdo e de forma que podem garantir sucesso comunicativo.

A formação do pesquisador deve incluir um conhecimento de ordem técnica, como o da formulação de um problema, de objetivos e hipóteses, e o conhecimento de parâmetros praticados na academia para a produção de gêneros acadêmicos, ampliados para os estudos descritivos desses gêneros. Em outras palavras, o texto científico precisa ser entendido como parte dos argumentos e das alianças no âmbito da comunidade científica (MYERS, 1990).

A impressão que ficou da análise de resumos de dissertações é que muitos dos seus autores agem muito intuitivamente nas suas escolhas ao selecionar, condensar e distribuir as informações. Alguns depoimentos ouvidos de colegas, em situações informais, revelaram que a tarefa de escrever o resumo, algumas vezes, foi realizada às pressas, apenas para compor a versão final da dissertação e para cumprir uma exigência formal da instituição, sem pensar na função sociocomunicativa do resumo, quando isolado do texto-fonte e disponibilizado a uma audiência potencial que vai além da banca examinadora.

Não resta dúvida de que temos um conhecimento intuitivo de gêneros que faz parte dos nossos esquemas, do nosso conhecimento de mundo. Por outro lado, os gêneros não se organizam aleatoriamente: eles são determinados nas situações de uso, decorrentes de uma rotina interacional que influi na sua construção. Em se tratando de resumos de gêneros acadêmico-científicos, a distribuição das informações está sujeita às convenções no seu contexto de uso e está atrelada à organização retórica do texto-fonte, o que equivale a dizer que a organização retórica de cada gênero vai refletir-se num gênero resumo correspondente.

Nesta pesquisa, portanto, chegamos a um padrão do gênero resumo acadêmico que reflete a organização retórica de diferentes gêneros acadêmico-científicos que têm a função de relatar pesquisas. Esperamos ter contribuído para a discussão bastante atual sobre gêneros, com subsídios de ordem formal e funcional que podem alimentar os estudos dos inúmeros gêneros textuais praticados nos mais variados contextos sociais.

O gênero resenha acadêmica: organização retórica e sinalização lexical

Antonia Dilamar Araújo

Objeto de estudo e contexto de produção

Este capítulo tem por objetivo relatar os resultados de minha pesquisa de doutorado (1996)[1] sobre o gênero resenha crítica acadêmica, fundamentada pela teoria sociorretórica para análise de gêneros, postulada por Swales (1990; 1993; 2004, cf. cap. 1 deste livro) e pela teoria da sinalização lexical por meio de substantivos não específicos, baseada em Winter (1977; 1982; 1986; 1992), cuja noção discuto na seção 2, a seguir. Na seção 3 descrevo a metodologia de investigação e na seção 4 discuto os resultados obtidos da análise e as implicações para o ensino de redação em língua inglesa.

Como professora universitária, ministrando a disciplina redação acadêmica em língua estrangeira com foco em gêneros, tenho refletido sobre a necessidade de ensinar os gêneros acadêmicos que os estudantes necessitam aprender e usar nesse contexto, para responder de forma apropriada às tarefas de sala de aula e às expectativas dos professores e membros da comunidade disciplinar. Um dos gêneros considerados importantes para a disseminação e avaliação de teorias e pesquisas e que se apresenta em periódicos como um fórum para acadêmicos expressarem suas visões é a resenha crítica. Embora esse gênero não tenha recebido a devida atenção nos contextos de ensino nas universidades, ele tem exercido um papel significante na academia, especialmente nas áreas de humanidades, qual seja, engajar a comunidade disciplinar em um espaço discursivo para conhecer não só as contribuições de uma pesquisa para determinado campo disciplinar, como também a perspectiva crítica oferecida por um especialista da área.

---

[1] Dissertação defendida no Programa de Língua Inglesa e Literatura Correspondente da Universidade Federal de Santa Catarina, em 1996, e orientada pelo Prof. Dr. José Luiz Meurer.

Em vista disso, o objeto de investigacão desta pesquisa foram resenhas críticas acadêmicas em língua inglesa, escritas por estudiosos da linguagem e publicadas em periódicos internacionais da área de linguística aplicada. Neste estudo descrevo as estratégias retóricas utilizadas na organização das informações e nas formas linguísticas de expressar essas informações pelos estudiosos como membros de uma comunidade discursiva (SWALES, 1990, cf. Cap. 1 deste livro). Assim, o principal propósito da pesquisa foi identificar as estratégias e as escolhas linguísticas dos escritores que tipificam as resenhas acadêmicas como um gênero, mostrando como essas escolhas realizam o propósito comunicativo e social do gênero.

Entendemos aqui por *resenhas críticas acadêmicas* um gênero textual que tem como objetivo social descrever e avaliar o conteúdo de um livro recentemente lançado no mercado editorial e direcionado àqueles interessados na contribuição da obra para determinado campo disciplinar. A *avaliação* constitui a principal característica desse gênero que culmina com a recomendação ou não do livro apreciado a um leitor por parte do resenhista da obra. Embora as resenhas sejam lugares de engajamento disciplinar entre um escritor avaliando o livro para seus pares, a audiência primária é o autor da obra apreciada. As resenhas são em geral textos não muito longos, cuja extensão e escolha do livro a ser apreciado são determinados pelo editor do *journal* para o qual o resenhista submete seu texto. O editor do *journal* não só demonstra o interesse pelo livro a ser resenhado e delimita sua extensão, como também estabelece as convenções genéricas para sua produção.

As resenhas, na literatura, são consideradas um gênero ameaçador tanto para a reputação do autor da obra quanto para a comunidade disciplinar. Para alguns estudiosos (RILEY; SPREITZER, 1970; SABIOSK, 1988), seu valor científico é questionado porque elas expressam opiniões pessoais, o que as desqualifica como contribuições para a comunidade acadêmica. Por outro lado, sua importância tem sido reconhecida por estudiosos como Spink, Robin & Schamber (1988) e, mais recentemente, por Hyland (2000), que consideram as resenhas acadêmicas como fontes que mostram as contribuições de um livro para o desenvolvimento de novas ideias e teorias em uma determinada área disciplinar, para disseminação de conhecimento, para manter pesquisadores e cientistas atualizados com as mais recentes publicações em suas áreas e até como guias para pesquisadores e educadores que não compram livros sem antes ler uma resenha. Como afirma Hyland (2000), as resenhas constituem "um fórum alternativo no qual acadêmicos podem expressar suas visões e sinalizar sua adesão a uma orientação ou a um grupo particular" (p. 43, tradução minha). Assim, resenhar livros pode também contribuir para avançar um determinado campo de conhecimento.

Uma resenha pode ser produzida com duplo propósito: para publicação em um *journal* especializado ou como resposta dos alunos a uma tarefa de um curso em contexto universitário. Quando são escritas para publicação, as resenhas são comumente produzidas por um especialista em uma área específica de pesquisa, que tem domínio da literatura de seu campo disciplinar e deseja compartilhar com o autor e seus pares sua visão sobre o livro. Osburn (1989) caracteriza um resenhista como uma autoridade em um dado campo de conhecimento que determina a validade e avalia a significância de uma contribuição particular de um acadêmico ou pesquisador dentro desse campo. Assim, supõe-se que um resenhista é suficientemente competente para avaliar um livro além de ser um membro ativo da comunidade acadêmica que contribuirá para a área particular de pesquisa. Essa competência é demonstrada através da interação entre escritor e leitor e dos relacionamentos estabelecidos entre escritor e ideias (HYLAND, 2005, p. 176). Quando as resenhas são escritas para responder a uma tarefa de sala de aula, o objetivo é instrucional: tenciona desenvolver nos novos membros da academia habilidades de como escrever o gênero incluindo as tipificações, o compartilhar de conhecimento e opiniões pessoais sobre o livro resenhado. Ao interagir com a única audiência, os novos membros demonstram suas habilidades de pensar criticamente para o professor que, muitas vezes, já se pressupõe conhecer o conteúdo do livro.

Procedimentos metodológicos

COMPOSIÇÃO DO *CORPUS*

O corpus no qual este estudo foi baseado constitui-se de 80 resenhas críticas acadêmicas em Inglês, selecionadas de periódicos da área de Linguística Aplicada. Os periódicos selecionados foram: Studies in Second Language Acquisition (SSLA), Applied Linguistics Journal, System Journal e Teaching English to Speakers to Other Languages (TESOL). Escritas por especialistas nativos de inglês, especialmente linguistas, teóricos e estudiosos da área de linguística aplicada, que trabalham para instituições britânicas, americanas e australianas, as resenhas selecionadas foram publicadas no período de 1989 a 1994. Sua extensão varia/oscila entre quatro e vinte parágrafos, e o número de palavras entre 400 e 2.000. Foram analisadas com base nos traços de regularidade na estrutura retórica e no modelo de Swales (1990), move-type analysis – já descrito neste livro (cf. cap. 1), bem como a análise de itens lexicais que expressam as diferentes partes das resenhas.

A escolha dos periódicos da área de linguística aplicada é justificada pela sua popularidade entre professores e pesquisadores de ESL/EFL (Inglês como segunda língua ou como língua estrangeira) e pela disponibilidade dos periódicos nas bibliotecas da Universidade Federal de Santa Catarina, onde a pesquisa foi desenvolvida, e da Universidade de Liverpool, onde as análises iniciais desta pesquisa se realizaram. Outro critério considerado foi a consistência e a frequência da publicação de resenhas nesses periódicos.

Procedimentos de análise

A análise da estrutura organizacional das resenhas consistiu, então, com base no modelo CARS (*Create a research space*, Swales, 1990, cf. cap. 1 deste livro) na identificação da forma e função do gênero em foco, no qual detectamos os movimentos retóricos e estratégias mais típicas e recorrentes nos textos. Em vez de denominar as unidades lexicais de *moves* e *steps* como no modelo de Swales (1990), preferimos adotar os termos *moves* e *strategies*. Por *moves*, entendemos "unidades de informação com extensão de uma ou mais sentenças as quais realizam uma função em particular e junto com outros *moves* constitui a estrutura informacional total presente no texto" (Motta-Roth, 1995, p. 60). Por *estratégias*, entendemos atos retóricos ou táticas empregadas pelo escritor a fim de alcançar certa meta em um *move*. Ao empregar uma ou mais estratégias, o escritor tenta buscar seu propósito comunicativo no texto (Araújo, 1996; 2000). O critério de análise adotado nas resenhas que compõem o *corpus* foi examinar o propósito comunicativo, os temas e os itens linguísticos que expressam as partes. Essa combinação ajudou a identificar os limites de um *move* (movimento retórico) e as estratégias preferidas pelos escritores nas resenhas. Duas análises foram realizadas: uma qualitativa e outra quantitativa. A análise qualitativa consistiu na identificação da organização retórica das resenhas por meio de moves e estratégias, observando-se os traços de regularidades nos textos. Usou-se um sistema de cores para identificar a ocorrência de diferentes *moves*. A análise quantitativa serviu para identificar, pela frequência de ocorrência, os elementos obrigatórios (+ típicos) e opcionais (- típicos) segundo a concepção de Haliday & Hasan (1989). Para os propósitos da análise, todas as sentenças de cada resenha foram numeradas e cada texto foi codificado por letras e números [BR 22] e, para ilustrar as análises, os exemplos são também identificados pelo parágrafo e os números das sentenças em que se localiza o excerto no texto. Por exemplo, [BR 22 - 6 -20-22], significa "book review" número 22, parágrafo 6, sentenças 20 a 22.

Apesar de o modelo CARS de Swales ter sido largamente adotado e adaptado na investigação da organização retórica de diferentes gêneros, ele apresenta limitações e dificuldades nas análises dos textos. Algumas dificuldades surgiram na análise das resenhas. Uma delas é o estabelecimento dos limites entre os movimentos retóricos e as estratégias. Para identificar onde começa e onde termina um *move* ou uma estratégia, decisões foram tomadas com base na evidência linguística (forma), na interpretação da informação contida nos textos (conteúdo) e no conhecimento da pesquisadora das convenções do gênero e das divisões estruturais (sentenças/parágrafos). Outra dificuldade está relacionada à recursividade das informações nas resenhas. Uma mesma estratégia pode se repetir em diferentes partes no texto ou duas estratégias que realizam o mesmo movimento retórico podem ocorrer na mesma sentença. A terceira dificuldade está relacionada à ocorrência de estruturas complexas em que um movimento retórico pode se intercalar com outro. Como os gêneros textuais são flexíveis, a quarta dificuldade diz respeito à sequência das informações. Nem todas as estratégias ocorrem na mesma posição no texto. Assim, a estrutura retórica representada neste trabalho está relacionada com a frequência de ocorrência das informações nas resenhas, e não com base em sua sequência.

Para analisar os substantivos não específicos (WINTER, 1977; 1982; 1986; 1992) ou substantivos anafóricos, na concepção de Francis (1986; 1994), o *corpus* foi digitado e armazenado em um computador, e foi utilizado o programa *Concordance*, desenvolvido por Scott e Johns (1993) para investigar todas as ocorrências de substantivos não específicos e seus significados específicos que ocorreram nas resenhas analisadas. O programa facilitou a tarefa de investigar esses substantivos em diferentes resenhas, identificando a sua frequência e listando todas as ocorrências de um substantivo de forma contextual. No decorrer da análise, foram desconsideradas todas as ocorrências de substantivos não específicos que não foram lexicalizadas por uma ou mais orações. Foram considerados somente os substantivos não específicos, cuja lexicalização foi realizada intersentencialmente, (quando o significado é apresentado de forma específica por mais de duas orações ou sentenças) e intrassentencialmente (quando os substantivos não específicos e seus significados específicos estão dentro do mesmo contexto da oração em que o substantivo ocorre).

Nessa categoria de análise, os itens lexicais rotulados como **substantivos não específicos,** por Winter (1992) têm uma função coesiva de conectar sentidos entre orações. Embora qualquer substantivo possa ser não específico, o tipo de substantivo a que me refiro "requer realização lexical a fim de ser completamente entendido no discurso" (WINTER, 1992). Sua principal função é "tornar explícitas as relações semânticas que podem existir entre duas orações, sentenças ou grupo de sentenças" (HOEY, 1983, p. 144). A realização lexical, por sua vez, deve ser relacionada diretamente a seu referente a fim de preencher as expectativas do leitor. A oração específica é a realização lexical do substantivo não específico. Para os propósitos desta pesquisa, os itens que são considerados como substantivos não-específicos têm as seguintes características:

- Seus significados dependem do contexto, isto é, seus significados são explícitos no próprio texto;
- Seus significados específicos podem ocorrer em duas direções: as orações precedem o substantivo (função anafórica) e as orações podem ocorrer após o substantivo (função catafórica);
- A maioria dos substantivos não-específicos pertence à categoria de substantivos contáveis que têm uma forma plural precedida por um determinante (artigo, demonstrativo, numeral) e cuja especificação corresponde a duas ou mais orações nos textos (por exemplo, *aspect, assumption, goal, problem, claim, approach*);
- Tais substantivos podem exercer ambas as funções avaliativas e metadiscursivas (por exemplo, *strength, weakness, drawback, merit, deficiency*);
- Os substantivos podem também ser modificados e qualificados por adjetivos e advérbios (*the greatest merit, the central message, several apparently arbitrary classifications*), que sinalizam o início do sintagma nominal na oração, orienta o leitor para o significado contextual do núcleo, isto é, se a informação já foi introduzida ou se a informação é nova no texto, e para a avaliação do escritor sobre aspectos do livro resenhado.

Após essa breve explanação metodológica e teórica, relataremos os resultados das análises das resenhas.

Resultados da análise

ESTRUTURA RETÓRICA DAS RESENHAS

Através da definição dos traços de regularidade observados nas resenhas chegou-se à seguinte estrutura textual (ARAÚJO, 1996, p. 59):

QUADRO 1
Estrutura retórica das resenhas críticas acadêmicas

Movimento 1 - Apresentando o livro	
Estratégia 1 - Fazendo generalizações sobre o tópico	e/ou
Estratégia 2 - Enfatizando centralidade	e/ou
Estratégia 3 - Indicando a audiência-alvo	e/ou
Estratégia 4 - Informando ao leitor a origem do livro	e/ou
Estratégia 5 - Apresentando o objetivo do livro	e/ou
Estratégia 6 - Fazendo referência a estudos prévios	e/ou
Movimento 2 - Sumarizando o conteúdo	
Estratégia 7 - Descrevendo a organização do livro	e/ou
Estratégia 8 - Relatando/discutindo o conteúdo do livro	e/ou
Estratégia 9 - Avaliando partes do livro	e/ou
Estratégia 10 - Apresentando sugestões para aperfeiçoamento e/ou	
Movimento 3 - Avaliando o livro como um todo	
Estratégia 11 - Avaliando o livro globalmente	e/ou
Estratégia 12 - Recomendando/desqualificando o livro	e/ou
Estratégia 13 - Apresentando sugestões para aperfeiçoamento e/ou	

Fonte: ARAÚJO, A. D. (1996).

A análise revelou que, no nível macroestrutural, as resenhas são estruturadas em três grandes blocos de informação: **introdução, descrição** e **recomendação**. Cada bloco tem uma função clara denominada de movimento retórico (*move*) e cada *move* é constituído por estratégias, que podem ser obrigatórias ou opcionais. A relação entre esses movimentos realiza o propósito comunicativo do gênero. Os resultados mostraram que o movimento retórico nas resenhas se inicia com uma visão global do livro, seguida por uma análise detalhada e, finalmente, para uma visão global. A avaliação tende a estar presente nos três movimentos, e é o traço mais significativo na composição das resenhas.

É importante salientar que a descrição desse modelo retrata a maneira como a informação é apresentada nos textos. Embora os três movimentos possam estar presentes nas resenhas, uma considerável variação foi notada na frequência e na ordem em que as estratégias ocorreram nos textos.

Dessa forma, o **Movimento retórico 1** é apresentado nos parágrafos introdutórios das resenhas, contendo informação sobre as características básicas do livro, tais como: o tópico (Exemplos 1 e 2), o autor, o objetivo (Ex. 4), a audiência-alvo do livro (Ex. 3), indicação de pesquisas anteriores na mesma área do livro e uma breve avaliação. A informação apresentada nesse movimento tem a função de criar um contexto para que o leitor acompanhe o resenhista não só no relato do conteúdo como também na avaliação de aspectos do livro, realizando, assim, a funcão interpessoal do gênero como um lugar de engajamento e compartilhamento de visões. Exemplos:

> Ex. (1) This book **discusses** the concept of the task as a primary unit of analysis for syllabus design and materials development. [BR 22, 1-1] Estratégia 1 (introduzindo o tópico)
>
> Ex. (2) Ellis book **summarizes** research into how classroom learners develop their internal grammar of a second language (SL). [BR 33, 1-2] Estratégia 1 (introduzindo o tópico)
>
> Ex (3) As such, the author admits that her **targeted audience** is primarily the **researcher** in child language [BR 24, 1-2] Estratégia 3 (indicando a audiência).
>
> Ex (4) The explicit **aim of the book** is *to develop* a model for the analysis of bilingual conversation in general and "not to analyse the linguistic situation of Italian migrant children in Germany (p. 9)". [BR 4, 1-2] Estratégia 5 (apresentando o objetivo do livro).

No nível microestrutural, o *Move* 1 é expresso linguisticamente através dos verbos no presente simples (*discusses, summarizes, covers, make clear, is, address, intend, indicate*, etc.), descrevendo o tópico discutido no livro, de expressões tais como: *targeted audience, intended readership, useful for/to, language teachers, teacher trainers, ESP trainers, testing specialists, translators, SSLA readers, advanced ESL students, researchers,* quando identifica a quem se destina o livro e de expressões como *aim, purpose, goal, objective,* quando apresenta o objetivo do livro.

O **Movimento retórico 2** descreve o contexto do livro em relação à organização total, obedecendo à mesma sequência de informação apresentada no livro. O *Move* 2 é o mais típico dos três, considerando o percentual de ocorrência (100%) no *corpus*. Nesse *move*, o resenhista descreve a organização do livro e resume o conteúdo de cada parte, bem como faz uma avaliação de traços específicos, apresentando sugestões para sua melhoria.

Esse movimento é sinalizado pelas expressões *the/this book, chapters, articles, collection, volume* etc, seguido dos verbos como *have, consist, make up, be divided, comprise* na voz passiva ou na ativa no presente simples, além do numeral, indicando a quantidade de capítulos, artigos, seções, em que o livro é organizado. Exemplo:

> Ex (5) This book **is divided** into **two principal parts. Part I, covering chapters 1 and 2,** consists of a truly excellent review of the literature on the role of age in language acquisition in general

and second language acquisition in particular. **Part II, chapters 3-5,** is a detailed report of the author's own empirical study (her doctoral research) of the relative performance in French of three groups of students learning that language at school in southern Ontario who underwent respectively, *early total immersion, late immersion, and early immersion*). (palavras em itálico no original) [BR 9, 2 – 5/7] Estratégia 7-8 (organização do livro e resumo do conteúdo das partes do livro).

Ao fazer uma avaliação dos aspectos específicos do livro, o resenhista utiliza adjetivos no grau superlativo: *the best part/the greatest part/section/chapter*; de atributos que expressam atitudes tais como *unfortunately, clearly, disapointingly, convincingly* etc., ou ainda expressões metadiscursivas positivas ou negativas, que orientam o leitor a examinar o foco da avaliação: *The book has a few weak spots, of course.* O exemplo (6) introduz uma crítica, e o (7) introduz um destaque positivo do livro.

> Ex (6) Perhaps the most serious weakness of the book is the confusion it shows over the distinctions (or lack of them) between three categories of strategies: learning, communication and production strategies. [BR 74, 5-28] Estratégia 9 (avaliação do livro)

> Ex (7) The greatest merit of the book is that it discusses general scientific methodological and statistical considerations that should ideally be with one when designing and carrying out research project in any discipline. [BR 61, 1- -20/22] Estratégia 9 (avaliação do livro).

A análise revelou que a avaliação negativa geralmente ocorre depois da avaliação positiva e é comumente introduzida por conjunções como *but, however, although, despite,* etc. É importante enfatizar que, ao avaliar negativamente, os escritores utiliza um recurso linguístico denominado "relação associativa por contraste" (HOEY, 1983; 1986; 1991; 2001) ou "apreciação-crítica" (*praise-criticism*) por Hyland (2000), nas resenhas. Tal recurso consiste em introduzir o argumento ou opinião com uma apreciação positiva e, em seguida, introduzir uma avaliação negativa ou vice-versa. O efeito desse recurso é criar um comentário mais equilibrado e suavizar a opinião negativa de aspectos considerados significantes no livro pelo resenhista. No exemplo (8), o resenhista avalia positivamente o livro como útil; na oração seguinte, introduz uma avaliação negativa das classificações arbitrárias baseadas nas teorias de aprendizagem pelo autor do livro e sinalizada pela expressão "one weakness".

> Ex (8) **Much of this book is very useful. One weakness**, however, is the author's use of several apparently arbitrary classifications:

Behaviorism is excluded from the chapter on naturalistic learning, although behaviorism is a model for natural learning...[BR 21, 3-12/13] Estratégia 9 (avaliação de partes do livro).

O **Movimento 3 – Avaliando o livro com um todo** – apresenta a avaliação final e geral do livro em foco, em acréscimo aos comentários (críticas e elogios) introduzidos no Movimento 2. É nesse movimento que o resenhista desqualifica ou recomenda o livro para leitura. Uma característica típica desse movimento é o uso de palavras ou expressões que indicam o fechamento do texto como *in short, overall, finally, on the whole, all the above, in sum* etc e sinalizam recomendação: *recommend, deserve, worth reading*. Embora criticar não seja o objetivo único da escrita de resenhas, 10% das resenhas do *corpus* desqualificaram os textos apreciados, revelando que os resenhistas não se preocuparam em ameaçar a reputação do autor do livro ou da comunidade acadêmica. Para ilustrar o Move 3, exemplo (9), o resenhista faz uma apreciação global positiva e recomenda o livro mostrando solidariedade com o autor, enquanto no exemplo (10), apesar de considerar o estudo interessante e imaginativo, ele desqualifica o livro, considerando que as conclusões são seriamente comprometidas pelo tratamento estatístico inadequado adotado pelo autor.

Ex 9 (24) In general, the articles in this volume have been **carefully selected and well edited**. (25) Each paper offers **a brief but valuable look into specific aspects of** immersion programs and issues of bilingualism. (26) The volume is **an excellent sampler** of various topics, which **should encourage the interested reader to look into them in greater depth**. [BR 39, 9-24/26] Estratégia 12 (recomendando oo livro).

Ex (10) **In short, this is** an interesting, even imaginative study, but its conclusions are **seriously marred by an inappropriate statistical treatment**. [BR 44, 5 – 22] Estratégia 12 (desqualificando o livro).

No tocante à identificação dos limites textuais dos movimentos e estratégias nas resenhas, adotou-se o critério da evidência linguística (forma) e o da interpretação da informação no texto (função). A análise revelou que os limites entre movimento e estratégia nem sempre são os mesmos e variam de texto para texto. Assim, um movimento pode ser expresso em uma sentença; em dois ou mais parágrafos; dois movimentos no mesmo parágrafo; duas estratégias diferentes em uma mesma sentença, demonstrando a flexibilidade na quantidade de informação no gênero em foco e revelando que gêneros variam em sua tipicalidade.

Fica claro, através das análises, que o modelo de Swales é flexível também quanto ao número e à ocorrência de determinadas estratégias usadas nos textos selecionados. O resenhista usa as estratégias que considera importantes para realizar os movimentos ao produzir o seu texto. A frequência de ocorrência das estratégias revelou que algumas são mais essenciais que outras (BHATIA, 1993). No entanto, os três movimentos retóricos e a maioria das estratégias descritas se apresentam em uma posição regular nos textos, isto é, algumas são determinadas em uma posição introdutória, e outras, em uma posição conclusiva. Essa flexibilidade traduz a forma como os resenhistas respondem às interações em que estão engajados e correspondem às expectativas de seus pares, membros da comunidade disciplinar.

ANÁLISE DOS ITENS LEXICAIS NAS RESENHAS

A análise dos itens lexicais revelou que os *substantivos não-específicos* (ARAÚJO, A.D., 1996; 1999) têm uma clara função de conectar orações, sentenças ou parágrafos, formando uma unidade semântica e estabelecendo coesão nas resenhas. Os determinantes e as palavras qualificadoras representam um papel importante na construção de significado do substantivo não específico. Tais itens têm uma *função encapsuladora* e uma *função preditiva*. Essas funções são indicadas pelos determinantes que orientam as informações em duas direções: remetem o leitor a examinar informação que antecede o substantivo no texto (anafórica) ou remetem o leitor a examinar a informação que segue à ocorrência do substantivo não específico (catafórica), enquanto as palavras qualificadoras assumem uma função atributiva.

Quando os substantivos não específicos ocorrem na função anafórica, eles resumem e encapsulam discurso prévio; em outras palavras, eles se referem às informações apresentadas anteriormente. Os substantivos não específicos indicam para o leitor como interpretar a parte do discurso que os precede. O substantivo não específico pode ser modificado por um determinante específico (*the, a, this, that, his,* etc.), que se refere ao texto precedente como "fato", e é apresentado como informação dada na oração em termos da nova mensagem que é formulada (FRANCIS, 1986; 1994). Por exemplo:

> Ex (11) (24) Russell Tomlin does use naturally occurring data very effectively, too. (25)He hypothesizes that the subject of a sentence will encode thematic information in priority to encoding agent. (26) He then establishes a methodology for testing **this hypothesis**, taking as his data transcriptions from video – and audio – / / tapes of description of live hockey matches. (27) Of course, special cases have to be taken into account and residual problems acknowledged....//
> (29) But **the hypothesis** is confirmed, at least for the limited set of data that Tomlin considers. [BR 3, 6 – 24/29].

No exemplo (11), o substantivo não específico 'hypothesis' modificado pelo demonstrativo "this' e pelo artigo 'the' refere-se a seu significado específico na oração que os precede 'he hypothesizes that the subject of a sentence will... agent.' Tal oração apresenta a informação já conhecida e compartilhada pelos leitores no texto.

Quando os substantivos funcionam cataforicamente, eles têm ao mesmo tempo um papel organizador e preditivo, em que sinalizam para o leitor a informação que explicitará o sentido do substantivo que ocorrerá nas orações adjacentes. Eles direcionam o leitor para o substantivo em foco. No exemplo (12), o substantivo não-específico 'characteristics' é modificado pelo numeral 'two' e pelo indefinido 'other', os quais antecipam quantas unidades de informação são esperadas nas orações que se seguem no texto.

> Ex (12) In addition to the content of the volume, **two other characteristics** make this book a model for edited volumes. **The first characteristic** is that none of the chapters can be considered weak. Each provides a unique and important contribution to the overall issue of language processing in bilingual children. **The second characteristic** is that the papers contained in this volume come together to provide a relatively unified picture of language processing in bilingual children. [BR 42, 3 –22/25]

No exemplo 13, o substantivo não específico 'problem', que é premodificado por um determinante, um advérbio e um adjetivo "a very disturbing problem", tem seu significado explicado na mesma sentença na qual o substantivo não específico está inserido. O determinante 'a' projeta o leitor a buscar a informação da palavra 'problem' na oração que se segue ao texto 'the repeated emphasis on the complexity of the field SLR (for example, on pp. 22, 131 and 223), which may easily...'. O advérbio 'very' e o adjetivo 'disturbing' qualificam e intensificam o substantivo 'problem' neste exemplo.

> Ex (13) Moreover, when the book moves beyond general methodology and into the specific field of SLR, the advice given is not equally sound in all cases. **A very disturbing problem** indeed is the repeated emphasis on the complexity of the field of SLR (for example, on pp. 22, 131 and 223), which may easily be misread as an encouragement to study unmanageably large numbers of variables at the same time…[BR 61, 10- 23/24].

Além da função organizacional, os substantivos não específicos têm uma função avaliativa nas resenhas. Tais termos são utilizados para indicar uma avaliação no texto. Como a avaliação é o traço mais marcante, ela é, em parte, expressa por substantivos não específicos (substantivos avaliativos) e por vocabulário atributivo como *important, unhelpful, confused, well-written, unfortunately*. Os substantivos não específicos avaliativos expressam uma atitude positiva ou negativa por parte do escritor quando avaliando partes de um livro. Os substantivos mais frequentes no *corpus* são: *disappointment, drawback, failure, disservice, problem, weakness, shortcoming* (avaliação negativa), *merit, strength* (avaliação positiva). Esses substantivos são considerados por Francis (1986; 1994) como 'itens avaliativos atitudinalmente fortes'. Por exemplo:

> Ex (14) **The greatest merit** of the book is that it discusses general scientific methodology, and statistical considerations that should ideally be with one when designing and carrying out a research project in any discipline, without ever losing track of the particular interests of those engaged in SLR. [BR 61, 8-20/21].

Outros substantivos não específicos são considerados 'atitudinalmente neutros', mas quando usados em contexto e modificados por um atributo, eles expressam atitude positiva ou negativa, dependendo do adjetivo utilizado. No exemplo (15), o substantivo não específico 'point' é pré-modificado pelo adjetivo 'important' indicando que o resenhista está avaliando positivamente o ponto discutido na oração anterior à ocorrência do substantivo não específico.

> Ex (15) While pointing out the shortcomings of quasi-experimental research and statistical research, van Lier says the issue is not which is better, but the need for "an open-mindedness about different ways for arriving at understanding, without assumptions of differential scientific value" (p. 12). This is an **important point** and, if heeded by classroom researchers, would substantially advance our knowledge of how we learn and teach second languages. [BR 18, 6- 16/17].

Segundo Francis (1986, 1994), os modificadores podem exercer várias funções, baseadas na teoria funcionalista de Halliday (1985): (a) **ideacional** (11,8% de ocorrência no *corpus*), eles transmitem significados ao substantivo-núcleo, ao classificar ou definir o substantivo não específico. Exemplos são: *theoretical, philosophical, fundamental, basic, general, central;* (b) **interpessoal** (8,8%) exercem um papel avaliativo ao introduzir o comentário ou a atitude do escritor em relação a uma parte do texto e sinalizam uma forma de envolvimento pessoal por parte do escritor quando comentando e avaliando o conteúdo do livro para o leitor, por exemplo, *noteworthy, important, useful,* *interesting* e (c) **textual** (79,3% de ocorrência no corpus) exercem um papel importante na organização do texto. Eles sinalizam os relacionamentos entre partes do texto e a sequência da informação no texto, especialmente, quando expresso por *other, another, similar, first, second, third,* etc.

Os resultados apresentados de forma concisa neste capítulo revelam em parte as escolhas que os resenhistas fazem ao expressar opiniões pessoais sobre determinado livro e nos ajudam a entender como o gênero é elaborado retoricamente.

Discussão dos resultados

Este trabalho foi limitado a uma análise na perspectiva sociorretórica em que se descreveu a estrutura e a sinalização lexical do gênero resenha crítica acadêmica na área de linguística aplicada, baseada em Swales (1984; 1990; 1993), identificando as estruturas retóricas e os itens linguísticos, aqui denominados de substantivos não específicos por Winter (1992). Esses substantivos são de fundamental importância para realizar a função comunicativa do gênero. Este estudo revelou que o gênero resenha possui não características fixas mas categorias reconhecidas socialmente nas interações pelos membros da comunidade discursiva, variando conforme o conhecimento, as experiências e os propósitos do escritor.

A pesquisa teve duplo objetivo: (a) descrever a estrutura retórica das resenhas críticas acadêmicas escritas em língua inglesa na subárea de linguística aplicada e (b) examinar o emprego de substantivos não específicos, enquanto elementos coesivos, na organização das resenhas. As análises das resenhas possibilitaram-nos chegar a uma caracterização da prototipicidade desse gênero na realização de três movimentos retóricos. Cada *move* é realizado por várias estratégias que podem ter um *status* mais ou menos típico revelando a dinamicidade e flexibilidade dos textos e de como o escritor das resenhas alcança o propósito social do gênero.

As análises revelaram também que o movimento retórico na amostra das resenhas analisadas começa com uma visão global do livro no início, seguida por uma descrição e um relato detalhado e acrescida de avaliação de aspectos específicos do livro resenhado e concluída com uma avaliação global do livro. A avaliação, por ser a característica principal das resenhas, está presente nos três movimentos retóricos. Ela é tanto pessoal quanto institucionalizada porque os resenhistas relacionam o conteúdo dos livros a um sistema de valores estabelecidos socialmente pela área disciplinar, em que os leitores estão engajados criando, dessa forma, um ponto de vista compartilhado entre escritor e leitor (HUNSTON, 1994).

Cada escolha lexical e gramatical realizada pelo escritor de resenha é avaliativa e reflete o que ele pensa sobre o livro.

Ao integrar as perspectivas de Swales e Winter nas análises das resenhas, ficou claro que os movimentos retóricos e as estratégias são expressos por meio de padrões de itens linguísticos associados a cada movimento e às estratégias que realizam os movimentos. Tais itens linguísticos aqui denominados de substantivos não específicos funcionaram como importantes elementos coesivos e metadiscursivos na organização da estrutura retórica das resenhas. Esses substantivos também têm um papel referencial nos textos, funcionando tanto anafórica quanto cataforicamente. Uma conclusão alcançada na análise dos dados é que a relação binária não específico-específico é um aspecto importante na organização das resenhas, quando se considera que, ao avaliar, os resenhistas fornecem o contexto para se interpretar o significado dos substantivos não específicos. Esses substantivos contribuem para conectar os movimentos retóricos às estratégias, estabelecendo a coerência dos textos, como afirma Francis (1986). Eles ajudam também os leitores a perceber quando uma avaliação é introduzida, ou quando uma perspectiva é desenvolvida no texto pelo resenhista.

A análise das resenhas acadêmicas levou-me a refletir sobre o ensino de redação em língua estrangeira, especialmente em nossas instituições universitárias. Embora sua prática seja solicitada com muita frequência pelos professores no ensino superior, o ensino de resenhas não tem ainda recebido a devida atenção nos programas de redação nas universidades, porque ainda não há uma consciência da importância e da utilidade de seu ensino. E, mesmo quando a instrução da resenha é introduzida nos livros e manuais de redação, é estudada apenas em um nível de generalidade retórica, pouco útil aos estudantes.

Em acréscimo à estrutura retórica, percebo que a grande dificuldade dos estudantes é o pouco ou quase nenhum conhecimento dos objetivos para se escrever resenhas, das convenções textuais de produção em que se incluam o uso de vocabulário especializado, métodos de argumentação, de opinião pessoal e tipos de informação que devem constituir esse tipo de gênero. Swales (1984, 1990, 1993, 2004) e estudiosos (JOHNS; DUDLEY-EVANS, 1993; JOHNS, 2002; FREEDMAN; MEDWAY, 1994; FREEDMAN, 1999; KRESS, 1993; PALTRIDGE, 1994, 1995, 2000; ARAÚJO, 2000) argumentam que o estudo das convenções textuais estabelecidos pela comunidade do discurso pode ser útil aos estudantes que estão se iniciando na comunidade acadêmica. Servem eles para se conscientizarem das convenções e expectativas genéricas. Reconhece-se que uma das principais preocupações com o ensino de gêneros é explicitar o conhecimento sobre como o texto é constituído e como ele varia de acordo com o propósito, o tópico, a audiência-alvo, a situação e outros elementos do contexto.

Partindo dessa perspectiva, os estudantes de redação em língua estrangeira e materna podem ser beneficiados pelas pedagogias baseadas em gênero, que procuram desmistificar os tipos de escrita, através da instrução explícita e da análise textual, levando-os a perceber o propósito ou a função comunicativa, a audiência, a intertextualidade não somente das resenhas mas também de qualquer outro tipo de gênero linguístico acadêmico a ser produzido nas escolas. Eles são centrais para os escritores entenderem, construírem e representarem suas realidades sociais. A utilidade dessa abordagem – através da identificação dos movimentos retóricos e seus estágios para o ensino da leitura e redação – têm sido evidenciada por estudiosos como Hopkins e Dudley-Evans (1988), Swales (1990; 1993), Kusel (1992), Ann Johns & Dudley-Evans (1993), Motta-Roth (1995), Santos (1995), entre outros, que enfatizam a sua importância para os estudantes-escritores, considerando a necessidade de aprender sobre a estrutura e o estilo textual, em termos de conteúdo (movimentos retóricos) forma (sinais linguísticos), função (propósito comunicativo) e contexto (culturas disciplinares), além de torná-los conscientes das funções sociais dos diferentes tipos de textos e de seus usos dentro de sua comunidade acadêmica.

Outra vantagem de utilizar a abordagem de Swales (1990) é que ela permite uma investigação dos itens lexicais que expressam diferentes funções no texto. Segundo Hoey e Winter (1986, p. 172), os signos lexicais são itens importantes porque "conectam orações e estabelecem significados indicando a organização dos discursos". Usados adequadamente no texto, os itens facilitam ao leitor perceber as ideias e seguir o argumento desenvolvido pelo escritor no texto. Assim, é importante que se desenvolva a consciência do papel organizacional dos itens lexicais que ajudam a melhorar a compreensão do texto. O uso dos itens lexicais constitui um recurso de coesão usado pelos escritores para ajudar a estabelecer a coerência no texto acadêmico. Os estudantes, portanto, devem ser orientados para a maneira como as resenhas são linguisticamente expressas e como os significados são construídos no texto, levando em consideração a variação disciplinar. A consciência da necessidade de prestar atenção na forma como os itens linguísticos expressam os movimentos retóricos deve ser desenvolvida.

Finalmente, embora a abordagem baseada na análise de movimentos retóricos, tenha suas limitações, ela ainda se apresenta como uma alternativa a ser utilizada em sala de aula para ajudar os alunos a se tornarem críticos e perceptivos na produção de seu texto, bem como nos textos produzidos por outros autores. Para concluir, é importante que se diga que a produção de resenhas não é uma atividade abstrata, mas uma prática social. O que é considerado na produção do gênero como engajamento, argumento convincente, persuasão eficiente e expressão criativa não depende de controle de processos universais, mas varia de indivíduo para indivíduo e entre os contextos das comunidades disciplinares (HYLAND, 2003, p. 25). Portanto, devemos oportunizar os estudantes com conhecimento de resenhas e outros gêneros para a formação de uma base necessária para engajamento crítico com práticas culturais e textuais. Essa formação deve incluir as experiências prévias do escritor, da situação, do propósito e dos recursos linguísticos a serem utilizados de forma eficiente na ação social. Como afirma Bazerman *et al.* (2005), gêneros são o que as pessoas fazem e reconhecem nas interações, são as maneiras como negociamos, construímos e mudamos nosso entendimento de nossas comunidades e de nós mesmos.

Espera-se que esta pesquisa tenha contribuído para avançar os estudos de textos e da escrita acadêmica e, em especial, os estudos dos substantivos não específicos, como importantes elementos avaliativos e coesivos na organização das resenhas acadêmicas.

A resenha acadêmica em uso por autores proficientes e iniciantes

Benedito Gomes Bezerra

Interesse e escopo do estudo

O conceito de gênero textual envolvido no escopo da Análise de Gêneros (cf. cap. 1 deste livro) ultrapassa o interesse tradicional voltado essencialmente para os estudos literários. Antes, os gêneros socialmente situados dentro da prática familiar, escolar, profissional e acadêmica constituem o objeto de estudo dos pesquisadores situados dentro dessa linha teórica.

Neste capítulo, enfocamos um gênero socialmente representativo por transitar igualmente nos ambientes escolar e acadêmico. Verificamos que, na prática do ensino superior, os professores por vezes solicitam de seus alunos a produção de resenhas como forma de avaliação e desenvolvimento das habilidades de leitura e escrita. Ademais, a atividade é considerada como uma forma de iniciação à pesquisa científica, propondo-se aos alunos uma abordagem crítica dos textos prescritos. Verifica-se, no entanto, uma grande dificuldade por parte dos alunos em produzir resenhas que evidenciem tal capacidade de compreensão. Mesmo quando orientados por normas e modelos fornecidos ou impostos pela respectiva instituição de ensino, muitos alunos não conseguem apresentar resenhas cujas informações sejam conduzidas de forma a caracterizar procedimentos aceitos no contexto sociorretórico. Os estudantes têm dificuldades em trabalhar com o gênero textual em questão.

Assumimos, portanto, como objetivo deste estudo,[1] descrever o gênero textual resenha em duas modalidades: (a) como gênero textual

---

[1] Para o relato completo da pesquisa que deu origem a este capítulo, ver BEZERRA (2001).

produzido por estudantes, resultante do cumprimento de tarefa escolar no contexto de um curso de graduação em Teologia; e (b) como gênero textual produzido por escritores proficientes na referida área disciplinar. Ambas as modalidades de resenha são consideradas "acadêmicas", por serem gêneros que encontram seu contexto retórico privilegiado no interior do ambiente acadêmico. As resenhas de alunos, por se configurarem como um instrumento de introdução ao diálogo acadêmico no processo de ensino/aprendizagem do citado curso de graduação; as resenhas de especialistas, por serem produzidas, em geral, por professores de seminários e faculdades teológicas e publicadas em periódicos dirigidos à comunidade acadêmica formada por professores e alunos de instituições de ensino teológico.

Pesquisas sobre o gênero resenha na linha de Swales (1990)

Como informam Biasi-Rodrigues, Hemais e Araújo (cap. 1 deste livro), a versão final do modelo CARS (SWALES, 1990) tem sido testada e aplicada, com adaptações, a diferentes gêneros em português e em inglês. Para o propósito específico desta pesquisa, exemplos particularmente importantes são os trabalhos de Motta-Roth (1995) e Araújo (1996), ambos dedicados à descrição do gênero resenha de livros em inglês, nas áreas de linguística, química e economia, no primeiro caso, e na área de linguística, no segundo. Cada uma dessas pesquisadoras, ao final de sua investigação, chegou a um quadro descritivo da organização retórica de resenhas de livros em inglês, conforme apresento a seguir.

O MODELO MOTTA-ROTH (1995)

A pesquisa de Motta-Roth (1995) baseou-se na análise de um *corpus* de 60 resenhas de livros em inglês, divididos em três diferentes áreas disciplinares, a saber, química, economia e linguística. Utilizando o método de análise de Swales (1990), a autora apresentou, como resultado do exame do *corpus*, uma descrição esquemática do padrão organizacional de resenhas acadêmicas que compreende unidades maiores, rotuladas de *moves*, de acordo com a terminologia de Swales (1990) e unidades menores, denominadas de *subfunções*. O Quadro 1 descreve a organização retórica de resenhas conforme o padrão revelado pelos dados com que a autora trabalhou:

QUADRO 1
Descrição esquemática das subfunções
retóricas em resenhas de livros

Move 1 - Introduzir o livro

Subfunção 1 - Definindo o tópico geral do livro   e/ou
Subfunção 2 - Informando sobre leitores em potencial   e/ou
Subfunção 3 - Apresentando a(s) hipótese(s)   e/ou
Subfunção 4 - Fazendo generalizações sobre o tópico   e/ou
Subfunção 5 - Inserindo o livro na área   e/ou

Move 2 - Sumarizar o livro

Subfunção 6 - Provendo uma visão geral da organização do livro   e/ou
Subfunção 7 - Apresentando o tópico de cada capítulo   e/ou
Subfunção 8 - Citando material extratextual

Move 3 - Destacar partes do livro

Subfunção 9 - Provendo avaliação direcionada

Move 4 - Prover uma avaliação final do livro

Subfunção 10 A - Recomendando/desqualificando completamente o livro   ou
Subfunção 10 B - Recomendando o livro apesar de indicar limitações

Fonte: MOTTA-ROTH (1995, p. 141).

O MODELO ARAÚJO (1996)

O trabalho de Araújo (1996) fundamenta-se na análise de um *corpus* de 80 resenhas de livros em inglês na área de linguística. Embora a ênfase central da pesquisa seja o estudo da sinalização lexical através de "substantivos não específicos" (*unspecific nouns*), verificada na articulação retórica de *moves* e *strategies* ("estratégias"), a autora também chega, a exemplo de Motta-Roth (1995), a uma reformulação do modelo CARS para resenhas de livros. O modelo apresentado por Araújo, no entanto, difere significativamente daquele proposto por Motta-Roth, conforme demonstramos abaixo.

Também baseado em Swales (1990), o modelo de análise de resenhas acadêmicas proposto por Araújo (1996) consta de três unidades de informação, denominadas *moves* e doze subunidades, chamadas de "estratégias". O Quadro 2 representa a distribuição dessas subunidades de informação pelas três unidades maiores:

QUADRO 2
Descrição da estrutura retórica de resenhas de livros

Move 1 - Estabelecer o campo

Estratégia 1 - Fazendo generalizações sobre o tópico	e/ou
Estratégia 2 - Alegando centralidade	e/ou
Estratégia 3 - Indicando a audiência pretendida	e/ou
Estratégia 4 - Informando o leitor sobre a origem do livro	e/ou
Estratégia 5 - Apresentando o objetivo do livro	e/ou
Estratégia 6 - Referindo-se a publicações anteriores	e/ou

Move 2 - Sumarizar o conteúdo

Estratégia 7 - Descrevendo a organização do livro	e/ou
Estratégia 8 - Apresentando/discutindo o conteúdo do livro	e/ou
Estratégia 9 - Avaliando o livro	e/ou
Estratégia 10 - Apresentando sugestões para aperfeiçoamento	

Move 3 - Prover uma avaliação final do livro

Estratégia 11 - Recomendando/desqualificando completamente o livro	e/ou
Estratégia 12 - Sugerindo futuras aplicações	

Fonte: ARAÚJO (1996, p. 61)

Procedimentos metodológicos empregados nesta pesquisa

Nesta pesquisa, a análise do *corpus* partiu dos modelos apresentados por Motta-Roth (1995) e Araújo (1996), simultaneamente testando-os e tratando-os como contraponto um do outro, de modo que a pesquisa pudesse revelar o que realmente ocorre na estruturação de uma resenha em português, na área disciplinar enfocada. Dessa forma, verificamos, no *corpus*, pontos de maior conformidade com um ou outro modelo, ou divergências em relação a ambos. Um aspecto sempre levado em conta é que os referidos modelos dizem respeito a textos em inglês, enquanto a presente investigação enfoca exclusivamente textos em português. Além disso, examinamos, nesta pesquisa, tanto resenhas de livros como resenhas de artigos. Por outro lado, devemos ressaltar que os modelos anteriores, bem como o padrão descritivo apresentado por esta pesquisa, não têm pretensões normativas ou prescritivas. Antes, procuram refletir o resultado da análise dos respectivos dados.

No tratamento direto com os dados, após algumas experiências de análise preliminar, empreendemos um estudo de todo o *corpus*, primeiramente com base no modelo Motta-Roth (1995) e, numa etapa seguinte, com base no modelo proposto por Araújo (1996). Essa fase foi extremamente construtiva pela possibilidade de reforçar os pontos mais pertinentes de cada proposta, considerando a existência de expressiva zona de interseção entre os dois modelos. Mais que isso, foi possível enriquecer a análise, complementando as lacunas deixadas ora por uma, ora por outra proposta.

A partir das etapas anteriores e considerando as regularidades de cada modelo, bem como suas peculiaridades, foi possível apresentar um padrão de organização retórica mais abrangente, até pelo fato de reunir as contribuições dos modelos anteriores. Esse quadro descritivo da organização do gênero, expresso na forma de um padrão específico para as resenhas de especialistas e outro para dar conta das peculiaridades das resenhas de alunos, permitiu superar as lacunas deixadas pelos modelos anteriores, tomados isoladamente, e ainda incorporou novos elementos revelados pelo exame dos dados. O padrão revelado pelos dados, apresentado como uma contribuição adicional para futuras análises, foi construído no decorrer da pesquisa e levou sempre em consideração, para sua estruturação, o pré-teste baseado nas propostas de Motta-Roth (1995) e Araújo (1996).

O *corpus* foi composto por 60 exemplares de resenhas acadêmicas. Metade dessas resenhas foram produzidas por escritores "especialistas", tendo sido coletadas nos periódicos *Vox Scripturae*, publicado pela Associação Evangélica de Educação Teológica na América Latina (AETAL), e *Simpósio*, publicado pela Associação dos Seminários de Teologia Evangélica (ASTE), entidades de elevado conceito na comunidade acadêmica de confissão evangélica, no Brasil e na América Latina. As outras 30 resenhas foram produzidas por alunos do Seminário Teológico Batista do Ceará, em Fortaleza, em disciplinas da área de teologia, ministradas por este pesquisador. Nessas disciplinas, não se pretendia ensinar o aluno a produzir resenhas, antes, exigia-se dele essa tarefa como parte do processo de aprendizagem de matérias do curso. No ato de prescrição da tarefa, material didático próprio da instituição de ensino era fornecido aos alunos, com a finalidade de orientá-los quanto à forma, ao conteúdo e ao propósito da resenha.

O padrão descritivo da organização retórica das resenhas

Na tentativa de contribuir para a descrição de resenhas nas condições de produção e uso específicas desta pesquisa, construímos uma proposta de organização retórica do gênero que procura evidenciar as opções de procedimentos retóricos disponíveis ao resenhista do modo mais abrangente possível. Tratando-se de uma descrição que emerge do trato com os dados, evitamos o caráter prescritivo característico de manuais de metodologia científica. As peculiaridades de cada modalidade de resenha se evidenciaram de tal forma que podemos falar de um padrão (mais complexo) para a descrição de resenhas de especialistas e de um padrão menos complexo para dar conta da organização retórica de resenhas de alunos. A menor complexidade organizacional das resenhas de alunos é aferida pelo fato de que o estudante, ao produzir uma resenha, lança mão de um número relativamente menor de subunidades de informação, embora utilize as mesmas unidades empregadas pelos especialistas. Algumas subunidades que compõem o leque de opções empregadas pelo escritor proficiente simplesmente são ignoradas pelo estudante.

Assim, com base na análise de nosso *corpus*, encontramos uma organização retórica que aproveita os aspectos peculiares tanto ao modelo Motta-Roth (1995) como ao modelo Araújo (1996) e ao mesmo tempo corresponde à especificidade de nossa amostra, ou seja, o quadro descritivo que propomos abaixo reflete a realidade de resenhas acadêmicas escritas em língua portuguesa por escritores proficientes e por estudantes de graduação em Teologia. Deve-se ressaltar ainda que a parte do *corpus* produzida por estudantes refere-se a resenhas de artigos e de capítulos ou partes de livros.

A ORGANIZAÇÃO RETÓRICA DE RESENHAS DE ESPECIALISTAS (RE)

Apresentamos a seguir o padrão revelado pelos dados para a descrição da organização retórica de resenhas de especialistas. Nesses exemplares do gênero, as informações se distribuem como mostra o Quadro 3.

QUADRO 3
A organização retórica de resenhas de especialistas

Unidade retórica 1 - Introduzir a obra
    Subunidade 1 - Definindo o tópico geral   e/ou
    Subunidade 2 - Argumentando sobre a relevância da obra   e/ou
    Subunidade 3 - Informando sobre o autor   e/ou
    Subunidade 4 - Fazendo generalizações sobre o tópico e/ou
    Subunidade 5 - Informando sobre a origem da obra   e/ou
    Subunidade 6 - Referindo-se a publicações anteriores

Unidade retórica 2 - Sumarizar a obra

Subunidade 7 - Descrevendo a organização da obra   e/ou
Subunidade 8 - Apresentando/discutindo o conteúdo   e/ou
Subunidade 9 - Citando material extratextual

Unidade retórica 3 - Criticar a obra

Subunidade 10 - Avaliando positiva/negativamente   e/ou
Subunidade 11 - Apontando questões editoriais

Unidade retórica 4 - Concluir análise da obra

Subunidade 12A - Recomendando a obra completamente   e/ou
Subunidade 12B - Recomendando a obra apesar de indicar limitações e/ou
Subunidade 13 - Indicando leitores em potencial

Delineamos, portanto, um modelo de distribuição das informações composto de quatro unidades de informação, denominadas "unidades retóricas" e realizadas por "subunidades retóricas" opcionais em sua maioria, podendo ocorrer em conjunto ou separadamente, à exceção das variações da subunidade 12, dividida nas possibilidades A e B. O caráter opcional das diversas subunidades é indicado, no Quadro 3, pela expressão "e/ou". A terminologia que adotamos, devida aos trabalhos de Meurer (1997) e Biasi-Rodrigues (1998), é uma alternativa mais neutra em relação a outras terminologias que representam tentativas de tradução e adaptação dos termos originais de Swales (1990), *move* e *step*, respectivamente. Assim, conforme Biasi-Rodrigues (1998, p. 130), "uma unidade retórica é reconhecida como uma unidade de conteúdo informacional dentro de uma estrutura hierárquica de distribuição de informações na arquitetura física do texto", podendo ser realizada a partir das escolhas possíveis de um conjunto de subunidades, de acordo com os propósitos do autor.

As quatro unidades retóricas propostas correspondem aos *moves* que constituem o modelo Motta-Roth (1995). Nesse aspecto, a divergência em relação ao modelo Araújo (1996) diz respeito apenas ao desmembramento do *move* 2 dessa autora nas unidades retóricas 2 e 3, considerando, como ela própria admite (p. 85), que a estratégia 9, "Avaliando o livro", representa uma mudança significativa na atitude do resenhista, da descrição para a avaliação. Entendemos, portanto, com Motta-Roth (1995), que essa mudança de foco configura uma nova unidade retórica, e não a simples passagem de uma subunidade para outra.

Em sua maioria, as subunidades constantes do modelo descritivo das resenhas de especialistas são propostas a partir dos modelos já existentes e testados por esta pesquisa. A rigor, além de algumas reformulações na terminologia, com o objetivo de torná-la mais transparente, a novidade diz respeito apenas à subunidade 11, "Apontando questões editoriais", estratégia avaliativa bastante recorrente no corpus.

Afora isso, um detalhe bastante relevante é o deslocamento da subunidade 13, "Indicando leitores em potencial", para a unidade retórica final das resenhas. A análise mostrou que na maioria das ocorrências dessa subunidade, ela se situa na unidade retórica 4, e não na primeira unidade de informação, como propõem os modelos anteriores. Em outros casos, a subunidade ocorre em ambos os lugares, ou seja, nas duas unidades de informação. Poucas são as ocorrências em que a informação sobre os leitores situa-se espacialmente na unidade retórica 1. Parece bastante razoável que, ao recomendar a obra, na unidade de informação conclusiva, o escritor da resenha mencione *para quem* a obra é recomendada.

A ORGANIZAÇÃO RETÓRICA DE RESENHAS DE ALUNOS (RA)

A organização retórica das resenhas de alunos (Quadro 4) caracteriza-se por uma estrutura menos complexa em relação à organização retórica das resenhas RE. Ressalte-se que a descrição da organização retórica de RA em termos de uma estrutura "menos complexa" não implica nenhum juízo de valor sobre essas resenhas. As duas modalidades diferem essencialmente na utilização de um número menor de subunidades retóricas, por parte de RA, para a realização das quatro unidades retóricas possíveis. Trata-se de uma configuração mais simples, perfeitamente adaptada aos propósitos comunicativos específicos das resenhas de alunos. Para dar conta da descrição dessas resenhas, e para fins de uniformização, a terminologia referente a unidades e subunidades foi adaptada, evitando falar em "livros", para dar conta do fato de que as resenhas RA tratam não de livros, mas de artigos e capítulos de livros. Por essa razão, prefere-se, já no padrão RE, o termo "obra" em lugar de "livro".

QUADRO 4
A organização retórica de resenhas de alunos

Unidade retórica 1 - Introduzir a obra
    Subunidade 1 - Definindo o tópico geral   e/ou
    Subunidade 2 - Argumentando sobre a relevância da obra   e/ou
    Subunidade 3 - Informando sobre o autor   e/ou

Subunidade 4 - Fazendo generalizações sobre o tópico	e/ou
Subunidade 5 - Referindo-se sobre publicações anteriores	
Unidade retórica 2 - Sumarizar a obra	
Subunidade 6 - Descrevendo a organização da obra	e/ou
Subunidade 7 - Apresentando/discutindo o conteúdo	e/ou
Unidade retórica 3 - Criticar a obra	
Subunidade 8 - Avaliando positiva/negativamente	e/ou
Unidade retórica 4 - Concluir análise da obra	
Subunidade 9 - Recomendando leitura	e/ou
Subunidade 10 - Indicando leitores em potencial	e/ou

Como se pode facilmente verificar no Quadro 4, a diferença entre os padrões RE e RA consiste, concretamente, na ausência, em RA, das subunidades "Informando sobre a origem do livro", na unidade retórica 1 (Un1), "Citando material extratextual", na unidade retórica 2 (Un2), "Apontando questões editoriais", na unidade retórica 3 (Un3), e "Recomendando o livro apesar de indicar limitações", na unidade retórica 4 (Un4).

Descrição das unidades retóricas

No padrão que encontramos na análise do *corpus*, as quatro unidades retóricas são realizadas de diversas formas e com frequência variável dentro de cada modalidade de resenhas. Em ambos os casos, as unidades retóricas apresentam extensão variável, podendo limitar-se a apenas um ou estender-se por dois ou mais parágrafos. Normalmente, as unidades retóricas 2 e 3, mais argumentativas, ocupam maior espaço no corpo da resenha, exigindo um maior esforço retórico por parte do escritor. Tal observação sobre o tamanho dos *moves* já havia sido feita tanto por Motta-Roth (1995, p. 131) como por Araújo (1996, p. 55). A própria ordem de ocorrência das unidades retóricas é bastante flexível. A ordem proposta representa, no entanto, o padrão dominante no *corpus*, assim como os resultados já obtidos pelas pesquisas anteriores.

As resenhas RA, embora apresentem as mesmas unidades retóricas que o grupo RE, utilizam com maior frequência apenas as duas primeiras. A unidade retórica mais típica das resenhas RA é Un2, "Sumariar a obra" (TAB. 1). Em RE, a unidade retórica 2 está ausente em apenas um dos exemplares do corpus.

No grupo RA, a unidade conclusiva "Concluir a análise da obra" (Un4), apresenta o mais baixo índice de ocorrências e localiza-se em apenas 13 exemplares do *corpus*. Portanto, embora os dois grupos de produtores de textos operem com o mesmo leque de unidades retóricas a sua disposição, eles as utilizam diferentemente quanto ao modo e à frequência.

Na tabela abaixo, registramos as ocorrências e a frequência (em percentual) de cada unidade e subunidade, nas duas modalidades de resenhas. Em seguida, descrevemos cada unidade e as subunidades mais recorrentes.

TABELA 1
Frequência das subunidades retóricas em RE e RA

RE – Resenhas de especialistas	N	%	RA – Resenhas de alunos	N	%
Un 1 – INTRODUZIR A OBRA	29	96,6	**Un1 – INTRODUZIR A OBRA**	24	80
Sub1 – Definindo o tópico geral	18	60	Sub1 – Definindo o tópico geral	15	50
Sub2 – Argumentando sobre a relevância da obra	18	60	Sub2 – Argumentando sobre a relevância da obra	5	16,6
Sub3 – Informando sobre o autor	12	40	Sub3 – Informando sobre o autor	17	56,6
Sub4 – Fazendo generalizações sobre o tópico	10	33,3	Sub4 – Fazendo generalizações sobre o tópico	4	13,3
Sub5 – Informando sobre a origem da obra	8	26,6			
Sub6 – Referindo-se a publicações anteriores	4	13,3	Sub5 – Referindo-se a publicações anteriores	13	43,3
Un2 – SUMARIAR A OBRA	29	96,6	**Un2 – SUMARIAR A OBRA**	30	100
Sub7 – Descrevendo a organização da obra	9	30	Sub6 – Descrevendo a organização da obra	13	43,3
Sub8 – Apresentando/discutindo o conteúdo	27	90	Sub7 – Apresentando/discutindo o conteúdo	30	100
Sub9 – Citando material extratextual	4	13,3			
Un3 – CRITICAR A OBRA	27	90	**Un3 – CRITICAR A OBRA**	18	60
Sub10 – Avaliando positiva/negativamente	28	93,3	Sub8 – Avaliando positiva/negativamente	18	60

Sub11 – Apontando questões editoriais	10	33,3			
Un4 – CONCLUIR A ANÁLISE DA OBRA	**29**	**96,6**	**Un4 – CONCLUIR A ANÁLISE DA OBRA**	**13**	**43,3**
Sub12A – Recomendando a obra completamente	12	40	Sub9 – Recomendando a obra completamente	10	33,3
Sub12B – Recomendando a obra apesar de indicar limitações	14	46,6			
Sub13 – Indicando leitores em potencial	24	80	Sub10 – Indicando leitores em potencial	9	30

Unidade Retórica 1 – Introduzir a obra

A unidade retórica 1 (Un1) é o espaço em que o escritor da resenha chama a atenção do leitor para diversos aspectos relacionados com o livro, artigo ou capítulo de livro, que nem sempre podem ser abstraídos da própria obra. Trata-se de uma unidade retórica bastante característica em resenhas, com uma alta frequência em ambas as modalidades de resenha. As informações introdutórias sobre o autor, a nova obra ou obras anteriores, bem como as considerações gerais sobre o tópico da obra e sua importância para o público a que se destina, representam a ocasião propícia para o resenhista mostrar que sabe "quem é quem" e, dessa forma, construir seu próprio espaço dentro do ambiente acadêmico.

Nesse aspecto, diante da tarefa de produzir a Un1 em uma resenha, o estudante geralmente dependerá das informações veiculadas na capa, quarta capa, orelhas e páginas iniciais ou finais da publicação, realizadas por gêneros introdutórios como prefácios, introduções, apresentações, sinopses e notas biográficas, entre outros. Esse fato certamente implicará diferentes preferências pelas subunidades retóricas que compõem Un1, por parte de especialistas e estudantes. Em ambas as modalidades de resenhas, todavia, Un1 cumpre a função retórica de "criar o contexto para o leitor acompanhar o resenhista" (Araújo, 1996, p. 57) no restante de sua análise, através das unidades de informação subsequentes.

Unidade Retórica 2 – Sumariar o livro

Un2 é a unidade de informação mais típica em ambas as modalidades de resenhas, como afirmamos acima. O papel central dessa unidade retórica é descrever a organização e o conteúdo do livro, artigo ou capítulo de livro. Embora o foco principal seja descritivo, frequentemente essa unidade antecipa já uma postura avaliativa por parte do resenhista. Mesmo que a resenha concentre a avaliação da obra nas unidades de informação subsequentes, o juízo do resenhista, positivo ou negativo, já se encontra diluído em meio à descrição e apresentação do conteúdo. Ao apresentar o conteúdo da obra, o resenhista ainda pode, no caso das resenhas RE, indicar a presença e o valor de material "extratextual" (Motta-Roth, 1995) como bibliografias, gráficos, tabelas, índices ou figuras.

Unidade Retórica 3 – Criticar a obra

Nesta unidade retórica, o resenhista empreende um grande esforço direcionado para a avaliação positiva ou negativa da obra. Nesse ponto, concentra-se, no aspecto das escolhas lexicais, o que Motta-Roth (1995) denominou de "termos de elogio e crítica". A avaliação da obra inclui tanto os aspectos gerais, a vista do todo, como destaques de pontos que ao resenhista parecem mais relevantes na nova publicação. Adicionalmente, as resenhas RE podem incluir a crítica ou o elogio de questões que em si não dependem do autor da obra. São questões de editoração do livro ou artigo. Incluem-se aí falhas gráficas, problemas de tradução, comparação entre texto original e versão em português, erros formais e referências elogiosas à editora por publicar a obra. Esse tipo de informação não se confirmou em RA, portanto não integra o padrão delineado para essa modalidade de resenhas.

Tratando-se de uma unidade de informação altamente especializada e constitutiva da identidade e peculiaridade do gênero resenha, Un3 pode revelar o maior ou menor grau de consciência que os escritores detêm sobre o gênero que estão produzindo. A propósito disso, a realização dessa unidade retórica é significativamente menos frequente em RA.

Unidade Retórica 4 – Concluir a análise da obra

Unidade de informação também altamente especializada, Un4 representa o ponto de maior distanciamento entre resenhas RE e RA. Essa unidade ocorre 29 vezes em resenhas produzidas por escritores proficientes e apenas 13 vezes em resenhas de alunos (TAB. 1). O fechamento da resenha em termos de "recomendação" choca-se, no caso de RA, com o propósito comunicativo que motivou a produção do texto. O estudante sabe que sua resenha, via de regra, não será publicada, o que torna a recomendação uma prática vazia de sentido. Por outro lado, a resenha do aluno representa, muitas vezes, o resultado de uma leitura exploratória, talvez a primeira naquele campo. No texto, o estudante precisa demonstrar ao professor que compreendeu o texto. O contrato professor-aluno, pelo menos no caso do *corpus* sobre o qual se apoia a presente pesquisa, não inclui o propósito de recomendar a leitura para uma dada audiência. Dessa forma, as resenhas RA, ao incluir essa unidade de informação, operam sobre ela uma adaptação ao seu próprio propósito comunicativo. Estreitamente associada à estratégia de recomendação da obra, a indicação de possíveis leitores segue-se como um corolário natural dentro da unidade. Em alguns casos disposta espacialmente na abertura do texto, essa estratégia encontra sua realização mais fluente e natural em associação com o movimento retórico de recomendação da obra.

Subunidades retóricas mais recorrentes

A TAB. 1 mostra, ao lado da distribuição das subunidades retóricas pelas unidades maiores, o número e o respectivo percentual de ocorrências no *corpus*. A partir dessa visão de conjunto, descreveremos as características das subunidades retóricas mais recorrentes na pesquisa. Essa descrição leva em conta sempre a composição do quadro descritivo como padrão resultante da análise e pertinente, por consequência, à realidade dos dados com que operamos. Isso significa a renúncia a qualquer pretensão prescritivista tanto *a priori*, o que condicionaria nossos resultados, como *a posteriori*, o que indicaria uma absolutização de resultados que são, claramente, passíveis de questionamentos no trato com dados oriundos de outras tradições disciplinares.

Como posto anteriormente, as quatro unidades retóricas que compõem a estrutura de uma resenha têm seus propósitos ou funções realizados através de diferentes subunidades. Esses "atos retóricos" (Araújo, 1996, p. 60) são combinados de diferentes maneiras pelos resenhistas, de modo que se nota uma grande variação no emprego das subunidades que integram a estrutura organizacional do gênero, no que diz respeito à frequência e à ordem. Nenhuma resenha utiliza todas as subunidades possíveis nem as combina da mesma forma, na mesma ordem. Para fins de referência, usaremos, na discussão a seguir, a numeração das subunidades correspondentes ao padrão RE.

Subunidade 1 – Definindo o tópico geral

A subunidade 1 (Sub1) é amplamente utilizada nas resenhas RE, onde ocorre em 18 dos 30 exemplares que formam o *corpus*. No grupo RA, Sub1 aparece em 15 dos 30 exemplares. Espacialmente, ocorre tipicamente no parágrafo inicial. Sua função é estabelecer para o leitor o assunto abordado pela nova publicação, ou a abordagem teórica adotada pelo autor para tratar do tema. O escritor pode definir o tópico geral do livro através de diferentes estratégias. Uma dessas estratégias de apresentação é citar o título da obra em itálico, acompanhado de uma afirmação a respeito do tópico tratado:

(1) [RE1] *Surpreendido pelo poder do Espírito* surpreende desde o princípio. A capa coloca em desnecessário confronto o Seminário Teológico de Dallas e *a ideia de que Deus continua a falar e a curar nos dias de hoje*.[2]

Subunidade 2 – Argumentando sobre a relevância da obra

Esta subunidade corresponde ao *step* que Swales (1990) rotulou como "Alegando centralidade". Essa terminologia foi adotada por Araújo (1996) tal como proposta por aquele autor. Conforme Swales (1990), podemos afirmar que "alegações de centralidade" são "apelos à comunidade discursiva" (p. 144) para que seus membros aceitem a nova publicação como uma contribuição significativa dentro da área disciplinar. Embora seja esse o sentido de Sub2, evitamos a hermeticidade do termo, apresentando-o como *argumentação* sobre a importância da obra.

As modalidades RE e RA apresentam frequências de uso bem díspares no que diz respeito a Sub2. Enquanto os escritores proficientes utilizam a subunidade em 60% dos casos, os estudantes a empregam apenas 5 vezes. Esse aspecto "promocional" (BHATIA, 1997) do gênero, que consiste em ressaltar sua importância na área disciplinar, parece pouco relevante para o aluno. Embora o material de orientação para a produção de resenhas fornecido pela instituição de ensino estabeleça que o aluno deve tratar da "qualidade da contribuição", a consciência, talvez apenas intuitiva, que o estudante tem acerca do gênero o leva em outra direção. O aluno sabe que deve mostrar compreensão e capacidade de avaliação do texto; por outro lado, sabe que não está escrevendo para um público a quem deva convencer da importância da obra. Mesmo assim, encontramos uma ocorrência, nas resenhas de alunos, que se aproxima bastante da prática dos escritores especialistas:

(2) [RA1] O artigo é de 1949, pouco tempo depois da criação do Estado de Israel, pela ONU, e *o teólogo junta a sua às reflexões múltiplas e obras de vulto* que surgem naquele momento histórico.

Note-se, no plano referencial, a recategorização do termo "artigo", rotulado de "reflexão" e "obra de vulto", expressões marcadoras de atitude avaliativa, não-neutra. A aluna quer ressaltar a contribuição do artigo "naquele momento histórico".

Subunidade 3 – Informando sobre o autor

As informações sobre o autor contribuem para estabelecer as credenciais (BHATIA, 1993) para a aceitação da nova publicação. Aparentemente, as

---

[2] O destaque é meu neste exemplo e nos subsequentes.

resenhas RA evidenciam, nesse aspecto, uma maior consciência do gênero por parte dos estudantes, que empregam Sub3 em 17 textos. Os especialistas utilizam a mesma subunidade em apenas 12 exemplares do *corpus*. A orientação normativa de que dispõem os alunos parece ser determinante neste caso, ao estabelecer como um dos primeiros passos em uma resenha a informação sobre o autor: "quem é ele, sua formação, outros livros publicados, etc.". As ocorrências dessa subunidade, entretanto, evidenciam uma transposição mais ou menos mecânica da informação disposta nas seções introdutórias dos livros ou em sua capa, quarta capa ou orelhas, para o corpo da resenha. Os exemplos se diferenciam pela elaboração pessoal, por parte do aluno, da informação incorporada ao texto. Assim, o exemplo 3 segue uma linha "atitudinalmente neutra" (Francis, 1994) de apresentação das informações:

> (3) [RA15] Karl Barth, nascido em 1886 na cidade de Basileia, Suíça, estudou Teologia e Filosofia em Berna, Berlim, Tübingen e Marburgo. Além do pai docente de História Eclesiástica, teve por professores Adolf Schlatter, Adolf Harnack, Wilhelm Hermann e os "neokantianos" Hermann Cohen e Paul Natorp. Foi pároco de 1909 a 1921...

Subunidade 8 – Apresentando/discutindo o conteúdo

Entre as subunidades que realizam a unidade retórica 2, caracterizada basicamente pela ênfase descritiva, destaca-se a subunidade 8, equivalente à subunidade 7 em RA. Após descrever a organização da obra, o resenhista naturalmente passa à apresentação e/ou discussão do conteúdo das partes, seções ou capítulos anunciados. A subunidade retórica 8 é praticamente obrigatória em ambas as modalidades de resenhas. Assim, Sub8 ocorre em 100% dos casos em RA e em 90% em RE. Predominantemente descritiva, é empregada para sumariar brevemente o conteúdo principal da obra, de modo que costuma ser a subunidade mais longa em uma resenha, podendo estender-se por alguns parágrafos. Embora pretenda principalmente apresentar o conteúdo da obra, frequentemente revela a atitude avaliativa do resenhista. As resenhas de estudantes, especialmente, podem carregar todo o esforço avaliativo já nessa subunidade, chegando a dispensar as unidades e subunidades destinadas à avaliação.

Sub8 pode ser tipicamente introduzida através de itens lexicais como "capítulo", "seção" ou "parte". Para realizá-la, o resenhista pode também utilizar termos designativos de certas seções do livro, como "o fechamento do livro", referindo-se à conclusão, em combinação com termos mais comuns:

(4) [RE30] *O primeiro capítulo* desenvolve a questão do dilema atual... Isso é feito *de maneira muito atraente*, pois o autor utiliza quase que uma caricatura dos tipos de defensores das opiniões que aprofundam o dilema em questão (identidade-relevância)... Já procurando indicar caminhos diante do dilema proposto, o autor, *no segundo capítulo*, passa a enfocar a especificidade confessional das igrejas reformadas... *Nos capítulos 3 e 4* encontramos *duas questões fundamentais* sobre Deus na perspectiva reformada: a Trindade e a Soberania... *No quinto capítulo* entra em cena o atual mundo religioso pluralista e os desafios para um relacionamento não preconceituoso... *O fechamento do livro não poderia ser melhor:* temos *um magnífico capítulo* sobre espiritualidade.

Expressões como "de maneira muito atraente", "duas questões fundamentais" e "um magnífico capítulo" revelam a ênfase avaliativa do texto. Embora haja seções da resenha especificamente dedicadas à avaliação, Sub8 também se apresenta como uma subunidade propícia para esse tipo de estratégia do resenhista.

Subunidade Retórica 10 – Avaliando positiva/negativamente

A unidade retórica 3 concentra o esforço retórico que faz com que uma resenha seja o que é. Sua função central é avaliar a obra. A crítica a que faz referência o título proposto para Un3 consiste essencialmente na avaliação positiva e/ou negativa da nova publicação. Nessa unidade retórica, destaca-se Sub10, ausente de apenas dois exemplares do grupo RE, como uma subunidade praticamente obrigatória em uma resenha acadêmica especializada. Também as resenhas produzidas por estudantes a utilizam em 60% dos casos.

Através de Sub10, o resenhista passa definitivamente da descrição para a avaliação. A mudança, bem marcada em relação às unidades anteriores da resenhas, é tão significativa que caracteriza a entrada em uma nova unidade de informação. Ao avaliar a obra, o escritor pode enfocá-la globalmente ou destacar uma de suas partes. No caso abaixo, a avaliação incide sobre o todo da obra.

(5) [RE15] Há pelo menos *duas coisas* que tornaram a leitura desse comentário *importante e interessante* para mim. Por um lado, o autor não foge de questões polêmicas, tanto com relação ao conteúdo como também com relação a questões históricas, relacionadas a datas e locais. Em outras palavra, *este trabalho está baseado numa boa e profunda pesquisa, abordando, de forma compreensível e honesta* todas as questões relacionadas a autoria, motivos e propósitos, e a local de redação, registrando, inclu-

sive, argumentos que possam contradizer as suas afirmações. Por outro lado, *não é apenas um livro técnico, que com suprema erudição e sofisticação apresenta os seus dados para estudiosos somente.*

Note-se, nas expressões que destacamos em negrito, a rotulação prospectiva, "atitudinalmente neutra" (Francis, 1994), anunciando o conteúdo da avaliação como "duas coisas". O procedimento permite a predição de como o texto se organizará em seguida, o que se realiza pelo emprego das expressões "por um lado" e "por outro lado". Entretanto, apesar da rotulação aparentemente neutra, expressões como "importante e interessante" e "este trabalho está baseado numa boa e profunda pesquisa, abordando, de forma compreensível e honesta..." evidenciam a ênfase avaliativa da subunidade retórica.

Subunidade Retórica 11 – Apontando questões editoriais

Inexistente nos modelos de análise anteriormente propostos, Sub11 parece configurar-se como um aspecto distintivo das resenhas do *corpus* sob investigação. Não há notícias desse "ato retórico" (Araújo, 1996) nas pesquisas anteriores. No entanto, a considerável incidência dessa subunidade no grupo RE (ocorre em 10 exemplares) e somente nele, exige uma investigação mais cuidadosa e requer a inclusão dessa opção retórica no modelo de análise proposto.

Entre os "termos de elogio" (Motta-Roth, 1995) que compõem essa subunidade, verificamos referências elogiosas à editora, um comentário sobre a apresentação da obra por um autor de prestígio, elogios à qualidade da tradução e elogios ao "trabalho editorial" que resultou em economia de espaço na edição da obra em português (exemplo abaixo, respectivamente):

(6) [RE22] A editora está de parabéns pela publicação de uma obra como essa, especialmente por se tratar de uma obra que representa o fundamento de boa parte do pensamento protestante.

(7) [RE30] Esta edição brasileira recebeu, além de um tratamento gráfico diferenciado, uma enriquecedora apresentação feita pelo Dr. Antônio Gouvêa Mendonça.

(8) [RE10] Acertou a Editora Fiel em publicar uma versão encurtada do livro, deixando de lado alguns capítulos mais apropriados ao contexto norte-americano. O livro foi bem traduzido (embora o tradutor não seja mencionado) e a qualidade editorial é boa.

(9) [RE26] O trabalho da Editora Sinodal foi muito bem feito. A editora merece ser parabenizada pela escolha da obra e pelo excelente trabalho

editorial, *incluindo a grande economia de espaço* inexistente na edição americana. Com exceção de algumas particularidades inusitadas (meias-vogais em vez de semivogais, bissilábica em vez de dissilábica), a tradução é muito boa.

As críticas, por sua vez, abordam questões gerais que incluem desde erros formais a problemas de catalogação, como mostram os exemplos seguintes:

(10) [RE1] *Surpreendido* traz pequenas marcas de "pressa" editorial. *Erros de concordância* (singular x plural, p. 28), *gênero* (haja vista o crescimento..., p. 206), *de composição* (paulo, p. 71) e *de transliteração* (*xarisma*, p. 69-70) devem ser corrigidos para aperfeiçoar a sua segunda edição.

(11) [RE29] Uns poucos erros de revisão foram encontrados: *"status questions", que deve ser "status questionis"* (p.83); *BARRET, que deve ser BARRETT* (p. 228, 295, 381). A ficha de "catalogação na publicação" fornece o número 22.8 da CDU (Classificação Decimal Universal). *O número 225.06 não seria melhor?*

Subunidade Retórica 12A – Recomendando a obra completamente

Como parte da última unidade retórica, voltada para a avaliação final da resenha em termos de recomendação total, parcial ou desaprovação da obra, a subunidade 12 encontra-se, no *corpus*, em duas possíveis variedades. A primeira dessas variedades, indicada pela letra A, designa a recomendação irrestrita da nova publicação. A variedade B indicará, por sua vez, a recomendação com restrições. A recomendação mais típica, tanto em RE como em RA, utiliza itens lexicais como "recomendar", "recomendável" ou "oportuna", como no exemplo 12. Note-se, ainda, a associação entre o ato de recomendar e a indicação do público para quem se recomenda.

(12) [RA1] O artigo de Barth, meio século passado, tem uma atualidade que salta aos olhos de quem o lê. *Trata-se de leitura oportuna* para quem pretende entender essas tensões e conflitos existentes nas relações judeus/cristãos em toda parte, em todos os tempos.

Subunidade Retórica 12B – Recomendando a obra apesar de indicar limitações

Na segunda variedade de Sub12 (Sub12B), restrições apontadas no corpo da resenha são objeto de um balanço final, construindo-se uma "relação combinatória de contraste" (Hoey, 1983) com uma avaliação positiva no encerramento do texto, conforme observou Araújo (1996, p. 96). Assim, o parágrafo final encerra o texto com um enunciado que se coloca adversativamente em relação a comentários negativos dispostos no corpo da resenha.

Às vezes, a avaliação final assume um tom bastante reticente, tendo em vista as limitações apontadas. A expressão "de um jeito ou de outro", no exemplo seguinte, indica essa atitude crítica:

(13) [RE28] *De um jeito ou de outro*, a profundidade de sua reflexão faz jus, sem dúvida alguma, ao tempo de transição que vivemos e, diga-se de passagem, interpretar teologicamente a nossa época não é tarefa fácil. Apenas essa façanha *já recomendaria*, por si só, *a leitura do livro* em apreço.

A classificação de Sub12 na variedade B, por outro lado, nem sempre é clara no parágrafo conclusivo. Em muitos casos, as limitações são apontadas no corpo da resenha, em unidades retóricas anteriores. Se julgássemos apenas pelo parágrafo conclusivo, em que se situa Sub12B, nada poderíamos dizer sobre restrições. O exemplo 14 mostra claramente esse fato:

(14) [RE10] [Sub8] No capítulo 5 (p. 95-96), a argumentação contra a profecia feminina com base na teoria de Wayne Grudem de que a profecia no Novo Testamento era inferior à do Antigo Testamento, podendo até conter certa medida de adivinhação e erro, *foi o ponto baixo do livro*... [Sub10] *A única coisa a lamentar neste livro é* que nenhum dos ensaios tenha sido escrito por uma mulher...

[Sub12B] *Homem e Mulher deverá ser livro-texto* de escolas preocupadas em deixar que a Bíblia julgue a cultura, e não o contrário. *Recomendo esta leitura* a todos que desejem definir sua filosofia de ministério da mulher de maneira equilibrada, realista e honesta para com a revelação divina.

Subunidade 13 – Indicando leitores em potencial

Trata-se de subunidade bastante típica, com uma frequência de 80% no grupo RE (encontra-se em 24 exemplares). No grupo RA, são registradas 9 ocorrências (30%). Na unidade retórica 4, Sub13 encontra seu lugar natural, aparecendo muitas vezes em associação com Sub12, que se tem a função de construir a recomendação da nova publicação. Tal associação é visível no exemplo abaixo:

(15) [RE1] *Tradicionais precisam ler esse livro* para entender a nova abordagem carismática aos fenômenos de seu movimento. *Carismáticos da*

segunda e da terceira onda devem lê-lo para perceber que é possível argumentar sua crença pneumatológica. *Surpreendido é leitura obrigatória, mesmo para os que, como eu, se mantêm céticos* quanto às pressuposições e conclusões de seu autor.

Discussão dos resultados

A avaliação, mais que a descrição, apresenta-se como o traço característico, definidor da identidade das resenhas como um gênero acadêmico específico. Um texto apenas descritivo fugiria ao aspecto prototípico (SWALES, 1990) de uma resenha. Assim, nenhuma resenha do *corpus*, nas duas modalidades, deixa de conter uma unidade retórica veiculadora de conteúdo avaliativo. Os estudantes, ao produzir seus textos, tentam cumprir essa função avaliativa, em boa parte, enquanto apresentam o conteúdo da obra.

O padrão retórico que resultou da análise dos dados registra a estrutura predominante na distribuição das informações em resenhas de ambas as modalidades enfocadas nesta pesquisa. No entanto, como frequentemente reiteramos, não podemos falar de modelo de análise em termos normativos ou prescritivos. A produção do gênero resenha admite considerável flexibilidade e maleabilidade, confirmando as características atribuídas por Bakhtin (1997) aos gêneros textuais em geral. A flexibilidade na construção do gênero se reflete na grande variedade de escolhas que os escritores fazem no que diz respeito à disposição de unidades e subunidades retóricas.

Os padrões RE e RA, resultantes da análise dos dados, apontam para uma abordagem diferente ao gênero resenha por parte de diferentes praticantes do gênero. As resenhas de especialistas caracterizam-se por uma estrutura mais complexa, evidenciada por um maior número de subunidades retóricas empregadas em sua produção. As resenhas de alunos, com uma organização retórica mais simples, apresentam um número menor de subunidades para realizar cada unidade retórica maior. O aspecto em que as duas modalidades de resenhas mais se afastam, relacionado com o procedimento de avaliação final em forma de recomendação, evidencia igualmente o afastamento relativo aos diferentes propósitos comunicativos das resenhas de alunos e de especialistas.

As diferenças verificadas entre as duas modalidades de resenhas, embora bastante significativas, não implicam a existência de dois gêneros textuais diferentes. E, mais importante, a maior complexidade das resenhas RE não indicam uma relação hierarquizada, em que as resenhas RA pudessem ser consideradas inferiores àquelas. Os resultados obtidos por esta pesquisa mostram que as realizações concretas do gênero resenha variam em torno de uma prototipicidade (SWALES, 1990), a meu ver, mais ideal que real. As modalidades que estudamos aqui, na verdade, não esgotam todas as possibilidades de realização concreta do gênero. Outras variedades, identificadas pelos produtores (resenhas "fornecidas pela editora") ou pelo suporte (resenhas em revistas semanais de notícias), por exemplo, possivelmente não revelariam o mesmo padrão de organização e distribuição das informações. Mas estas já são questões a ser respondidas por outras pesquisas.

A organização retórica do gênero carta-consulta

Rosa Maria Schmitz Simoni
Adair Bonini

Objeto de estudo e contexto de produção

Neste capítulo fazemos o relato de uma pesquisa que procurou lançar luz sobre um gênero muito praticado em jornais e revistas, mas sobre o qual praticamente inexiste elaboração teórica. Trata-se do gênero carta-consulta que, como veremos, também pode ser entendido como um subgênero da carta do leitor ou carta à redação.[1]

Essa pesquisa foi realizada como parte de um projeto maior, denominado Projeto Gêneros do Jornal (PROJOR).[2] Esse projeto apresenta como objetivos: (a) a realização de um inventário e descrição de gêneros do jornal; e (b) o entendimento de como esses gêneros funcionam na constituição do próprio jornal.

Em consonância com tais objetivos, a pesquisa aqui relatada visou contribuir para o entendimento de: (a) como o gênero carta-consulta se organiza retoricamente (organização composicional); e (b) como ele circula no jornal e qual é sua função em relação a esse suporte. No presente capítulo, contudo, estamos nos atendo apenas ao primeiro desses objetivos.

Tomamos como base de nossa análise a corrente sociorretórica de estudos da linguagem. Em termos mais específicos, utilizamos o referencial teórico e metodológico apresentado por Swales em seu livro *Genre analysis* (1990) e sua redefinição do conceito de comunidade discursiva publicada em 1992. Para um bom entendimento do relato que se segue é fundamental que o leitor tenha conhecimento do modelo CARS, bem como

---

[1] Segundo BHATIA (1993), um subgênero se forma quando passa a existir uma diferenciação no propósito de um certo gênero.

[2] O Projor está sendo desenvolvido na Universidade do Sul de Santa Catarina desde 2003 e é coordenado por Adair Bonini.

dos conceitos de movimento e passo, motivo pelo qual recomendamos a leitura do cap. 1 deste livro.[3]

O presente capítulo compõe-se de outras três partes. Logo em seguida, apresentamos a literatura sobre os gêneros carta do leitor e carta-consulta. Na seção três, apresentamos a metodologia adotada e, na quarta, os resultados da análise quanto à organização do gênero carta-consulta.

Carta do leitor e carta-consulta: o que aponta a literatura?

Como o capítulo inicial do presente livro já apresenta um panorama da aborgadem de Swales, vamos restringir essa revisão de literatura apenas ao gênero aqui considerado: a carta-consulta. Uma vez que a literatura sobre esse gênero é praticamente inexistente, optamos por incluir informações sobre o gênero carta do leitor e até mesmo sobre a carta de modo geral. Para levantar o conhecimento existente sobre esses gêneros, foram consideradas as literaturas dos campos, não excludentes, da comunicação (acadêmica e profissional) e da análise de gêneros textuais. Procuramos verificar o que esses textos revelam sobre a organização do gênero e seu(s) propósito(s). Consideramos, nesse levantamento, também os dados sobre circulação do gênero, tais como o perfil dos enunciadores envolvidos e as práticas de produção e recepção atreladas.

Encontramos, nos textos lidos, os rótulos carta, carta à redação, carta do leitor, carta consulta e carta-pergunta. Para efeitos da presente exposição, resolvemos considerar a carta do leitor e a carta-consulta como gêneros distintos, embora o primeiro também possa ser interpretado como um rótulo amplo e com sentido similar ao de carta à redação.

A literatura teórica e prática da área de comunicação é bastante restrita ao tratar do gênero carta do leitor e carta-consulta. Em um dos principais livros sobre gêneros jornalísticos, Melo (1985), ao propor a divisão do trabalho jornalístico nas categorias informativa e opinativa, inclui a carta como um gênero inscrito na categoria opinativa, porque revela a opinião do leitor.

De acordo com o autor, os gêneros opinativos emergem de quatro núcleos: a empresa, o jornalismo, o colaborador e o leitor. A empresa apresenta a sua opinião, oficialmente, no editorial. A opinião do jornalista (assalariado e pertencente aos quadros da empresa) é exposta em forma de comentário,

---

[3] Outra fonte importante para se conhecer a obra de Swales é o texto de HEMAIS e BIASI-RODRIGUES (2005).

resenha, coluna, crônica e, eventualmente, artigo. A opinião do colaborador, na maioria das vezes personalidades representativas da sociedade civil que buscam o espaço jornalístico para dar sua contribuição sobre questões da atualidade, mostra-se sob forma de artigo. Quanto ao leitor, expressa sua opinião por meio da carta.

Segundo o autor: "Em relação à *coluna, crônica, caricatura* e *carta* um traço comum é a identificação da autoria" (MELO, 1985, p. 49). No entanto, do ponto de vista da angulagem esses gêneros se diferenciam bastante. Enquanto a *coluna* e a *caricatura* emitem opiniões sincronizadas com o emergir e o repercutir dos acontecimentos, a *crônica* e a *carta* estruturam-se de modo temporalmente mais defasado, pois, embora se vinculem aos fatos que estão acontecendo, não coincidem com seu momento eclosivo. Com relação à angulagem espacial, apenas a caricatura tem a sua estrutura articulada com o ambiente peculiar à instituição jornalística. A *carta*, segundo ele, distancia-se totalmente, retratando o outro lado do fluxo jornalístico: o do receptor, o da coletividade. A *crônica* e a *coluna* fazem a mediação com a ótica da comunidade ou dos grupos sociais a que a instituição jornalística se dirige.

Ao caracterizar a carta do leitor, o autor evidencia o papel passivo da audiência do jornal no processo de produção jornalística. O leitor é visto nesse processo apenas como o ponto de chegada. O autor acrescenta que, enquanto não seja possível técnica e politicamente a participação do público nas experiências jornalísticas, resta ao cidadão recorrer à carta como recurso para expressar seus pontos de vista, suas reivindicações, sua emoção. Contudo, salienta que a seção de carta dos leitores ocupa posição secundária no conjunto das políticas editoriais, tendo um espaço reduzido nas edições cotidianas.

Ainda no capítulo referente à carta, Melo (1985, p. 130) apresenta duas perguntas: (a) qual a motivação do leitor ao enviar uma carta ao jornal de sua preferência? e (b) quem escreve ao jornal?

Para responder à primeira pergunta, ele recorre a Alcides Lemos. Para esse jornalista, a maioria dos leitores escreve ao jornal para se queixar do poder público, principalmente do governo. Nesse sentido, o jornal é considerado um "quarto poder" (aspas do autor).

Quanto à segunda pergunta, Melo (1985) apresenta uma classificação de leitores feita por José Silveira. De acordo com essa classificação, há quatro grupos de leitores:

> 1) as *autoridades* – que procuram louvar ou retificar "determinadas informações ou conceitos publicados"; 2) os *perfeccionistas* – leitores que não deixam passar equívocos, erros ou omissões do jornal e exigem a necessária retificação; 3) os *lesados* – aqueles que,

considerando-se prejudicados ou injustiçados pelas instituições, desabafam seu descontentamento através de denúncias, admoestações ou lamúrias; 4) os *anônimos* – pessoas que, "sem coragem de assumir posições, valem-se de mil subterfúgios para ver publicadas suas opiniões". (SILVEIRA *apud* MELO, 1985, p. 130)

Melo (1985) também procura diferenciar a carta do leitor da carta pessoal. Para ele, a característica central para essa distinção é o caráter público da primeira e privado da segunda.

O que se observa na seção destinada à caracterização da carta é que o autor procura, principalmente, classificar esse gênero, ou seja, incluí-lo em uma categoria jornalística, no caso, a opinativa. Não há um trabalho de interpretação dos processos sociais e linguísticos relacionados a esse gênero (o que se justifica, em parte, pela data de publicação desse livro). Não obstante, o texto nos revela dados sobre os propósitos do gênero (defender opiniões, principalmente sobre fatos relacionados ao poder público) e sobre a circulação (a caracterização dos leitores, embora sob uma ótica estritamente de jornalista, e o papel desses leitores na condução do jornal, visto por ele como bastante restrito). É relevante também o trecho em que cita o processo de produção do texto da carta. Segundo ele: "Como o espaço é reduzido, muitos missivistas já procuram escrever abreviadamente. Ganham assim vantagem em relação aos prolixos".

Chaparro (1992, p. 63) também considera a carta como um gênero jornalístico opinativo, conforme deixa entrever nesse trecho:

> Enquanto gênero jornalístico, carta é a manifestação opinativa, reivindicatória, cultural ou emocional do leitor.
>
> Enquanto prática jornalística, no processo industrial de comunicação, a carta é uma concessão ao leitor, administrada em proveito do jornal, em cujas mensagens o leitor só acidentalmente interfere.

Esse autor, orientado pela proposta de Melo (1985), relata um estudo no qual analisa as cartas como gênero opinativo, avaliando o tratamento que elas recebem no jornalismo praticado pela *Folha de S. Paulo*. Segundo o autor (1992, p. 68), "no período pesquisado (21 a 27 de outubro de 1985) a *Folha de S. Paulo* publicou um total de 129 cartas, distribuídas em oito secções e/ou suplementos. [...] Das 129 cartas publicadas, 47 mereceram resposta". Conforme Chaparro, as cartas respondidas faziam críticas ao jornal ou a algum de seus articulistas e/ou repórteres, ou abordavam questões pessoais sobre investimentos, salários e aposentadoria, cujas respostas serviam a muitos outros leitores em situações semelhantes.

Levando em consideração as afirmações desse estudioso, percebe-se que as cartas, independentemente das seções em que são publicadas, só recebem respostas quando se manifestam acerca do próprio jornal ou sobre assuntos que possam interessar a muitos leitores. Esse último item, a nosso ver, diz respeito à carta-consulta. Pode-se perceber, aqui, que o autor arrola em um mesmo conjunto a carta do leitor e a carta-consulta, embora em sua classificação de gêneros apresentada em livro de 1998, ele estabeleça essa distinção.[4] Esse texto de 1992, contudo, já dá mostras dessa distinção nas próprias práticas jornalísticas quando relata: "O Painel do Leitor (seção do jornal *Folha de S. Paulo*) é espaço reservado às cartas opinativas [...]". As "cartas opinativas", supomos, perfazem uma categoria que se opõe à das cartas indagativas.

Ressalta-se que o objetivo maior desse estudo de Chaparro não é apontar o modo como o gênero carta se constitui no jornal, mas fazer um levantamento do espaço, em cm², ocupado pelo gênero nas páginas do referido jornal. Esse texto novamente diz pouco sobre a organização do gênero; por outro lado, aporta alguma informação sobre os propósitos do gênero ou gêneros: opinar sobre assuntos diversos (principalmente política), discorrer sobre as práticas do próprio jornal e obter informações sobre assuntos e problemas diversos. Se considerarmos que a carta do leitor e a carta-consulta sejam gêneros diversos (até porque ocupam lugares diferentes no jornal), talvez haja distinção nesses propósitos. A carta do leitor, em geral traz uma crítica do leitor (algumas vezes direcionada ao jornal); já a carta-consulta manifesta a busca de uma informação por parte do leitor, podendo algumas delas, ou até a maior parte, ser de interesse coletivo, justamente em função do filtro por que passam na edição. Por sinal, as práticas relacionadas à edição das cartas (informações que dizem respeito à circulação e à produção do gênero) é outra contribuição do texto de Chaparro. Ele relata a preocupação dos editores dessas seções em contemplar os diversos grupos sociais (critério de universalidade e abrangência), embora nem sempre com sucesso ou sem vieses.

Outra fonte de informação sobre o gênero carta (do leitor ou consulta) são os manuais de ensino de jornalismo. Segundo Bonini (2003), esses manuais se caracterizam por privilegiar mais os procedimentos práticos do jornalismo que os debates acadêmicos. Consultamos dois desses manuais: o de Erbolato (1981) e de Bahia (1990).

Erbolato (1981), ao discorrer sobre carta do leitor, aborda principalmente a importância da quantidade e da qualidade das cartas recebidas para avaliar a receptividade e a influência do jornal junto aos leitores.

Do mesmo modo que Melo (1985), Erbolato considera a carta como uma oportunidade de o leitor: (1) expor pontos de vista referentes à redação

---

[4] Em todo o texto, contudo, é a única menção que o autor faz a esse gênero, de modo que não podemos depreender como considera ser a sua constituição.

do jornal e à qualidade das matérias publicadas e (2) reclamar de empresas públicas ou privadas, visando tanto o interesse coletivo quanto o particular. Todos esses propósitos do leitor são enquadrados em (ou descritos a partir de) um idealismo jornalístico bastante ingênuo, uma vez que o autor pressupõe uma imprensa extremamente neutra e bem intencionada, e o jornalismo essencialmente como um serviço público. Diz o autor:

> a Seção Cartas dos Leitores é a tribuna do povo. O modesto operário, que jamais teria condições para ser recebido por uma autoridade, redige a seu modo o que pretende, defende seu ponto de vista e, dessa forma, os serviços de recortes de jornais levarão suas aspirações até o gabinete do prefeito, do governador, do secretário ou do ministro. Pode mesmo acontecer que a idéia seja adotada ou que o esclarecimento do Setor de Relações Públicas da repartição encarregada de estudar o problema proporcione contentamento ao trabalhador missivista, ao informar ao jornal que o assunto irá ser devidamente considerado. (ERBOLATO, 1981, p. 88)

Há, nessas considerações do autor, uma breve aproximação com o que, para efeitos do presente trabalho, denominamos carta-consulta, mais especificamente com a carta-consulta indireta,[5] quando ele diz que o Setor de Relações Públicas da repartição informa ao jornal que o assunto será devidamente considerado.

Quanto a Bahia (1990), segue a mesma linha dos autores abordados neste capítulo, considerando a carta apenas como uma forma de o leitor expressar sua opinião:

> Cartas à redação ou cartas dos leitores – no sentido de um espaço livre, permanentemente aberto a apresentação e intercâmbio de opiniões, ao exercício da crítica e das idéias – é prática antiga na Inglaterra e daí se estende a todo o mundo: *Letters to the Editor*. Por elas opina o leitor, mesmo que essa opinião seja frontalmente contrária à do veículo. (BAHIA, 1990, p. 108)

Outro conjunto de obras que circula no meio jornalístico corresponde aos textos de consulta rápida, tais como os manuais de estilo e os dicionários de comunicação. Consideramos dois desses manuais, o da *Folha de S. Paulo* (1987) e o de *O Globo* (1992), principalmente porque os jornais são analisados na presente pesquisa, e o dicionário de Rabaça e Barbosa (2001).

---

[5] As cartas-consulta direta e a indireta serão explicadas na próxima seção deste capítulo.

O *Manual Geral de Redação da Folha de S. Paulo* (1987) orienta os jornalistas no sentido de lidar com as cartas, embora não defina esse gênero.

Conforme o Manual:

    a) toda carta que chega à Folha deve ser publicada;

    b) normalmente as cartas são publicadas na seção do leitor, porém por decisão da Direção de Redação, poderão ser publicadas em qualquer editoria;

    c) a Folha não deixa de publicar qualquer carta pelo fato de publicar críticas ao jornal, a jornalistas que nele trabalham ou colaboradores. Esse tipo de carta deve ser encaminhado à Direção da Redação, que providenciará eventuais respostas quando se tratar de críticas ao jornal e convidará o jornalista ou colaborador a responder se assim o desejar, quando se tratar de críticas a um trabalho individual;

    d) a Folha entende o Painel do Leitor e as seções de cartas dos cadernos como espaço no qual os leitores expressam seus pontos de vista. Para queixa, e reivindicações pessoais existe o serviço "Folha Emergência" e "A Cidade é Sua", aos quais devem recorrer.

Ainda que, em alguns verbetes, esse manual utilize o termo gênero de forma pertinente, isso não acontece com o gênero carta. A carta não é arrolada como um gênero do jornal. Não recebe sequer uma definição. O manual apresenta apenas cuidados e critérios voltados à prática profissional relacionada a esse gênero.

Quanto ao manual do jornal *O Globo* (1992), não apresenta o verbete carta. Diferentemente do manual da *Folha*, não traz nem mesmo instruções relacionadas ao gênero. Isso também ocorre no Dicionário de Comunicação de Rabaça e Barbosa (2001).

Em relação a essa literatura da área da comunicação, percebemos, no geral, que todas as cartas endereçadas à redação são consideradas cartas do leitor. Isso fica claro especialmente no momento em que os autores se referem a cartas com e sem resposta, o que estamos considerando aqui uma das principais distinções no sentido de se diferenciar a carta do leitor e a carta-consulta.

Do mesmo modo que os autores agrupam a carta-consulta e a carta do leitor (através dos rótulos carta do leitor ou carta à redação), eles dão mostras de uma distinção operada no meio jornalístico, ainda que pareça não haver um nome suficientemente convencionado para a carta-consulta.

Os textos também deixam entrever uma perspectiva essencialmente classificatória para os gêneros jornalísticos e centrada na distinção entre informação e opinião. Mesmo os trabalhos de autores que questionam essa classificação, como Chaparro (1998), não escapam a esse viés. A faceta da linguagem no fenômeno jornalístico fica encoberta pela técnica profissional (aspectos normativos). Praticamente nada se vê, nesses textos, a respeito dos processos sociais e enunciativos relacionados à linguagem jornalística.

Não se pode dizer, contudo, que esse cenário seja estático. Trabalhos recentes já começam a discutir a linguagem jornalística em uma perspectiva de gênero. Em relação à carta do leitor, por exemplo, é salutar o trabalho de Santhiago (2005). Ele analisa as cartas de três revistas de informação (*Carta Capital, Veja* e *Caros Amigos*), produzindo, assim, três grupos de exemplares. Em suas palavras:

> O primeiro deles constitui a categoria aqui denominada *direito de resposta*. Ela comporta missivas de pessoas ou empresas citadas em artigos ou reportagens publicados em edições anteriores da revista. [...] A categoria seguinte, que leva a alcunha de carta-*opinião*, comporta missivas de leitores que se dirigem clara e diretamente à revista, mencionando seu nome, alguma de suas características ou algum elemento apresentado em edições passadas. [...] A terceira categoria, chamada de carta-*manifestação*, é preenchida pelas correspondências de leitores que se manifestam sobre temas tratados pela revista em edições anteriores, sem referência direta ao tratamento dado pela mesma. (SANTHIAGO, 2005, p. 7)

Além da literatura da área da comunicação, foram consideradas aqui também as análises de gênero textual. Encontramos quatro estudos: um sobre a carta de modo geral (SILVA, 1997), dois sobre a carta do leitor (PASSOS, 2003; POMPÍLIO, 2002) e um sobre a carta-pergunta. O texto de Silva, intitulado *Variações tipológicas no gênero textual carta*, traz a seguinte definição:

> [...] A carta é uma unidade funcional da língua, empregada em situações características – ausência de contato imediato entre emissor e destinatário. No entanto, a categoria carta *"tout court"*, é muito ampla, não dando conta da diversidade de texto e de propósitos nela encontrados. (SILVA, 1997 p. 121)

É importante observar que a autora considera a carta um gênero complexo que permite em seu corpo qualquer tipo de comunicação: desde as vantagens de determinado cartão de crédito até informações sobre o condomínio, passando pelas esperadas novidades do amigo que mora no exterior. Isso a leva a afirmar que, mesmo sendo cartas, não devem ser colocadas na mesma categoria, pois circulam em campos de atividades diferentes, cumprindo funções comunicativas variadas: nos negócios, nas relações pessoais, na burocracia. A partir disso, a autora sugere que esses tipos de carta sejam considerados como subgêneros do gênero carta. Portanto, embora trate a carta de um ponto de vista bastante geral, a autora não nega as suas variantes, e isso justifica o tema de trabalho que estamos aqui relatando, uma vez que procuramos aprofundar conhecimentos em relação a uma dessas variantes.

Passos (2003), por sua vez, realiza um levantamento dos propósitos e funções discursivas da carta do leitor nas revistas *Nova Escola* e *Educação*. Esse levantamento dá origem a uma classificação dos exemplares analisados (Quadro 1) que também se revela útil para entendermos os propósitos do gênero carta do leitor e seu contexto de produção.

QUADRO 1

Aspectos das cartas do leitor das revistas Nova Escola e Educação

Quanto ao endereçamento (a quem são dirigidas)	Redação	De elogios De agradecimentos De solicitação
	Artigos publicados	
	Autores dos artigos	
Quanto à função exercida (que função exercem)	Reflexiva	
	Relato de experiência	
	Indignação (repúdio)	

Fonte: Passos (2003).

O estudo de Pompílio (2002) se atém exatamente à situação de produção da carta do leitor. Relaciona a variação nas formas desse gênero à complexidade dessa situação de produção.

Uma última pesquisa que devemos mencionar é a de Almeida e Pereira (2002). Essas autoras estudaram o discurso de revistas femininas voltadas ao público adolescente a partir do gênero que elas denominaram carta-pergunta. Esse trabalho, por centrar-se no discurso, não traz uma contribuição substancial para se entender o gênero, mas a escolha do rótulo "carta-pergunta" aqui é sintomática no sentido de diferenciar esse gênero da carta do leitor e confirmar a orientação de nossa pesquisa.

Considerada a literatura citada nessa seção, iniciamos nossa análise com a seguinte definição provisória da carta-consulta. Esse gênero constitui um espaço de amostragem de uma informação que vem entremeada no conjunto de uma pergunta e uma resposta. Há, portanto, a imbricação de dois gêneros para formar um terceiro.

Operacionalização da análise

Nesta pesquisa, foram analisados 68 exemplares do gênero carta-consulta. O *corpus* da pesquisa foi formado pela coleta desses exemplares em diferentes seções de dois jornais impressos diários de circulação nacional: *O Globo* e *Folha de S. Paulo*.[6] Os dados foram coletados no período de 2 a 15 de janeiro de 2000, perfazendo um total de quatorze dias. Durante esse período, foram coletados 39 exemplares no jornal *O Globo* e 29, na *Folha de S. Paulo*, perfazendo, portanto, 68 exemplares.

Em ambos os jornais, foram coletados todos os exemplares do gênero carta-consulta que circularam durante o período da pesquisa. Tais exemplares apareceram em cadernos fixos e esporádicos,[7] nas duas semanas de duração da pesquisa. No jornal *O Globo*, a carta-consulta ocorre em cinco cadernos: Boa Viagem, Informática ETC, Morar Bem, Jornal da Família e Economia. Na *Folha de S. Paulo*, este gênero se faz presente nos cadernos Folhateen, Informática e Sua Vez. O gênero recorre, nos dois jornais, apenas no caderno de informática. Nossa previsão, contudo, é que, em uma amostragem maior, ele dificilmente apareceria em cadernos como o de política, Brasil, Mundo, por serem seções menos próximas dos afazeres cotidianos do leitor.

Os procedimentos de análise consistiram basicamente na comparação entre os exemplares para se detectar as regularidades em termos da organização retórica (composicional ou textual) do gênero. Utilizamos, nessa comparação, as categorias "movimentos" e "passos", conforme descritas por Swales (1990). Para ter uma visão panorâmica desses conceitos, por favor, consulte o primeiro capítulo deste livro.

É preciso ressaltar, em relação à metodologia sociorretórica de análise de gênero, que a própria busca de material bibliográfico já perfaz um passo da pesquisa, pois não se trata apenas de visualizar o debate acadêmico, mas de entender como a comunidade discursiva onde o gênero circula (nesse caso a de produção do jornal) o concebe. Nesse momento inicial, busca-se um conceito mínimo que permita ao pesquisador entender como o gênero funciona na comunidade discursiva e, portanto, que tipo de material terá que analisar e como deverá coletá-lo.

---

[6] A opção por mais de um jornal não visa uma análise comparativa de possíveis diferenças do gênero carta-consulta nesses jornais, mas apenas dispor de maior representatividade do gênero.

[7] Fixos aqui são os cadernos diários (não são exatamente diários, mas têm dia fixo da semana para ser publicados), que se opõem àqueles publicados uma ou algumas vezes na semana ou no mês.

Resultados: a organização retórica da carta-consulta

A análise dos exemplares coletados revelou dois padrões de ocorrência da carta-consulta.

a) a carta-consulta direta (CCD) – conjunto de pergunta e resposta em que a resposta é produzida diretamente por autoridade no assunto (especialista ou o jornalista investido desse papel); e

b) a carta-consulta indireta (CCI) – em que a resposta produzida por pessoa envolvida em fato (denúncia, problema, etc.) é textualizada pelo jornalista que, nesse caso, serve como mediador.

Nos jornais considerados, a distribuição desses dois padrões é diferenciada, com uma ocorrência visivelmente proponderante para a carta-consulta direta (TAB. 1). Enquanto a primeira aparece em diversos cadernos, a segunda aparece apenas em um caderno de cada um dos jornais, em uma seção de direito do consumidor.

TABELA 1

Frequência e percentual de ocorrência dos subgêneros do gênero carta-consulta

SUBGÊNEROS	Qtde.	%
Carta-consulta direta	47	69,12
Carta-consulta indireta	21	30,88
Total	68	100,00

Vejamos, a seguir, a descrição da organização retórica de cada um desses padrões, que estamos entendendo como subgêneros da carta-consulta, uma vez que temos aí condições de produção e propósitos diversos.

Carta-consulta direta

A organização retórica do subgênero carta-consulta direta caracteriza-se por três movimentos, que podem ser descritos da seguinte forma:

- *Movimento 1* – **Identificar o texto** (com chapéu[8]): apresenta pistas que possibilitam ao leitor a identificação rápida do campo de interesse e/ou do tópico central. É uma forma de chamar a atenção do leitor para a leitura do texto;

- *Movimento 2* – **Formular uma questão**: apresenta, de forma breve, o conteúdo focal da carta-consulta. É o momento em que o leitor expõe

---

[8] Os termos chapéu, cartola ou boné, nas práticas jornalísticas, designam uma palavra ou expressão utilizada para indicar o campo temático do texto.

a situação em que se encontra ou um fato que lhe ocorreu (ou vem ocorrendo) e questiona no sentido de buscar esclarecimentos e/ou prováveis soluções para aquilo que o incomoda; e,

- *Movimento 3* – **Fornecer uma resposta**: nesta etapa, o escritor/jornalista ou alguém credenciado, tomando como ponto de partida o questionamento efetuado no movimento 2, busca esclarecer as dúvidas ou indicar procedimentos que possam auxiliar o leitor, no sentido de resolver ou amenizar seu(s) problema(s).

A organização desses movimentos, bem como dos passos que os compõem, pode ser visualizada no Quadro 2. O passo identificado por letra é alternativo (acontece um ou outro) enquanto os demais são simultâneos (podem ocorrer ao mesmo tempo, não necessariamente na ordem canônica apresentada nesse quadro). Faz-se necessário esclarecer que cada movimento é produzido por um enunciador, aqui identificado por uma dessas siglas: E1, E2 e E3, que são utilizadas da seguinte maneira:

E1 – quando o enunciador é o jornalista;

E2 – quando o enunciador é o leitor; e

E3 – quando o enunciador é uma autoridade na área em que ocorre o questionamento levantado pelo leitor, por exemplo, um médico, quando se trata de assunto de saúde; um advogado, quando a questão for judicial; e assim por diante. Nesse caso, a resposta é emitida diretamente pelo profissional da área.

QUADRO 2
Organização retórica da carta-consulta direta

Movimento 1 - Identificar o texto (Produzido por E1)
Passo 1 - Citar tópico do texto   e/ou
Passo 2 - Citar sub-tópico do texto

Movimento 2 - Formular uma questão (Produzido por E2)
Passo 1- Delinear o cenário   e/ou
Passo 2 - Apresentar o problema
Passo 3a - Solicitar informação   ou
Passo 3b - Solicitar posicionamento   ou
Passo 3c - Solicitar uma solução
Passo 4 - Fornecer dados de identificação

Movimento 3 - Fornecer uma resposta (Produzido por E1 ou E3)
Passo 1 - Descrever o objeto abordado pelo leitor   e/ou
Passo 2 - Posicionar-se   e/ou
Passo 3 - Indicar um procedimento   e/ou
Passo 4 - Fornecer avaliação geral do problema   e/ou
Passo 5 - Fornecer credenciais   e/ou
Passo 6 - Fornecer dados de identificação

Os três movimentos foram encontrados em todos os exemplares do *corpus*. O quadro 3 apresenta um exemplar característico da carta-consulta direta com suas partes componentes delimitas.[9]

QUADRO 3
Exemplo de carta-consulta direta

MOVIMENTOS	TEXTO	PASSOS
M1 - Identificar o texto (produzido por E1)	**OFICINA**	Passo 1 - Citar tópico
	Estroboscópio	Passo 2 – Citar subtópico do texto
M2 - Formular uma questão (Produzido por E2)	§[10] Quando voltava da Região dos Lagos depois do feriadão de fim de ano,	Passo 1 - Delinear o cenário
	tive a desagradável experiência de, à noite, ficar atrás de um carro cuja luz de freio no vidro traseiro piscava sem parar e era muito brilhante, ofuscando a minha vista. Parecia um *flash* de máquina fotográfica.	Passo 2 - Apresentar o problema
	§ Esse tipo de assessório aumenta a segurança? É permitido por lei?	Passo 3A - Solicitar informação
	§ Bárbara Sampaio, Rio	Passo 4 - Fornecer dados de identificação

---

[9] A numeração dada aos textos que servirão de exemplo para esta seção corresponde à numeração que receberam na seção Anexo, onde todos os textos encontram-se na íntegra.

[10] O símbolo gráfico §, embora não esteja presente nos textos originais, foi utilizado para indicar a ocorrência de parágrafos, uma vez que em um mesmo parágrafo pode ocorrer mais de um passo e, por outro lado, um único movimento pode abranger vários parágrafos.

M3 - Fornecer uma resposta (Produzido por E1)	§ Não é legal, levando-se em conta que o Contran permite apenas que se use uma terceira luz de freio na cor vermelha. Chamada de *break light*, essa terceira luz de freio vermelha aumenta a segurança, pois, instalada acima ou na base do vidro traseiro torna faz com que a freagem seja mais bem percebida.	Passo 1 - Descrever o objeto abordado pelo leitor
	§ Essa luz estroboscópica, que, infelizmente, está virando moda em cidades como o Rio de Janeiro, só atrapalha. Além de ofuscar o motorista que segue atrás, por ser diferente, acaba distraindo, podendo causar acidentes.	Passo 4 - Fornecer avaliação geral do problema

Passemos, agora, à caracterização de cada passo. Para simplificar a exposição, utilizamos siglas do tipo II.2 (movimento 2, passo 2). Os passos I.1 e I.2 já estão exemplificados no próprio texto dado como exemplo (Quadro 3). O primeiro título (I.1) identifica um conjunto de cartas consulta (ou mesmo a seção como um todo – "Oficina"). O segundo (I.2), um aspecto do texto em questão, neste caso, o "Estroboscópio").

No passo II.1 – *delinear o cenário* –, o leitor/escritor apresenta, de uma forma breve, dados/informações (quase sempre pessoais) que descrevem a situação na qual o problema surge. Observe o exemplo.

> (1) Tenho um contrato de gaveta registrado em cartório, em 1985. Em meio de 1996, quitei o imóvel com o FGTS. (*O Globo* – 2/1/00 – Morar Bem/Cartas, p. 3)

O passo II.2 – *apresentar o problema* – consiste em descrever algo que incomoda o leitor. Nesse passo, normalmente, se encontra o fato motivador que leva o leitor a escrever a carta-consulta para o jornal. Apesar disso, esse passo não é o mais recorrente. Das 47 cartas analisadas, ele se fez presente em 35 exemplares, o que equivale a 74,47% (TAB. 2). O exemplo abaixo, é ilustrativo do passo II.2.

> (2) A Caixa me informou agora que a proprietária do imóvel tem que assinar o contrato de quitação. Mas há anos não tenho mais contato com ela. (*O Globo* – 2/1/00 – Morar Bem/Cartas, p. 3)

No passo II.3A – *solicitar informação* –, o leitor/escritor, ancorado em um ou até mesmo nos dois passos anteriores, chega ao ponto culminante da carta-consulta que é justamente buscar junto ao jornal, informar-se a respeito de algum tema de interesse pessoal (saúde, sexo, direito do consumidor). Exemplo:

> (3) Esse tipo de assessório aumenta a segurança? (*O Globo* – 12/01/00 – Carro etc., p. 3).

Quanto ao passo II.3B – *solicitar posicionamento*, é o momento em que o leitor/escritor solicita um posicionamento de E2 ou E3, no qual ele possa se ancorar para resolver uma dúvida e, possivelmente, partir para uma tomada de atitude. Esse passo teve o menor índice de ocorrência: 2,13%, aparecendo apenas em um exemplar. Observe o exemplo:

> (4) Posso apagá-los? (O Globo – 10/01/00 – Informática ETC, p. 6.)

O passo II.3C – solicitar um encaminhamento, geralmente ocorre quando o tema da carta diz respeito ao direito do consumidor.

> (4) O que devo fazer? (*O Globo* – 02/01/00 – Morar Bem/ Cartas, p. 3.).

Vale lembrar, como já foi dito acima, que os passos II.3A, II.3B e II.3C são excludentes, ou seja, apenas um deles ocorrerá em um mesmo texto.

O passo II.4 traz os *dados de identificação* do leitor. Em geral, quem escreve aos jornais são pessoas anônimas, apenas identificadas, na seção de cartas, pelo nome e cidade/estado de onde enviam a correspondência. Via de regra, os jornais não costumam publicar cartas que não tenham dados de identificação.

> (5) Adalberto Barletta Fonseca
> Cataguases, MG. (*O Globo* – 02/01/00 – Morar Bem/Cartas, p. 3).

É importante ressaltar aqui que a carta quase sempre passa por uma reformulação (cortes, paráfrases, acréscimos, etc.) feita pelo editor da seção, o que o torna, em alguma medida, coautor do texto. Esses dados de identificação, muito provavelmente são uma reformulação, pois se distanciam bastante da forma da carta em si. Um claro índice da presença da voz do jornalista no texto do leitor é quando aparece a informação "por e-mail" ao lado das informações sobre o leitor. Uma vez que a presente pesquisa apenas considerou os textos já publicados, ela não aporta dados sobre esse processo de composição do texto, um aspecto que certamente merece ser explorado pelos estudiosos de gênero.

Apesar de a identificação ser uma exigência dos jornais para publicar as cartas, esse passo não atingiu 100% de ocorrência nos exemplares analisados (TAB. 2). Isso porque os leitores/escritores da seção Folhateen da *Folha de S. Paulo* terem sua identidade preservada, uma vez que são menores e abordam temas relacionados a sua vida íntima.

Na carta-consulta, o leitor escreve ao jornal porque tem uma dúvida ou um problema a ser solucionado. Ao responder ao leitor, o jornal pode reapresentar o problema, fazendo uma descrição detalhada sobre o que foi exposto pelo leitor, ou omitir essa etapa. Quando o problema é retomado, ocorre o passo III.1 (descrever o objeto abordado pelo leitor). Esse passo tem o segundo maior número de ocorrências no subgênero carta-consulta direta: 93,62%, conforme mostra a tabela 2. Exemplo:

> (6) O esperma tem cor amarela e aspecto flocoso, logo depois da emissão, mas com tendência a se tornar liquefeito em 30 minutos, quando ele fica homogêneo e com aspecto de água. O volume varia de dois a seis mililitros para cinco dias de abstinência. Esse volume poderá se alterar em circunstâncias especiais, mas sua cor só se altera praticamente quando o esperma vem acompanhado de sangue. Aos 57 anos, é normal que o esperma sofra modificações, em função de um provável envelhecimento da próstata, e possa por isso, estar mais líquido. (*O Globo* – 9/1/00 – Jornal da Família/ Qual o seu problema? p. 5).

No passo III.2 – *posicionar-se* –, o enunciador/escritor (E1 ou E3), diante da solicitação feita pelo leitor/escritor delineia o seu posicionamento. O índice de ocorrência desse passo é bastante reduzido, apenas 12,77%. (TAB. 2). Observe-se o exemplo:

> (7) Entendemos que, mesmo com tais cláusulas no contrato, a proposta deve ser estudada com atenção. (*O Globo* – 02/01/00 – Morar Bem/Cartas, p. 3).

O passo III.3 – *indicar um procedimento* – consiste em estimular o leitor consulente a tomar atitudes que o ajudem a solucionar o seu problema. É um passo bastante recorrente. Aparece em 70,21% dos 47 textos analisados. O recorte abaixo apresenta esse passo.

> (8) Para usá-lo, o usuário deve criar uma senha no site para fazer a transferência do driver. (*Folha de S. Paulo* – 02/01/00 – Caderno de Informática/Canal Aberto, p.9)

O passo III.4 – *fornecer avaliação geral do problema* – utiliza o problema apresentado pelo leitor como ponto de partida para iniciar uma avaliação, emitindo um parecer. Esse passo obteve um baixo índice de ocorrência, apenas 14,89% (TAB. 2). O exemplo 9 permite uma visualização desse passo:

> (9) A proposta da CEF parece bastante razoável e tentadora, pois fala em desconto de 59%. No tocante às cláusulas de adesão, pouco se pode fazer, já que, em não se aceitando, não haverá acordo. (*O Globo* – 02/01/00 – Morar Bem/Cartas, p. 3)

Como já foi dito anteriormente, no movimento 3, E1 ou E3 fornece uma resposta ao leitor/escritor. Quando a resposta é dada pelo E3, ocorre o passo III.5 – *fornecer credenciais* –, ou seja, a indicação do nome e da especialidade do profissional respondente (ginecologista, dentista, psicólogo, advogado). Isso, ao que parece, confere maior credibilidade ao que está sendo afirmado. Exemplo:

> (10) Aday Coutinho, urologista (*O Globo* – 09/01/00 – Jornal da Família/Qual é o seu problema?, p. 5).

O passo III.6 – *fornecer dados de identificação* – ocorre quando o E3 não fornece suas credenciais, apenas o nome. O índice de ocorrência desse passo é de 17,02% (TAB. 2). Pelo tipo de seção em que ocorrem (o caderno de informática dos dois jornais), ao que parece, fica implícito tratar-se de profissional dessa área. Além disso, quando o respondente é o jornalista, ou ele não se identifica ou sua identificação aparece uma só vez (no início ou fim da seção), servindo para todos os textos publicados na seção.

> (11) José Ramalho (*Folha de S. Paulo* – 12/01/00 – Caderno Informática/Canal Aberto, p. 5)
>
> (12) Júlio Botelho (*O Globo* – 10/01/00 – Informática ETC, p. 6)

A ocorrência dos passos que caracterizaram a estrutura genérica do subgênero carta-consulta direta pode ser visualizada na tabela 2.

TABELA 2
Frequência e percentual de ocorrência
dos passos do subgênero carta-consulta direta

| ESTRUTURA COMPOSICIONAL || Qtde. | % |
movimento	passo		
I	1	47	100,00
	2	19	40,43
II	1	31	65,96
	2	35	74,47
	3 A	40	85,11
	3 B	1	2,13
	3 C	4	8,51
	4	42	89,36
III	1	44	93,62
	2	6	12,77
	3	33	70,21
	4	7	14,89
	5	34	72,34
	6	8	17,02

Carta-consulta indireta

A carta-consulta indireta vai apresentar os mesmos movimentos da carta-consulta direta (Quadro 4). A diferença é que, embora sejam os mesmos, o terceiro ganha contornos diferenciados porque não é exatamante a resposta à questão do leitor/escritor, mas um relato da resposta.

QUADRO 4
Organização retórica da carta-consulta indireta

Movimento 1 - Identificar o texto (Produzido por E1)

    Passo 1 - Citar tópico do texto   e/ou

Movimento 2 - Formular uma questão (Produzido por E2)

    Passo 1- Delinear o cenário   e/ou
    Passo 2 - Apresentar o problema   e/ou
    Passo 3a - Solicitar informação   ou
    Passo 3b - Solicitar posicionamento
    Passo 4 - Fornecer avaliação provocadora   e/ou
    Passo 5 - Fornecer dados de identificação

Movimento 3 - Fornecer uma resposta (Produzido por E1 ou E3)

    Passo 1 - Relatar posicionamento do responsável   e/ou
    Passo 2 - Relatar o procedimento indicado pelo responsável   e/ou
    Passo 3 - Relatar descrição/dados fornecidos pelo responsável
        quanto ao objeto apontado pelo leitor   e/ou
    Passo 4 - Relatar avaliação geral do problema feita pelo responsável   e/ou
    Passo 5 - Relatar procedimento adotado pelo responsável   e/ou

Esses movimentos podem ser visualizados, a título de exemplo, no texto exposto no quadro 5. Nesse exemplo, como se pode ver, não há uma pergunta formal. As pessoas que têm acesso à carta precisam produzir uma inferência para identificar a demanda informativa do leitor/escritor. É um aspecto bastante corrente nesse subgênero da carta-consulta. Outro aspecto relevante na caracterização desse subgênero é a inexistência de título em um grande número de exemplares.

QUADRO 5

Exemplo de carta-consulta indireta

MOVIMENTOS	TEXTO	PASSOS
M1 - Identificar o texto (Produzido por E1)	Nome no Serasa indevidamente	Passo 1 - Citar tópico do texto
M2 - Formular uma questão (Produzido por E2)	§ Em 30 de junho de 98, fui abrir uma conta-corrente no Banco de Boston e fui informado pela gerente que a operação não seria possível, pois meu nome constava no cadastro do Serasa por dívidas com o Banco do Brasil (BB). Liguei imediatamente para o BB e a Sra. Vânia (que não se encontra mais no banco) me informou que tinha sido falha da instituição, pois a conta era do meu marido e havia sido cancelada.	Passo 1 - Delinear o cenário
	Ela prometeu que resolveria o problema em 48 horas. Abri a conta. Dia 1º de dezembro, pedi um empréstimo no meu banco, o Bank Boston, que foi negado, pois meu nome continuava no Serasa. Liguei novamente e falei com dois outros gerentes que me asseguraram que o problema seria solucionado. Mas nada foi resolvido.	Passo 2 - Apresentar o problema
	§ Denise de Castro, Rio	Passo 5 - Fornecer dados de identificação
M3 - Fornecer uma resposta (Produzido por E1 + E3)	§ O Banco do Brasil informa que a inscrição do CPF do Sr. Carlos Alberto Pires de Castro no Serasa foi resolvida em 18 de outubro de 98. A instituição garante ainda que o CPF em questão não está inscrito em nenhum órgão de proteção ao crédito.	Passo 3 - Relatar descrição/dados fornecidos pelo responsável quanto ao objeto abordado pelo leitor

Passamos à descrição dos passos. Vamos nos ater, contudo, apenas àqueles que são distintos dos ocorrentes na carta-consulta direta.

O movimento 1 – *identificar o texto* – é constituído por apenas um passo: citar o tópico do texto. Esse passo faz uma breve referência ao assunto do texto. Embora a identificação do texto seja uma forma de seduzir os leitores (em potencial) para a leitura, esse passo não consta em todos os exemplares analisados. Como pode ser comprovado na TAB. 3, o passo I.1 teve uma ocorrência de 57,14%, aparecendo em 12 dos textos.

> (13) Nome no Serasa indevidamente (*O Globo*, 12/01/2000 – Economia/Defesa do Consumidor (mala direta), p. 26)

No passo II.4 – *fornecer avaliação provocadora* –, o leitor/escritor apresenta, em tom irônico, um misto de desilusão e conformismo pelo desrespeito aos seus direitos de consumidor. As duas ocorrências desse passo [ver tabela 3], aparecem nos exemplos abaixo.

> (14) Todos acham que eu tenho razão e que vão tentar resolver o caso, mas até agora nada. (*Folha de S. Paulo*, 09/01/2000, Sua Vez/Cartas, p. 4).

> (15) Como nós, eles também sabem que esta não será a última vez. (*O Globo*, 05/01/2000 – Defesa do Consumidor (mala direta), p. 26).

O passo III.1 – *relatar posicionamento do responsável* – é pouco recorrente. Apareceu apenas em 9,52% dos textos analisados (TAB. 3). Nesse passo, o E1 transmite ao leitor/escritor a posição do E3. Exemplo:

> (16) Segundo a Fiat, a informação disposta no Manual de uso e manutenção está correta. (*Folha de S. Paulo*, 02/01/2000, Sua Vez/Cartas, p. 3).

No passo III.2 – *relatar o procedimento indicado pelo responsável* –, o jornalista apresenta ao leitor sugestões de como proceder para resolver seu problema. Essa sugestão não parte do jornalista, mas do responsável. O jornalista apenas serve como mediador entre o responsável e o leitor.

> (17) A empresa solicita que o leitor agende um horário que lhe seja conveniente – mesmo aos sábados, domingos ou feriados – com um de seus atendentes. (*O Globo*, 12/01/2000 – Economia – Defesa do Consumidor (mala direta), p. 6)

No passo III.3 – *relatar a descrição/dados fornecidos pelo responsável quanto ao objeto abordado pelo leitor* – o jornalista apresenta, de forma detalhada, todos os encaminhamentos já feitos pelo responsável, no sentido de resolver a situação-problema abordada na carta do leitor. Esse passo ocorre, segundo a TAB. 3, em 42,86% dos exemplares analisados. Exemplificando:

> (18) Resposta: A Ford ressaltou a importância de o cliente estar atento ao plano de manutenção do veículo. Segundo a montadora, o cliente não possui as revisões necessárias, e por esse motivo, não há como garantir que a manutenção tenha sido efetuada corretamente. (*Folha de S. Paulo* – 9/1/00 – Sua Vez/ Cartas, p. 4)

O passo III.4 – *relatar avaliação geral do problema feita pelo responsável* – apresenta o ponto de vista do responsável acerca do problema abordado pelo leitor. É o passo de menor índice de ocorrência: 4,76% (TAB. 3). O único exemplo desse passo aparece abaixo.

> (19) Temos a convicção de que acharemos a melhor solução para ambas as partes, afirma a empresa. (O Globo, 12/01/2000 – Economia/Defesa do Consumidor (mala direta), p. 26)

No passo III.5 – *relatar procedimento adotado pelo responsável* –, o jornalista indica as providências adotadas pelo responsável, com vistas a solucionar a questão apresentada pelo leitor. Dos passos do movimento 3, este é o de maior índice de ocorrência: 52,38% (TAB. 3). Eis alguns exemplos:

> (20) A Bradesco Seguros informa que a proposta do segurado em questão foi entregue à seguradora em 18 de novembro de 99 e implantada em 2 de dezembro de 99. Nessa data, foram emitidos e enviados a apólice e o respectivo cartão para utilização do seguro. (*O Globo*, 12/01/2000 – Economia/Defesa do Consumidor (mala direta), p. 26)
>
> (21) A CERJ informa que já solucionou a questão (*O Globo*, 05/01/2000 – Economia/Defesa do Consumidor (mala direta), p. 26).

A TAB. 3 permite a visualização da ocorrência dos passos que caracterizam a organização retórica do subgênero carta-consulta indireta.

TABELA 3
Frequência e percentual de ocorrência
dos passos do subgênero carta-consulta **indireta**

ESTRUTURA COMPOSICIONAL		Qtde.	%
Movimento	Passo		
I	1	12	57,14

	1	19	90,48
	2	21	100,00
II	3A	3	14,29
	3B	1	4,76
	4	2	9,52
	5	21	100,00
	1	2	9,52
	2	2	9,52
III	3	9	42,86
	4	1	4,76
	5	11	52,38

Discussão dos resultados

Os resultados da análise apresentados na seção anterior confirmam a definição apresentada na seção 2 de que a carta consulta constitui um espaço de amostragem de uma informação que vem entremeada no conjunto de uma pergunta e uma resposta.

Embora se trate de um gênero ainda pouco definido no meio jornalístico, sua organização parece estável, o que indica a existência de prática ou práticas recorrentes. São resultados que nos permitem conhecer um pouco mais das práticas sociais do ambiente jornalístico.

Trata-se também, em nosso entendimento, de um gênero com potencialidades para se tornar base para elaborações didáticas de práticas de produção de texto e leitura na escola. Como traz em seu bojo conteúdos pessoais (interesses, curiosidades, dúvidas) e tem como centro uma questão, esse gênero parece apresentar potencial de motivação, principalmente aos alunos do ensino fundamental. Convém lembrar, contudo, que a descrição das regularidades textuais e informativas do gênero não equivale à descrição do gênero em si, o que incluiria inúmeros outros aspectos tais como os papéis dos enunciadores, as circunstâncias de circulação, os processos de produção e recepção e as práticas sociais a ele relacionadas. Para uma transposição didática dos resultados da presente pesquisa, esses componentes precisam ser considerados; além disso, o gênero estará circulando em outro ambiente social – o escolar, e não mais o jornalístico.

A organização textual argumentativa em editoriais de jornais

Socorro Cláudia Tavares de Sousa

Objeto de estudo e contextualização

Na literatura da área de comunicação, a organização das informações em editoriais de jornais é descrita de forma abrangente, sem adentrar em maiores especificidades. Lage (2003) apresenta de maneira sintética certa indicação sobre a maneira usual de elaborar editoriais. Segundo o autor, editoriais devem ser constituídos de três partes: (a) exposição, espaço em que se expõe um registro noticioso de um fato ou uma sequência de fatos; (b) interpretação, espaço em que se expõem outros fatos buscando traçar uma relação com o(s) primeiro(s); e (c) opinião, espaço em que o editorialista pode expor o ponto de vista da empresa jornalística. Segundo o autor, a exposição da opinião é um fato facultativo. Na área de linguística, Nascimento (2003) descreveu a estrutura argumentativa de editoriais de jornais, determinando os principais elementos macroestruturais que compõem os editoriais do Jornal do Brasil.

O presente capítulo, por sua vez, volta-se para o estudo da argumentação em editoriais de jornais, partindo das contribuições de Swales (1990, cap. 1 deste livro) especialmente seu conceito de gênero e o modelo CARS (*Create a Research Space*), que será testado em editoriais de jornais. Pretende-se com este trabalho descrever a organização textual argumentativa em editoriais de jornais produzidos na imprensa brasileira, investigando como se dá a distribuição das informações nesse gênero.

Um dos aspectos relevantes desta pesquisa é alargar o conhecimento da organização textual em editoriais de jornais, principalmente porque a literatura na área de comunicação aborda superficialmente a estrutura composicional desse gênero textual. Para a linguística, acredita-se, a descrição da organização retórica em editoriais de jornais será uma contribuição significativa na área de Análise de Gêneros, especialmente os produzidos na mídia impressa. Nesse sentido, amplia-se a possibilidade de adaptação do modelo CARS (*Create a Research Space*) para gêneros não acadêmicos.

Outra questão que merece ser ressaltada na presente pesquisa é o estudo da distribuição das informações como elemento de construção da argumentatividade em editoriais de jornais. Nesse sentido, este trabalho representa uma parte dos resultados obtidos em pesquisa de mestrado realizada pela autora cujo objetivo era investigar a organização textual argumentativa em editoriais de jornais a partir de dois enfoques: a organização retórica e a sequência textual argumentativa.

Aparato metodológico

O *corpus* utilizado como objeto de análise é constituído por 60 (sessenta) editoriais selecionados de cinco jornais na versão *on-line*, cada um de uma região diferente do Brasil. Justifica-se essa quantidade por se considerar que é um número razoável capaz de levar a resultados consistentes na abordagem indutiva. Objetivando trabalhar com um *corpus* que representasse editoriais de todo o Brasil, optou-se por analisar um universo composto por editoriais oriundos de jornais de cada uma das regiões do Brasil.

Um critério para a seleção dos jornais foi o fato de integrarem a lista do IVC (Instituto Verificador de Circulação) e estarem classificados entre os quarenta jornais mais lidos do Brasil. A escolha de editoriais que possuem versão *on-line* justificou-se pelo critério da acessibilidade,[1] ou seja, o acesso aos exemplares do gênero foi facilitado pelo uso da *internet*.

Para dar conta de uma proposta de organização retórica dos editoriais, partiu-se do pressuposto de que o gênero editorial de jornal tem uma natureza argumentativa, por isso realizaram-se, numa primeira etapa, os seguintes procedimentos:

a) identificação do ponto de vista defendido pela empresa jornalística;

b) identificação dos argumentos que sustentavam esse ponto de vista;

c) identificação dos segmentos textuais que não constituíam argumentos ou conclusão;

---

[1] O critério da acessibilidade para a seleção do *corpus* é utilizado por alguns pesquisadores, como MOTTA-ROTH (1995) e BEZERRA (2001).

d) apresentação da ordem na qual as informações foram distribuídas nos editoriais, isto é, apresentação da sequência em que aparecem as unidades retóricas[2] em todos os exemplares;

e) apresentação de uma primeira versão do padrão da organização retórica do gênero editorial.

Na segunda etapa, reexaminou-se todo o *corpus* com a finalidade de conferir o padrão preliminar encontrado e descrever cada uma das unidades retóricas separadamente, buscando depreender seus objetivos comunicativos para chegar a uma versão final da organização retórica do gênero editorial de jornal. Em seguida, foi feito o levantamento dos percentuais de frequência das unidades e subunidades retóricas a partir da utilização da seguinte fórmula:[3]

$$X = \frac{100 \times NO}{NT}$$

donde X representa o percentual de frequência obtida da unidade ou subunidade retórica no *corpus* (numa dada posição), NO representa o número de ocorrências encontradas no *corpus* das unidades ou subunidades retóricas (numa dada posição) e NT representa o número total de editoriais pesquisados. Na contabilização das subunidades retóricas, considerou-se apenas a realização ou não da subunidade em questão; não se considerou o número de ocorrências da mesma subunidade em cada editorial.

Para uma unidade retórica ser considerada como tal, determinou-se um percentual mínimo de 30% de ocorrência no *corpus*. Acredita-se que esse percentual é um número relevante para se considerar prototípica uma dada unidade retórica e se justifica também pelas observações de frequência das unidades retóricas em pesquisas anteriores[4] que tinham como objetivo a descrição de um padrão de organização retórica de um dado gênero textual. Quanto às subunidades, optou-se por não se definir um padrão percentual devido à volatilidade observada dos percentuais de frequência nessas mesmas pesquisas.[5]

---

[2] Utilizou-se a mesma terminologia de BIASI-RODRIGUES (1998): os *moves* serão tratados como unidades retóricas, e os *steps* como subunidades retóricas.

[3] A fórmula apresentada é resultado de uma regra de três simples.

[4] Pode-se citar, por exemplo, o trabalho de BEZERRA (2001), que identificou na unidade retórica "prover avaliação final do livro" em resenhas produzidas por alunos um percentual de 36,6%.

[5] Em BIASI-RODRIGUES (1998), observou-se a ocorrência de subunidades retóricas com um percentual de 54,40%, como também de 9,70%, já em BEZERRA (2001), verificaram-se percentuais que variavam entre 73,33% e 3,30%.

Para se chegar à proposição de um "padrão" de organização retórica, inicialmente se imaginou que a observação da frequência das unidades em cada uma das posições no *corpus* fosse procedimento suficiente. Essa afirmação se justifica pelo fato de que em outras pesquisas que tratavam da distribuição das informações em diversos gêneros textuais, esse era o tratamento dado aos textos que compunham os diversos *corpora*. Contudo, os percentuais obtidos na análise dos dados revelaram que se fazia necessária a adoção de outros procedimentos que garantissem, com uma maior margem de segurança, a proposição de um "padrão" de organização retórica para editoriais de jornais.

Nesse sentido, aliada aos índices de frequência das unidades retóricas, adotou-se a análise do percentual de ocorrência do movimento argumentativo, se progressivo (dados-conclusão) ou regressivo (conclusão-dados), como bem as informações referentes à estrutura composicional de editoriais de jornais realizadas em outras pesquisas. Esse conjunto de critérios permitiu a proposição de um "padrão" de organização retórica, considerado de caráter heurístico, devido à grande flexibilidade com que as informações estavam distribuídas em editoriais de jornais.

Para a identificação e a segmentação das unidades e subunidades retóricas, algumas convenções foram utilizadas. As unidades retóricas são representadas pela abreviatura Un seguida de algarismo arábico (Un1, Un2, Un3) e as subunidades pela abreviatura Sub seguida de numeração correspondente em cada unidade (Sub 1.1, Sub 2.1). As unidades, as subunidades e os imbricamentos de unidades retóricas foram identificados por colchetes colocados no final de cada segmento textual. Os editoriais foram identificados com uma letra maiúscula "E" acompanhada pelos algarismos arábicos em sequência crescente (E01, E02, E03).

A organização retórica em editoriais de jornais

Como foi apresentado anteriormente, em função da natureza argumentativa do gênero editorial de jornal é que será empreendida nesta seção uma proposta de descrição de sua organização retórica. Essa descrição fundamenta-se numa análise que emerge do trato com os dados, evitando-se, portanto, um caráter prescritivo. Em outras palavras, não se pretende de forma alguma traçar um modelo a ser seguido, mas apresentar um padrão das regularidades retóricas encontradas na composição textual do gênero editorial de jornal.

A análise do *corpus* permitiu que se chegasse à apresentação de um padrão de regularidades revelado em editoriais de jornais, porém a percepção desse padrão não impediu de se verificar uma diversidade na forma como as unidades retóricas estão distribuídas em todo o editorial, bem como na apresentação das informações em cada unidade. Acredita-se que essa diversidade pode ser oriunda do estilo do editorialista, fator que implica a identificação de imbricamentos de unidades ou ausência destas, entre outras particularidades.

Contudo, as similaridades na distribuição das informações nos editoriais analisados tornaram possível a apresentação de uma proposta de organização retórica para editoriais de jornais, de caráter heurístico, que está reproduzida no Quadro 1.

QUADRO 1

A organização retórica de editoriais de jornais

Unidade retórica 1 - Contextualização do tema
Subunidade 1.1 - Apresentando uma informação introdutória   e/ou
Subunidade 1.2 - Esclarecendo uma informação(e)

Unidade retórica 2 - Argumentar sobre a tese
Subunidade 2.1 - Argumentando convergentemente   e/ou
Subunidade 2.2 - Argumentando divergentemente (e/ou)

Unidade retórica 3 - Indicação da posição do jornal

Fonte: Sousa (2004, p. 68)

A organização retórica de editoriais apresentada no quadro acima apresenta uma opcionalidade e/ou entre as unidades. Essa percepção revela uma adaptação do modelo CARS (Swales, 1990, cf. cap. 2 deste livro) para o gênero editorial de jornal, haja vista o autor considerar a realização opcional das subunidades de uma mesma unidade[6].

Definição e descrição da unidade retórica 1
(contextualização do tema)

A unidade 1 (Un1) recebe o nome de *contextualização do tema* porque é o espaço que o editorialista tem para contextualizar ao leitor uma informação

---

[6] A opcionalidade das unidades retóricas foi inicialmente apontada por SILVA (2002) na descrição da organização retórica dos gêneros notícia e reportagem.

relacionada com a temática, mas que não se constitui argumento da tese.⁷ Essa contextualização pode ocorrer de diferentes formas, isto é, através da realização de uma ou duas subunidades concomitantes ou não.

A Sub 1.1 (*apresentando uma informação introdutória*) tem como função retórica apresentar uma informação que possibilite a introdução da argumentação. É através do conteúdo dessa unidade que se pode iniciar a discussão da tese. Considera-se, portanto, um ponto de partida para a argumentação. Já a Sub 1.2 (*esclarecendo uma informação introdutória*) tem a função de detalhar a informação mencionada no início do texto editorial. Pode-se afirmar que seu conteúdo da unidade 1 é mais específico em relação à subunidade anterior.

A Sub 1.1 demonstrou ser mais recorrente que a Sub 1.2. A primeira sempre aparece ocupando uma posição inicial do editorial, por isso se optou por nomeá-la como *apresentando uma informação introdutória*. A Sub 1.2 também se materializa no início do editorial, contudo, quando ela aparece, se apresenta após a Sub 1.1.

Geralmente, o editorialista pode "conduzir as informações" (BIASI-RODRIGUES, 1998) da Sub 1.1 através da apresentação de um fato ou acontecimento da atualidade. Pode também conduzir as informações através da apresentação de dados estatísticos, dentre outras estratégias, ilustradas nos excertos de editoriais a seguir.

> E51 "A Ettusa (Empresa Técnica de Transportes Urbanos S.A.) anuncia a determinação de estabelecer paradas diferenciadas para ônibus urbanos e veículos de transporte alternativo como forma de garantir que a concorrência entre ambos não continue a trazer riscos para os usuários." (*O Povo*, 09/01/2003) [Un1 – Sub 1.1]
>
> E37 "Qualquer reforma constitucional atinge interesses. As reações, por isso, são naturais e previsíveis. A parte que se sente prejudicada recorre a todos os meios para evitar que as perdas se concretizem. Quando o movimento abarca diversos setores, a união de forças pode inviabilizar o processo.
>
> A reforma da Previdência corre esse risco." (*Correio Braziliense*, 19/01/2002). [Un1 – Sub 1.1].

No E51, o ponto de vista defendido pela empresa jornalística é que somente a Organização das Nações Unidas (ONU) tem legitimidade para decidir sobre a guerra. Nesse sentido, o jornalista introduz informações referentes ao conteúdo do relatório do secretário de Estado, Collin Powell,

---

⁷ Compreende-se "tese" como o ponto de vista defendido pelo jornal.

no Conselho de Segurança da ONU. A apresentação desse fato da atualidade utilizado no E51 funciona como ponto de partida para introduzir a argumentação.

No E37, a empresa jornalística defende a tese que é fundamental a explicitação de princípios norteadores para que a reforma da Previdência seja bem-sucedida. Nesse sentido, a informação apresentada nessa subunidade expõe uma realidade considerada natural em qualquer processo de reforma constitucional, que são as reações adversas. Não se pode considerar o conteúdo dessa subunidade no E37 como "um registro de um fato noticioso ou uma sequência de fatos" como assim expôs Lage (2003), mas como a constatação de uma realidade na política nacional ou talvez internacional.

Como foi apresentado anteriormente, a Sub 1.2 (*esclarecendo uma informação*) teve uma baixa recorrência no *corpus* analisado. O excerto seguinte ilustra a ocorrência dessa subunidade.

> E60 "*O assassino*, de acordo com testemunhas, foi o empresário Paulo Expedito Rebouças, proprietário de uma locadora de carros, que teria atirado na cabeça da vítima, o flanelinha José Humberto Gomes da Silva, depois de este ter produzido um risco na lataria de uma camionete Hilux de sua propriedade." (*O Povo*, 13/02/2003) [Un 1 – Sub 1.2].

Esse bloco de informação fornece maiores esclarecimentos sobre o assassinato mencionado na Sub 1.1 (*apresentando uma informação introdutória*). Vale ressaltar que o propósito comunicativo da Un1 (*contextualização do tema*) é mais claramente percebido quando se tem acesso a todo o texto e se pode verificar que as informações presentes nessa unidade retórica não constituem argumento para a tese defendida. Insiste-se em evidenciar essa afirmação porque as informações contidas na unidade 1 foram definidas a partir dessa observação.

Por outro lado, tendo em vista que um dos objetivos da presente pesquisa é identificar as unidades retóricas do editorial em virtude de sua natureza argumentativa, pode-se levantar as seguintes questões sobre a argumentação existente nesse primeiro bloco textual: as informações apresentadas nessa unidade podem ser consideradas apenas um pretexto para levantar uma determinada tese e/ou a forma como elas são apresentadas ao leitor já direcionam a argumentação? Pela análise dos dados, acredita-se que nenhuma informação apresentada no editorial pode estar totalmente desconectada da função argumentativa.

Nesse sentido, pode-se afirmar que a Un1 (*contextualização do tema*) apresenta uma natureza argumentativa, porém de forma diferente da Un2 (*argumentação sobre a tese*). Essa afirmação se justifica, provavelmente, pelo objetivo ilocucionário dessa unidade que é contextualizar o leitor sobre a temática do editorial.

Definição e descrição da unidade retórica 2 (argumentação sobre a tese)

A unidade retórica 2 – *argumentando sobre a tese* – recebe esse nome porque revela estratégias usadas pelo editorialista para convencer o leitor. Acredita-se que, por ser o espaço do convencimento e de apresentação das razões que fundamentam determinado ponto de vista, essa unidade seja a mais extensa. É na elaboração da Un2 que o editorialista demonstra o seu conhecimento de mundo sobre o assunto, de modo a construir argumentos contundentes que levem o leitor a se convencer de sua tese. Em muitos editoriais, os jornalistas utilizam-se de informações precisas como dados estatísticos de pesquisas, por exemplo.

Nessa unidade, podem aparecer simultaneamente ou não duas subunidades, que foram denominadas como: *argumentando convergentemente* (Sub 2.1) e *argumentando divergentemente* (Sub 2.2). A Sub 2.1 tem a função de apresentar os argumentos pró-tese, de modo a fundamentar o ponto de vista apresentado pelo editorialista. É nessa subunidade que o jornalista tenta levar o leitor a ficar convencido de que a posição apresentada pelo editorialista é a adequada.

Já a Sub 2.2 tem o papel de apresentar argumentos contrários ao ponto de vista defendido pelo editorialista. Esclarece-se que a presença de argumentos divergentes representa, de certa forma, um reforço à tese, na medida em que possibilita ao editorialista apresentá-los para depois vê-los cair por terra com a utilização de argumentos mais fortes. Daí se pode considerar que os argumentos divergentes contribuem indiretamente para a tese.

A existência de duas modalidades de realização da Un2 (*argumentação sobre a tese*) não implica necessariamente a realização dessas duas modalidades em todos os editoriais. Muitos dos exemplares analisados realizaram apenas a Sub 2.1, porque a Sub 2.2 apresenta uma frequência mais baixa.

A extensão dessa unidade é considerável nos editoriais. Encontraram-se exemplares de editoriais constituídos somente da Un2 (*argumentação sobre a tese*), estando ausentes a Un1 (*contextualização do tema*) e a Un3 (*indicação da posição do jornal*), donde se pode concluir que a Un2 é fundamental para a composição de editoriais de jornais.

As estratégias utilizadas pelo editorialista para realizar essas duas subunidades são diversificadas. O editorialista pode apresentar fatos, exemplos, dados estatísticos, perguntas, enfim ele utiliza uma gama de possibilidades para a condução de informações na Un2. Os excertos abaixo indicam algumas formas de conduzir as informações na realização da Sub 2.1 (argumentando convergentemente).

> E37 "A previdência será sistema único e universal? Ou haverá exceções? Em havendo exceções, quais são elas e a que princípios obedecem?" (*Correio Braziliense*, 19/01/2002).
>
> E37 "Outra questão relevante: o governo vai enxertar despesas de caráter eminentemente social como custos previdenciários?" (*Correio Braziliense*, 19/01/2002).
>
> E37 "Mais. O sistema de financiamento far-se-á apenas com contribuições dos segurados? Ou a estas se acrescentarão receitas de caráter tributário como o Cofins?" (*Correio Braziliense*, 19/01/2002).

Optou-se por citar três excertos do E37 para apresentar ao leitor com mais clareza a estratégia utilizada pelo editorialista para expor os argumentos da Sub 2.1 (*argumentando convergentemente*). A tese defendida pelo editorialista é que a reforma da Previdência só dará certo se o governo esclarecer quais os princípios que irão norteá-la. Para chegar a tal conclusão o jornalista instaura um clima de não esclarecimento desses princípios através do uso de perguntas retóricas. Sua estratégia discursiva reflete a falta de definições por parte do governo dos princípios que irão nortear a reforma da Previdência.

No recorte apresentado abaixo, o editorialista utiliza outra estratégia que é o argumento de autoridade polifônica para fortalecer a sua tese.[8] No E27, a opinião do magistrado é utilizada para reforçar a opinião defendida pelo editorialista. Convém esclarecer que as credenciais de juiz como uma das maiores autoridades no assunto, não apenas no Brasil mas também em toda a América Latina e Ásia, tornam praticamente inquestionável esse argumento, visto que quem fala tem embasamento para tal.

> E27 "Especialista em ações contra o tráfico de drogas na América Latina e na Ásia e uma das maiores autoridades do Brasil na área, o juiz Walter Fanganiello Maierovitch, admite que a legislação brasileira é boa para reprimir, por exemplo, a lavagem de dinheiro.

---

[8] Segundo KOCH (2000), o argumento de autoridade é um mecanismo discursivo que se vale de atos ou julgamentos de uma pessoa ou de um grupo de pessoas como meio de prova em favor de uma tese.

> No entanto, essa mesma legislação não qualifica a organização criminosa como deveria. As quadrilhas e bandos terminaram. Transformaram-se em organizações regionais. O problema, diz o juiz, é de segurança nacional." (*Correio do Povo*, 21/01/2003)

A Sub 2.2 (*argumentando divergentemente*) apresenta também uma gama de estratégias para conduzir as informações opostas à tese defendida pela empresa jornalística. Contudo, observou-se certa recorrência na utilização da partícula "se" introduzindo essa subunidade. O exemplo abaixo ilustra essa afirmação.

> E19 "Se o debate não for consequente, se o discurso se mantiver canibalista, se as propostas espelharem os voluntarismos e as utopias que cada um alimenta e se as disposições individuais não se somarem à vontade geral, será absolutamente inócuo esperar que as tão almejadas reformas se tornem, de fato, realidade." (*O Liberal*, 23/02/2003).

Acredita-se que a utilização desse recurso é uma forma de dar voz às opiniões opostas, porém conferindo-lhe um caráter de condicionalidade, isto é, não é atribuído a estes argumentos um grau de certeza. O uso de "se" pelo editorialista traz embutida a intenção de não atribuir o mesmo peso da Sub 2.1 (*argumentando convergentemente*) à Sub 2.2 (*argumentando divergentemente*).

A constatação da existência de argumentos e contra-argumentos em editoriais de jornais já tinha sido observada por Nascimento (1999). A autora, utilizando-se do aparato teórico de Charaudeau (1992), inclui os argumentos opostos à tese na categoria "concessão"[9] e acrescenta que esses argumentos têm um baixo índice de ocorrência de modo a caracterizar a argumentação em editoriais do *Jornal do Brasil* como próximas da argumentação expositiva.[10] Essa afirmação, por sua vez, converge para o que se observou na presente pesquisa: a Sub. 2.2 apresenta um número de argumentos inferior, tomando como elemento comparativo os argumentos da Sub. 2.1.

---

[9] Segundo NASCIMENTO (1999, p. 21), a concessão "é um recurso argumentativo através do qual se finge conceder razão à tese oposta para em seguida apresentar uma restrição a ela. Funciona como um argumento contrário à tese defendida".

[10] NASCIMENTO (1999) utiliza a terminologia de Boissinot (1994) quando se refere à argumentação expositiva. Segundo NASCIMENTO (1999, p. 158 *apud* BOISSINOT, 1994), "na argumentação expositiva, o argumentador demonstra convicção diante de seus posicionamentos, por isso assume o papel de uma "autoridade" incontestável. Se o seu discurso representa a fala de uma autoridade, não há espaço para a voz do outro, ou melhor, do adversário, portanto não são feitas concessões".

Embora pareça óbvio afirmar, diante dos exemplos apresentados, que a Un2 (*argumentando sobre o tema*) apresenta um caráter eminentemente argumentativo, é necessário ressaltar que através da adequada colocação dos argumentos sustenta-se a opinião descrita na Un3 (*indicação da posição do jornal*).

Definição e descrição da unidade retórica 3 (indicação da posição do jornal)

Esta unidade é denominada *indicação da posição do jornal* porque apresenta a posição da empresa jornalística. Poder-se-ia dizer que a Un3 representa a conclusão, o fecho de toda a argumentação do editorial, isto é, todas as outras unidades convergem para ela, e somente esta unidade não se realiza em diferentes estratégias de condução de informações, as subunidades. Os excertos abaixo registram a apresentação da tese, revelando um maior comprometimento do locutor com o enunciado produzido.

> E37 "**É urgente** explicitar as regras para dar início à partida." (*Correio Braziliense*, 19/01/2002, grifo nosso)
>
> E02 "O que **é preciso** é vontade política para que a reforma seja finalmente concluída." (*Jornal do Brasil*, 10/12/2002, grifo nosso)

Ao apresentar a posição do jornal nesses excertos, o editorialista indica a conduta que devem ter as autoridades políticas diante do drama da reforma da previdência. Nascimento (1999) posicionou-se sobre a materialização de algumas teses em seu *corpus* afirmando que se materializavam através de expressões modalizadoras[11] do tipo "é + adjetivo" ("é preciso, é insustentável, é necessário"). Esse fenômeno também foi observado na presente análise.

Outro aspecto que se observou na realização da Un3 é que essa unidade pode aparecer mais de uma vez. Acredita-se que essa estratégia utilizada pelo editorialista tenha como objetivo reforçar o ponto de vista que está sendo defendido. Os exemplos abaixo ilustram a realização da Un3 em várias passagens do E52.

> E52 "Além disso, faz-se necessária uma discussão ética e, por isso mesmo delicada, levando-se em conta a diversidade de opiniões

---

[11] Segundo KOCH (2000, p. 138), modalizadores são "todos os elementos lingüísticos diretamente ligados ao evento de produção do enunciado e que funcionam como indicadores das intenções, sentimentos e atitudes do locutor com relação ao seu discurso. Estes elementos caracterizam os tipos de atos de fala que deseja desempenhar, revelam o maior ou menor grau de engajamento do falante com relação ao conteúdo proposicional veiculado, apontam as conclusões para as quais os diversos enunciados podem servir de argumento, selecionam os encadeamentos capazes de continuá-los, dão vida, enfim, aos diversos personagens cujas vozes se fazem ouvir".

> sobre o assunto, partindo de sociólogos, educadores, psicólogos e religiosos."
>
> "Sem cair no moralismo de fachada, o tema precisa ser discutido com toda a seriedade."
>
> "Defende-se uma discussão aprofundada do assunto com a participação de toda a sociedade." (*O Povo*, 23/01/2003).

Nesse exemplar de editorial, o tema abordado é o da prostituição infantil e, como se pode depreender dos excertos selecionados, a tese defendida é de uma discussão ampla do assunto pela sociedade. O editorialista é enfático na apresentação do ponto de vista, chegando inclusive a utilizar um verbo performativo explícito (defende-se).

Ressalta-se ainda que a repetição da Un3 (*indicação da posição do jornal*) nem sempre implica a paráfrase do mesmo conteúdo proposicional, muitas vezes esse conteúdo pode ser ampliado ou reduzido. O E49, a seguir, ilustra como foram estendidas as informações na segunda ocorrência da Un3. Enquanto na primeira passagem o editorialista faz referência apenas à transformação dos condomínios de luxo em cidadelas, na segunda passagem essa informação é ampliada.

> E49 "Os condomínios de luxo das grandes cidades brasileiras, incluindo a capital cearense, mas principalmente do Rio de Janeiro, tornaram-se literalmente verdadeiras fortalezas." (1ª passagem)
>
> "Mas o que deve ser levado em conta, também como um dos fatores negativos no episódio contra a mãe e a irmã de Ronaldo, é resultado da conversão de condomínios em cidadelas. Nesse caso, a questão de segurança acaba feudalizando uma opção de moradia que, a princípio, tinha a intenção de assegurar privacidade aos condôminos, mas que, lamentavelmente, agrava desigualdades sociais." (2ª passagem) (*O Povo*, 14/12/2003).

No *corpus* de editoriais analisados, verificou-se a possibilidade de a Un3 não vir expressa. Nesse caso, cabe ao leitor inferir a partir dos argumentos apresentados qual o ponto de vista defendido pela empresa jornalística.

Uma exemplificação de análise de editoriais

Nesta seção serão apresentados dois exemplares de editoriais de jornais com o objetivo de demonstrar como se dá a materialização de suas unidades retóricas no que diz respeito à padronização e à flexibilidade na distribuição de informações. O E43 ilustra o "padrão" de organização retórica proposto para editoriais de jornais, ou seja, apresenta a Un1 na primeira posição, a Un2 na segunda posição e a Un3 na última posição, todas indicadas pela numeração correspondente entre colchetes, ao final de cada bloco textual.

E43

Situação Delicada

O presidente Luiz Inácio Lula da Silva terminou o primeiro mês de governo com 83% de apoio popular e ferrenha oposição – de poucos, mas bastante barulhenta – dentro do próprio partido, o PT. [Un1 - Sub. 1.1] A contradição, até aqui sem maiores consequências, terá nova dimensão de hoje em diante.

Esta semana é de negociações com o Fundo Monetário Internacional (FMI). Na próxima segunda-feira, o novo Congresso, eleito em outubro do ano passado, começa a trabalhar. As reformas estruturais, fundamentais para o sucesso do governo, estarão em foco. E o apoio de seus partidários é o ponto de partida mínimo que o presidente precisa para mudar o país.

O PT, portanto, tem pouco tempo para se acertar. A história da legenda, que completa 23 anos nesta terça-feira, é de intensa disputa interna entre facções e tendências. Mas também de respeito à decisão da maioria. O partido não pode tornar-se indisciplinado justamente quando chega ao poder.

Os compromissos da campanha de Lula foram claramente explicitados em sua Carta ao Povo Brasileiro, divulgada em 22 de junho do ano passado, três meses antes do primeiro turno das eleições. Ali o candidato prometeu manter a estabilidade e cumprir contratos. Os que agora cobram dele postura diferente da apresentada de duas, uma: não votaram ou não acreditaram nele. Também estava claro que o governo seria mais amplo que o PT. Afinal, o vice-presidente, o empresário mineiro José de Alencar, é do Partido Liberal.

Na última semana, os radicais petistas agravaram as provocações ao governo. O deputado João Babá (PA) apelou para a grosseria ao dizer que nem como médico confia no ministro da Fazenda, Antonio Palocci, formado em medicina. Suspeita-se, ainda, que Palocci tenha sido grampeado pelos rebeldes em reunião fechada com a bancada do partido na Câmara. No caso, o tiro errou o alvo. O ministro foi inflexível na defesa do programa de governo, que, segundo ele, não foi feito apenas para ganhar a eleição, mas para governar. [Un2 - Sub.2.1]

Com o recrudescimento de sua ação, os rebeldes se tornam mais que uma preocupação para o PT. Embora poucos – somam 35 entre os 91 deputados do partido e quatro dos 14 senadores –, eles podem comprometer a aprovação das reformas tributária e previdenciária, pretendidas ainda para este ano. No mínimo, deixam delicada a situação do governo, que, antes de negociar apoios no Congresso, se verá diante do constrangimento de ter que explicar por que não convence sequer os próprios aliados. [Un3] (*Correio Braziliense*, 11/02/2003)

A Un1 (*contextualização do tema*) materializa-se a partir da realização da Sub 1.1 (*apresentando uma informação introdutória*). As informações contidas nessa subunidade possibilitam ao leitor adentrar-se no universo de argumentos da Un2 (*argumentação sobre a tese*). É a Un1 que possibilita a contextualização do leitor sobre o assunto que será discutido. A apresentação de um fato noticioso (índice de popularidade do presidente) é a porta de entrada para a argumentação propriamente dita que é apresentada na Un2.

A Un2 apresenta-se somente pela realização da Sub 2.1 (*argumentando convergentemente*). Essa estratégia é comum nos editoriais analisados. Os argumentos apresentados interpretam o percentual de oposição do governo Lula em seu primeiro mês de governo.

A Un3 (*indicação da posição do jornal*), por sua vez, expressa com clareza a opinião defendida pela empresa jornalística de que os rebeldes do PT colocam o partido numa "situação delicada" de modo a comprometer a governabilidade do país.

Por outro lado, a análise do *corpus* também revelou uma grande flexibilidade na organização das informações. Nesse sentido, o exercício de análise implicou uma relativização dos dados, visto que não se pretendeu, em momento algum, enquadrá-los ao modelo proposto. Conforme Biasi-Rodrigues (1998, p. 145): "nem o modelo cobre todas as nuanças dos dados, nem os dados podem ser moldados artificialmente para caber na forma (leia-se fôrma)".

No recorte do E07 abaixo se pode vislumbrar a ciclicidade da Un2 e da Un3, ou seja, há uma alternância no aparecimento dessas duas unidades retóricas no texto do editorial.

E07

Escolhas feitas, o presidente da República terá, inevitavelmente, que delegar poderes a seus comandados. [Un 3] Não disporá de tempo para despachar com a assiduidade desejada. O contato diário ficará restrito aos ministros da casa e aos assessores do Planalto. José Dirceu, Luiz Gushiken e Luiz Dulci terão este privilégio e o secretário de Imprensa, Ricardo Kotscho, talvez exerça a mesma influência de Ana Tavares de Miranda no governo Fernando Henrique.

Se Lula pretende tratar ministros e secretários com a mesma deferência, é bom saber que o desejo é impossível de ser realizado. Não há como receber mais de 30 executivos para despachos frequentes. [Un 2 -Sub.2.1] Será preciso definir com clareza o papel de cada um e, então, soltar as amarras. Fixadas as atribuições, o passo seguinte virá com a cobrança de responsabilidades. [Un3]

O gigantismo do primeiro escalão foi necessário para encaixar todas as peças. Mas representa intrincado desafio gerencial. Nos partidos de esquerda costuma prevalecer o centralismo democrático, por meio do qual as decisões de cúpula são pacificamente assimiladas pela base. Na máquina de governo, os ministérios têm vida e iniciativa próprias. E o presidente da República não deve coibi-las. Se o fizer, corre o risco de paralisar decisões importantes. [Un2 - Sub.2.1]

Está na hora de estabelecer competências e delegar poderes. A depuração ocorrerá naturalmente. [Un 3] (*Jornal do Brasil*, 30/12/2002)

O ponto de vista defendido pela empresa jornalística é que o governo Lula deverá delegar poderes aos membros do primeiro escalão. Como se pode visualizar E07, a tese é textualizada nesse recorte em três passagens. Após a apresentação do ponto de vista do jornal, o editorialista introduz argumentos que visam sustentá-la. Ao final, o jornalista fecha o editorial apresentando novamente a tese. Nas palavras do editorialista: "Está na hora de estabelecer competências e delegar poderes. A depuração ocorrerá naturalmente.". Como já se comentou anteriormente, a recorrência da Un3 visa reforçar o ponto de vista defendido.

Nesse editorial, é interessante observar que se apresenta a tese, depois argumentos que irão fundamentá-la, em seguida a tese mais uma vez e novamente mais argumentos e, por fim, encerra-se o texto com a apresentação da tese pela terceira vez. Nos editoriais analisados, o fenômeno da ciclicidade sempre ocorreu com as unidades retóricas 2 e 3.

Discussão dos resultados

A análise exaustiva dos 60 exemplares do *corpus* possibilitou uma formalização heurística da estrutura composicional de editoriais de jornais. A descrição das unidades retóricas revelou a função comunicativa de editoriais de jornais, de modo a confirmar a concepção de gênero de Swales (1990) como uma classe de eventos comunicativos que têm propósitos específicos comuns e variam em sua prototipicidade. Ressaltam-se essas características definidas por Swales (1990), porque se considera que o propósito comunicativo de convencer o interlocutor de determinado ponto de vista constitui a base lógica em editoriais, apesar da variação de estratégias de conduzir as informações nos exemplares analisados.

Nesse sentido, o padrão desenhado na presente pesquisa não representa uma estrutura composicional prioritária utilizada na distribuição das informações por parte dos jornalistas no gênero editorial, tendo em vista que o estilo individual de conduzir a argumentação aponta para uma flexibilidade significativa no modo como se organizam as unidades retóricas.

Pode-se afirmar que uma das contribuições desta pesquisa seja o olhar linguístico que se lançou sobre a organização textual em editoriais de jornais, ou seja, mesmo apresentando um padrão de organização retórica de caráter heurístico, o desvelamento da existência de três unidades retóricas claramente recorrentes em editoriais de jornais propicia uma colaboração de base teórica no que diz respeito às orientações sugeridas nos manuais de redação e estilo que, na maioria das vezes, são lacunosos em relação à estrutura composicional do gênero.

O uso do gênero depoimento em comunidades virtuais de alcoólicos anônimos

Cibele Gadelha Bernardino

O cenário da pesquisa

Atualmente assistimos a um importante debate acerca da questão dos gêneros textuais que tem mobilizado a atenção de estudiosos preocupados com a compreensão dos aspectos sociocomunicativos da linguagem. Esse debate tem contribuído sobremaneira para a apreensão das relações entre as manifestações verbais de determinados grupos sociais e os contextos socioculturais nos quais tais manifestações constituem-se como espaço de interação.

É, pois, crescente o número de pesquisadores que têm negado uma perspectiva puramente formal da análise de gêneros em favor de uma abordagem que perceba o gênero como ação verbal típica fundada em situações recorrentes delimitadas socioculturalmente (MILLER, 1984). Considerar o conceito de gênero sob essa perspectiva é considerar os grupos sociais que se apropriam dos gêneros e com que propósitos o fazem.

Nessa perspectiva, o nome de John M. Swales figura entre as principais fontes que têm influenciado os atuais estudos sobre gêneros, particularmente, as pesquisas sobre escrita de grupos profissionais ou grupos por áreas de interesses (cap. 1 deste livro).

É, pois, a partir das bases teóricas e metodológicas propostas por esse autor que apresento aspectos da caracterização do gênero *depoimento* utilizado nas interações entre os membros de um grupo *on-line* de alcoólicos anônimos, intitulado aa-sobriedade (*http-pagina.de-sobriedade.url*).

O *corpus* de análise constituiu-se de 60 depoimentos de autorias distintas coletados entre os meses de abril a outubro de 1999. A análise teve como objetivos centrais: (a) verificar se a irmandade dos alcoólicos anônimos poderia ser caracterizada como uma comunidade discursiva nos termos de Swales (1990; 1992); (b) verificar se os depoimentos apresentavam regularidades e similaridades quanto à distribuição das informações em sua estrutura textual e (c) perceber as relações entre a organização retórica dos depoimentos e os propósitos e valores da irmandade dos alcoólicos anônimos.

A comunidade discursiva dos alcoólicos anônimos

Como já foi sublinhado anteriormente, a noção teórica a partir da qual procederei à descrição da irmandade dos alcoólicos anônimos[1] é a de comunidade discursiva desenvolvida por Swales (1990; 1992, cap. 1 deste livro). Assim, começo por demonstrar que esse grupo compartilha objetivos públicos comuns (critério apontado por Swales) conformados por um conjunto de princípios e propósitos conhecidos como os Doze Passos e as Doze Tradições dos alcoólicos anônimos, que são compartilhados pelos membros da irmandade em todo o mundo. As Doze Tradições funcionam como uma carta de princípios que recomenda formas de comportamentos dentro da própria irmandade, assim como em suas relações externas. Ao lado das Doze Tradições, encontramos os Doze Passos, que consistem em um conjunto de princípios espirituais que dizem respeito às atitudes necessárias para a passagem da condição de alcoólico na ativa para a condição de alcoólico em recuperação. Como apontarei na seção 3, a organização retórica do gênero depoimento utilizado nas interações entre alcoólicos anônimos parece responder, consideravelmente, aos princípios apontados nos Doze Passos.

O segundo e o terceiro critérios propostos por Swales para a caracterização da comunidade discursiva dizem respeito à presença de mecanismos de intercomunicação, participação e *feedback* entre os membros da comunidade. Quanto ao segundo critério, é válido salientar que a irmandade dos alcoólicos anônimos possui uma vasta literatura que inclui livros, revistas, boletins e folhetos que funcionam como instrumentos de divulgação de informações. Quanto ao terceiro critério, a participação dos membros da irmandade em grupos que se reúnem regularmente para troca de experiências e as interações através da Internet funcionam como canais para participação e *feedback*.

Os grupos *on-line* possuem dois mecanismos básicos de interação: as salas de bate-papo e a lista de discussão. Segundo informações do CTO (Comitê Trabalhando com os Outros) do grupo aa-sobriedade, as salas de bate-papo

---

[1] Para uma descrição detalhada dessa comunidade conferir BERNARDINO (2000).

funcionam como reuniões fechadas das quais somente alcoólatras podem participar. Por esse motivo, optei por analisar os depoimentos veiculados pela lista de discussão. Essa lista consiste em uma modalidade assincrônica de comunicação mediada por computador, ou seja, são correios eletrônicos adaptados a uma comunicação de muitos a muitos[2] (McCleary, 1996).

Como na maioria das listas de discussão, as mensagens enviadas pela lista aa-sobriedade giram em torno de um objetivo comum, que, no caso, consiste na troca de experiências com vistas à realização do programa de recuperação dos alcoólicos anônimos, ou seja, na troca de depoimentos. Essa afirmação já nos informa que o gênero depoimento é o mais importante espaço de interação entre os membros dessa comunidade discursiva.

Outro importante critério apontado por Swales diz respeito ao léxico específico compartilhado pelos membros da comunidade discursiva. Na comunidade dos alcoólicos anônimos, há uma gama de siglas, expressões e itens lexicais cujos significados são partilhados pelos membros da comunidade e funcionam como forma de identificação e constituição da identidade do grupo.

É importante considerar ainda que o domínio desse léxico específico é não somente um divisor de águas entre membros e não membros da comunidade, como também entre membros experientes e iniciantes da própria comunidade. É interessante observar que a própria comunidade reconhece o grau de dificuldade que a presença de itens lexicais tão especializados pode oferecer à participação de membros iniciantes. No caso dos alcoólicos anônimos, isso pode ser percebido através da publicação intitulada *Doze conceitos para serviços mundiais* (W. Bill, 1981/1982), na qual é apresentado um glossário para explicitação das siglas utilizadas pela irmandade.

Além das siglas, existem expressões e itens lexicais menos herméticos, mas também típicos das interações entre os membros desta comunidade. Expressões como *Poder Superior, época da ativa, fundo do poço, alcoólatra em recuperação* e itens lexicais como *sobrionauta* e *moita* são alguns exemplos da especificidade lexical do grupo.

Ainda sobre a especialização lexical, é interessante observar que alguns itens lexicais que circulam em amplas comunidades de fala, quando utilizados em uma comunidade discursiva específica ganham nuanças também específicas de significação. Um exemplo disso pode ser percebido nos resultados de um estudo que realizei em 1998 cujo objetivo era saber

---

[2] Estas listas funcionam através da distribuição de e-mails remetidos a um endereço eletrônico central, que reenvia as mensagens aos membros da lista.

se havia diferenças quanto aos atributos selecionados por membros e não membros da comunidade dos alcoólicos anônimos para a conceituação dos itens lexicais *alcoólatra* e *alcoolismo*.

A conceituação de *alcoolismo* apresentada por não membros dos alcoólicos anônimos sofreu muitas flutuações, permitindo que o item figurasse ora como um subordinado da categoria *doença*, ora como subordinado da categoria *vício*. O item *alcoólatra*, por sua vez, foi conceituado conforme tais variações do conceito de *alcoolismo*, e o alcoólatra visto ora como doente, ora como viciado, ora como doente e viciado.

Por outro lado, as respostas apresentadas pelos membros da comunidade discursiva, demonstraram uma impressionante homogeneidade nas conceituações, assim como uma superior riqueza de atributos. Todos os membros dos alcoólicos anônimos entrevistados consideraram o item lexical *alcoolismo* como pertencente à categoria *doença* e o *alcoólatra* foi interpretado como aquele que sofre os efeitos da bebida; não sendo, portanto, o agente da ação de beber compulsivamente.

Outra observação interessante é que, enquanto os não membros da comunidade apresentaram poucos e vagos atributos para a conceituação dos itens, os membros da comunidade apresentaram uma ampla e detalhada variedade de atributos.

Por fim, observemos a relação entre os membros experientes e os membros iniciantes da irmandade dos alcoólicos anônimos, assim como a organização hierárquica dessa comunidade.

Swales (1990) postula que a sobrevivência de uma comunidade discursiva depende, em certa medida, de uma proporção equilibrada entre seus membros experientes e iniciantes, posto que, se por um lado, um grande número de iniciantes pode comprometer a comunidade devido, principalmente, à inabilidade com o manuseio dos gêneros e do léxico específico; por outro lado, o ingresso desses membros é essencial para a manutenção e a continuidade da comunidade.

Na comunidade dos alcoólicos anônimos, particularmente no grupo aa-sobriedade, percebe-se claramente a presença de membros iniciantes e de membros experientes através das seguintes pistas inscritas nos e-mails que analisei: (a) a constante referência à chegada de novos membros ao grupo, e-mails nos quais os participantes assumem sua condição de iniciantes ou divulgam seu tempo de adesão ao programa de recuperação; (b) a presença de e-mails que são remetidos para a realização de questionamentos sobre o funcionamento do grupo ou, ainda, sobre os significados de alguns termos (membros iniciantes) e (c) a presença de e-mails que são enviados para divulgação de informações acerca da irmandade (membros experientes).

Outra observação importante a ser feita é que, em se tratando do grupo aa-sobriedade, podemos falar em cinco categorias de membros participantes da comunidade:

1. existem aqueles que são experientes na irmandade de uma forma geral, posto que já são membros dos alcoólicos anônimos em grupos locais, mas que são iniciantes no grupo *on-line* (não encontrei a situação contrária);
2. existem aqueles que são iniciantes tanto no grupo *on-line* quanto em grupos locais;
3. existem membros que são iniciantes no grupo *on-line* e somente dele participam;
4. existem membros que são experientes no grupo *on-line* e somente dele participam;
5. existem membros que são experientes nos grupos locais e no grupo *on-line*.

Essa peculiaridade do grupo aa-sobriedade implica algumas considerações. No primeiro caso, o membro da comunidade domina todos os propósitos e princípios da irmandade, que, como já afirmei, são os mesmos para todos os grupos de alcoólicos anônimos; mas não domina o comportamento verbal específico exigido pelo novo veículo da interação, a Internet.

É interessante observar que esses membros tendem a elaborar seus depoimentos de uma forma muito aproximada dos depoimentos orais dos grupos reais, que, acredito, funcionam como protótipo para a construção dos depoimentos por *e-mail*.

No segundo e no terceiro casos, o membro do grupo mostra-se inseguro não somente quanto ao funcionamento do grupo *on-line*, mas também quanto aos propósitos e princípios da irmandade como um todo. Esse tipo de membro iniciante geralmente não tem clareza acerca da sua condição de alcoólatra e consequentemente não tem clareza quanto à necessidade de participar da irmandade.

No quarto caso, encontramos um membro da comunidade que, por não ter tido influências do ritual de interação dos grupos locais, elabora um depoimento menos típico em relação ao protótipo. São, pois, depoimentos que escapam em alguns aspectos ao padrão de organização retórica ao qual cheguei após a análise dos 60 depoimentos.

Por fim, no quinto caso, temos os membros que, por sua experiência, participam das instâncias organizativas do grupo, acumulando, dessa forma, um número maior de informações e assumindo, portanto, o papel de orientadores para os demais membros do grupo.

Tendo chegado a esse ponto da descrição, é possível esclarecer como se comporta a comunidade discursiva dos alcoólicos anônimos e o grupo aa-sobriedade quanto ao critério da organização hierárquica. Percebi que a hierarquia estabelecida na irmandade dos alcoólicos anônimos é tanto explicita quanto implícita (Swales, 1992).

Quanto à hierarquia explícita, a irmandade dos alcoólicos anônimos possui uma estrutura orgânica formada por instâncias internacionais, nacionais, estaduais e municipais que são responsáveis por seu funcionamento. No grupo aa-sobriedade existem também diferentes instâncias responsáveis pelo funcionamento do grupo, assim como cargos de liderança atribuídos a membros eleitos pelo próprio grupo. Por outro lado, a hierarquia implícita corresponde ao poder expresso nas vozes dos membros mais experientes da comunidade. Poder de explicar, de orientar e de criticar com a autoridade dos anos vividos em sobriedade.

Assim, respondendo ao primeiro objetivo que guiou esta pesquisa e considerando que uma comunidade discursiva constitui um grupo de pessoas que partilha determinadas práticas convencionais de uso da linguagem, que se dão na forma de gêneros textuais a fim de realizar objetivos comuns, penso que a irmandade dos alcoólicos anônimos pode ser caracterizada a partir desse conceito. Se considerarmos ainda que os indivíduos que fazem parte dessa comunidade não estão vinculados por critérios geográficos, posto que residem em diferentes regiões e que nem mesmo se conhecem uma vez que interagem através de um veículo de comunicação a distância, perceberemos, com maior clareza, que o critério que une tais indivíduos consiste no objetivo comum de compartilhar experiências relacionadas ao tema do alcoolismo/sobriedade, que é realizado através do uso compartilhado do gênero depoimento.

Se, por si, essa definição não fosse suficiente, teríamos ainda a favor de tal caracterização o fato de que a irmandade dos alcoólicos anônimos adéqua-se, sem dificuldades, aos critérios propostos por Swales (1990; 1992) para a caracterização de comunidades discursivas. Ou seja, os alcoólicos anônimos compartilham objetivos e um sistema de crenças comuns, possuem mecanismos de intercomunicação entre seus membros, utilizam e criam um léxico que lhes é específico, convivem com um movimento constante de adesão de novos membros, ocasionando, assim, uma relação produtiva entre membros experientes e membros iniciantes da comunidade e, por fim, funcionam a partir de uma estrutura orgânica que estabelece níveis explícitos e implícitos de hierarquia.

É relevante ainda acrescentar que a caracterização da irmandade dos alcoólicos anônimos a partir do conceito de comunidade discursiva significa uma contribuição importante para os estudos sobre gêneros, uma vez que expande as possibilidades de aplicação de um conceito que foi pensado a partir de uma comunidade específica: a comunidade acadêmica. Não quero com isso dizer que o conceito pode ser aplicado com facilidade a todo e qualquer grupo social que interage através de gêneros, portanto não considero, como Swales (1990), que gêneros são propriedades exclusivas de comunidades discursivas, mas considero que é válido tentar aplicar o conceito a uma diversidade maior de grupos sociais. Em alguns casos, tal empreendimento pode conduzir a uma confirmação dos critérios apresentados por Swales; em outros, pode levar a uma reformulação do conceito, o que seria outra importante contribuição.

Para concluir, gostaria de explicitar que o objetivo central desta seção foi realizar uma descrição relevante da irmandade dos alcoólicos anônimos como um todo e do grupo aa-sobriedade em particular, sublinhando aspectos que contribuam para a compreensão do funcionamento do depoimento como comportamento verbal típico dessa comunidade. Assim, apliquei o conceito de comunidade discursiva proposto por Swales (1990/1992) não por considerá-lo o único caminho para tal descrição, mas por avaliar que os aspectos requisitados para sua caracterização seriam adequados à promoção da relação necessária entre o grupo social dos alcoólicos anônimos, seus propósitos, valores e formas de interação e o gênero depoimento.

A descrição do gênero depoimento dos alcoólicos anônimos

O PERCURSO DA ANÁLISE

Antes da apresentação dos dados propriamente ditos, considero importante discorrer sobre algumas questões referentes ao percurso metodológico da pesquisa. O primeiro momento de análise constituiu-se em um piloto sobre os dez primeiros depoimentos do *corpus* (organizado em ordem cronológica de envio dos e-mails). O objetivo desse momento de análise foi descrever uma proposta inicial e provisória da organização retórica dos depoimentos que pudesse ser tomada como parâmetro para a análise dos demais 50 exemplares do *corpus*. Em outras palavras, a análise inicial consistiu em descrever como começam, desenvolvem-se e terminam os depoimentos e, assim, chegar a uma percepção mais nítida das fronteiras entre as unidades de informação do gênero. Para dar conta dessa tarefa, primeiro realizei a leitura dos exemplares do *corpus* para um levantamento sistematizado de todos os blocos de informação encontrados em cada um dos 10 depoimentos. Depois de identificadas as unidades de informação que correspondiam à abertura, ao desenvolvimento e ao fechamento dos depoimentos, passei à identificação das subunidades de informação. Nesse momento, a análise foi realizada a partir do conhecimento sobre os princípios de funcionamento dos alcoólicos anônimos (Doze Tradições e Doze Passos); de pistas semântico-lexicais e de pistas pragmáticas (identificação de atos de fala recorrentes nos depoimentos). Depois, o levantamento de todas as subunidades de informação encontradas nos dez depoimentos da amostra-piloto, foi realizada uma sistematização dessas subunidades a partir da maior frequência dos blocos de informação depreendidos e de sua relação com os propósitos da comunidade discursiva explicitados pelos Doze Passos e pelas Doze Tradições. Como forma de ilustração, vejamos, na TAB. 1, um exemplo dos resultados prévios encontrados:

TABELA 1
Abertura dos dez depoimentos da amostra – Unidade retórica 1

Blocos de informação	Frequência	Depoimento
1.1 Saudação aos membros do grupo	10	D01 – D10
1.2 Comentário sobre um tema determinado	01	D01
1.3 Informação sobre o contentamento do depoente pela confirmação de seu ingresso no grupo	01	D05
1.4 Pedido de ingresso no grupo	01	D06
1.5 Agradecimento pelo controle sobre a bebida	01	D07
1.6 Agradecimento pela atenção concedida pelos membros do grupo	01	D09
1.7 Declaração que informa que o depoente tem problemas com o álcool	01	D10
1.8 Apresentação do depoente	06	D01,D02,D06, D07,D09

Como podemos perceber, as informações foram numeradas: o primeiro número corresponde à unidade retórica, e o segundo, à posição de ocorrência dos blocos de informação. Os números acima mostraram que apenas os blocos de informação 1.1 e 1.8 apresentaram frequência relevante, apontando, assim, para duas subunidades de informação da unidade retórica 1. No momento posterior de análise, quanto foram tomados os demais 50 depoimentos do *corpus*, cheguei à conclusão de que outra subunidade deveria estar presente na descrição da unidade retórica 1, a unidade 1.5, que na amostra mostrou-se apenas no depoimento 9 (D9), mas na totalidade do *corpus*, mostrou-se recorrente e relevante. Esse também foi o percurso realizado para a depreensão das subunidades de informação das unidades retóricas 2 e 3 até chegarmos ao quadro descritivo apresentado no tópico a seguir.

A DESCRIÇÃO RETÓRICA DO GÊNERO DEPOIMENTO DOS ALCOÓLICOS ANÔNIMOS

Como já foi apresentado na introdução deste artigo, os dois outros objetivos que impulsionaram esta pesquisa têm relação como a presença de similaridades e regularidades na distribuição de informações nos exemplares do gênero e a relação de um possível padrão de organização retórica com os propósitos e crenças da comunidade dos alcoólicos anônimos. Comecemos por responder se os depoimentos de alcoólicos anônimos podem ser considerados como exemplares de um gênero textual. Para responder a essa questão, partamos da ideia desenvolvida por Miller (1984) de que gêneros estão vinculados a situações recorrentes de interação, ou seja, que tais situações conduzem a comportamentos verbais também recorrentes que passam a funcionar como padrão para novos comportamentos. Assim, um determinado gênero torna-se convencional porque surge em situações com estruturas e elementos similares e porque os falantes respondem de formas similares, tendo aprendido o que é apropriado dizer e quais os efeitos provocados pela ação de dizer. Essa recorrência no uso de determinados padrões de comportamento verbal está relacionada, por sua vez, aos objetivos comunicativos que movimentam as interações. Observando por outro ângulo, podemos perceber que, ao mesmo tempo em que os gêneros são construídos como respostas aos objetivos comunicativos, também funcionam como espaço verbal no qual tais objetivos se realizam e, portanto, funcionam, como afirma Miller (1984), como *chaves* para apreendê-los.

O depoimento dos alcoólicos anônimos está vinculado a uma situação comunicativa cujo objetivo central consiste no compartilhamento de experiências vividas pelo próprio depoente em relação ao problema do alcoolismo. Esse objetivo, por sua vez, está previsto pelo próprio programa de recuperação da irmandade que se encontra expresso em toda a literatura dos alcoólicos anônimos. O eixo central desse programa de recuperação consiste em que o indivíduo deve admitir perante si mesmo e perante os companheiros da irmandade sua condição de alcoólatra e, a partir dessa admissão, realizar um levantamento reflexivo de todas as falhas de comportamento provocadas pelo consumo de bebida alcoólica para, tomando consciência dessas falhas, ser capaz de resistir à compulsão pelo álcool. A irmandade dos alcoólicos anônimos considera ainda que o levantamento de tais falhas somente surtirá efeito se for compartilhado com outros indivíduos alcoólatras que, por vivenciar o mesmo problema, estão abertos a ouvir e a compreender sem qualquer tipo de julgamento moral. Outro aspecto que regula o programa de recuperação dos alcoólicos anônimos diz respeito ao planejamento das ações de controle sobre a bebida a cada período de vinte e quatro horas. Como podemos perceber, a comunidade discursiva dos alcoólicos anônimos tem nesses princípios o guia para suas ações, o norteador de um padrão de comportamentos, inclusive de comportamentos verbais. É a partir desse ponto que começo a responder a segunda questão. Considero que depor é uma ação verbal recorrente entre os membros dos alcoólicos anônimos através da qual se dá o objetivo do compartilhamento de experiências.

O segundo passo para responder a essa questão está em demonstrar que, de fato, os depoimentos apresentam similaridades e regularidades quanto à distribuição e à organização de suas informações. Para tanto, apresento, a seguir, os resultados gerais aos quais cheguei sobre o padrão de organização retórica do gênero depoimento dos alcoólicos anônimos após ter feito uma descrição detalhada das unidades e subunidades retóricas (Rodrigues, 1998) apresentadas nos 60 exemplares do *corpus*.

Unidade retórica de informação 1 – Estabelecendo contato e identificação
Subunidade 1.1 – Saudando os membros do grupo [SUB1.1]
Subunidade 1.2 – Apresentando o depoente [SUB1.2]
Subunidade 1.3 – Agradecendo pelo controle sobre a bebida [SUB1.3]
Unidade retórica de informação 2 – Comparando experiências vividas antes e depois do ingresso na irmandade dos alcoólicos anônimos
Subunidade 2.1 – <u>Fazendo referência a outra mensagem do grupo que tenha provocado a construção do depoimento em questão</u> [SUB2.1]
Subunidade 2.2 - Relatando experiências com o alcoolismo [SUB2.2]
Subunidade 2.3 – Comentando sobre a recuperação após o ingresso nos alcoólicos anônimos [SUB2.3]
Unidade retórica de informação 3 – Fechando o depoimento
Subunidade 3.1 – Despedindo-se [SUB3.1]
Subunidade 3.2 – Desejando 24 horas de sobriedade [SUB3.2]
Subunidade 3.3 – Agradecendo a atenção concedida pelos membros do grupo [SUB3.3]
Subunidade 3.4 – Subscrevendo-se [SUB3.4]

A depreensão das três unidades de informação apresentadas acima foi realizada a partir dos distintos objetivos percebidos na realização de cada uma delas. A primeira unidade tem como objetivo estabelecer o contato inicial da interação e estabelecer mecanismos de identificação entre o depoente e seus interlocutores. Considero que essa unidade está intimamente relacionada ao primeiro dos Doze Passos da irmandade,[3] posto que essa identificação se dá, na maioria dos casos, através de uma apresentação do nome do depoente acompanhada da declaração de sua condição de alcoólatra. Acredito que a realização de tal comportamento verbal na abertura dos depoimentos responde à crença da comunidade discursiva de que a troca de experiências somente funciona como mecanismo de recuperação quando realizada entre sujeitos que se reconhecem como portadores de um mesmo problema. Assim, para começar a falar de suas experiências, faz-se necessário, antes, que o depoente se posicione como alguém que está autorizado a depor. A segunda unidade retórica consiste na própria troca de experiências, momento do ato de depor no qual o alcoólatra estabelece comparações e confrontos entre suas experiências como *alcoólatra na ativa* e como *alcoólatra em recuperação*. Nesse momento do depoimento, o depoente realiza seu autorrelato que consiste em uma (re)textualização de lembranças selecionadas para uma autorrepresentação (BRUNER; WEISSER, 1997). Nesse caso específico, esta autorrepresentação visa apresentar os aspectos negativos relacionados às memórias do período de alcoolismo ativo e os aspectos positivos representados pelas mudanças promovidas pelo programa de recuperação da irmandade.

É curioso que a construção de uma autorrepresentação exige, como afirmam Bruner e Weisser (1997), um ato interpretativo e, portanto, consciente sobre nossas lembranças, sobre nossos pensamentos. Portanto, o autorrelato possibilita que tomemos consciência daquilo que pensamos sobre nós e do que queremos que os outros pensem sobre nós. É exatamente nesse ponto que consiste a eficácia do depoimento como ação verbal capaz de possibilitar ao depoente o controle sobre o álcool e de influenciar o interlocutor para que faça o mesmo, ou seja, ao verbalizar suas lembranças, o alcoólatra pode refletir sobre elas, pode tirar conclusões e, portanto, pode reorientar comportamentos futuros.

Quanto à terceira unidade retórica, é fácil perceber que ao finalizar seu autorrelato, o depoente passa ao momento da despedida em relação a seus interlocutores. Esse momento do depoimento, além de finalizá-lo, reforça

---

[3] Admitimos que éramos impotentes perante o álcool e que tínhamos perdido o domínio sobre nossas vidas.

entre o depoente e seus interlocutores os vínculos de solidariedade que funcionam como peça básica para a execução do programa de recuperação.

Após explicitar quais os objetivos que movimentam a realização de cada unidade retórica do gênero depoimento e suas relações com os propósitos comunicativos da comunidade discursiva, verificaremos quão regulares e recorrentes foram tais unidades e suas respectivas subunidades retóricas. Na análise dos 60 depoimentos que constituíram o *corpus* da pesquisa, 56 depoimentos apresentaram as três unidades retóricas descritas no padrão, sendo que em dois exemplares houve a ausência da unidade retórica 1 e em outros dois, a ausência da unidade 3. A unidade retórica 2 mostrou-se como a mais representativa do gênero, uma vez que esteve presente nos 60 exemplares. Tal recorrência explica-se pelo fato de que é nessa unidade que se dá a troca de experiências vividas pelos depoentes. Esses resultados confirmam, portanto, que o gênero depoimento de alcoólicos anônimos possui três grandes unidades de informação. Essas unidades, por sua vez, organizam-se através de subunidades cuja recorrência e cuja regularidade apresento a seguir.

A unidade retórica 1 dividiu-se em três subunidades de informação. A primeira subunidade, *saudando os membros do grupo*, esteve presente em 56 dos 60 depoimentos, mostrando-se a subunidade mais recorrente dessa unidade retórica. A segunda subunidade, *apresentando o depoente*, esteve presente em 37 exemplares e a terceira, *agradecendo pelo controle sobre a bebida*, em 18 exemplares. Quanto à distribuição dessas subunidades, encontramos os seguintes resultados: 19 depoimentos apresentaram apenas as subunidades 1.1 e 1.2 combinadas, 21 depoimentos apresentaram apenas a subunidade 1.1, 15 depoimentos apresentaram as três subunidades combinadas, 2 depoimentos apresentaram apenas a subunidade 1.3 e 1 depoimento apresentou as subunidades 1.1 e 1.3 combinadas. Em termos de frequência, poderíamos concluir que a presença isolada da subunidade 1.1 seria padrão, no entanto, considero que as outras duas subunidades, principalmente a subunidade 1.2, são mais relevantes para a execução dos propósitos da comunidade discursiva, posto que são as responsáveis pela identificação estabelecida entre o interlocutor e os depoentes, portanto, consideraremos as combinações *sub1.1 + sub1.2* e *sub1.1 + sub1.2 + sub1.3* como as mais representativas da unidade retórica 1.

Essas três subunidades correspondem respectivamente aos atos de fala *saudar, apresentar-se e agradecer*.

O ato de saudar é tipicamente um proferimento comportamental cuja regra essencial consiste em estabelecer contato através de um cumprimento.

Nos depoimentos, esse ato mostrou-se bastante regular, ocorrendo em 56 dos 60 exemplares.

As formas verbais que materializam o ato de saudar nos depoimentos são bastante diversificadas. Temos desde saudações convencionais do tipo *Oi, Olá companheiros* ou *Boa tarde companheiros* até saudações que envolvem termos de uso específico da comunidade virtual de AA, como, por exemplo, *Oi sobrionautas*.

Como podemos perceber, esse ato não se dá na forma de performativos explícitos que correspondem à estrutura *eu + verbo + que*, mas resguarda a principal característica da performatividade: a presença do *eu* que realiza a ação no próprio instante em que profere. No depoimento, esse ato tem a função de estabelecer o primeiro contato para que a troca de experiências seja realizada.

A apresentação realizada na subunidade 1.2 dá-se na forma de uma declaração à qual subjaz a estrutura *eu declaro que sou....* Consideramos que os proferimentos que realizam esse ato podem ser considerados ao mesmo tempo, como proferimentos expositivos, comissivos e ainda comportamentais. Quando um depoente profere um enunciado como *sou XXXX, alcoólatra*, parece, à primeira vista, que o proferimento tem como única função esclarecer a referência, o ponto de partida do qual emana o depoimento. De fato, essa força expositiva do proferimento está visivelmente presente. No entanto, é aceitável afirmar que estas declarações tomadas como microatos de fala (VAN DIJK, 1992) inseridos no depoimento, exercem também outras duas funções: estabelecer identificação e compromisso entre os interlocutores.

O depoente, ao declarar sua identidade, que é expressa em seu nome e na sua condição de alcoólatra, realiza um proferimento do tipo comportamental uma vez que tal declaração o coloca na posição de um indivíduo que declara a partir de um dado papel social que é compartilhado por seus interlocutores e que, portanto, funciona como uma espécie de senha que os identifica.

Essa identificação, por sua vez, gera um conjunto de expectativas compartilhadas pelos interlocutores, colocando o locutor na posição de quem se compromete a um comportamento futuro esperado. Em outras palavras, ao proferir a declaração *eu sou XXX, alcoólatra*, inserida no macroato de depor, o depoente coloca-se na posição de quem está autorizado a depor e ao mesmo tempo compromete-se a fazê-lo conforme as expectativas de seus interlocutores em relação à execução do gênero depoimento.

O terceiro ato realizado nos depoimentos é o *agradecimento*. Segundo a descrição proposta por Searle (1984), dizemos que o ato de agradecer se dá quando o locutor expressa uma proposição referente a um ato passado feito pelo interlocutor, ato que é reconhecido pelo locutor como algo realizado em seu benefício. Na classificação proposta por Austin (1990), esse ato corresponde aos performativos comportamentais.

Nos depoimentos, o ato de agradecer tem a seguinte estrutura subjacente: *eu agradeço a ---- por-----*. Geralmente o agradecimento é dirigido a Deus ou aos membros do grupo, e o objeto da gratidão corresponde ao apoio concedido para que o depoente consiga manter-se sóbrio. A execução desse ato reforça a unidade da comunidade discursiva, uma vez que torna explícito o papel da presença do outro no processo de recuperação do depoente.

Realizados os três atos acima descritos, o depoente, já plenamente autorizado a depor, inicia o momento do compartilhamento de experiências que compõe o que identificamos como unidade retórica 2.

A unidade retórica 2 dividiu-se em três subunidades de informação. A primeira, *fazendo referência a outra mensagem do grupo que tenha provocado a construção do depoimento em questão*, esteve presente em 26 exemplares do *corpus*; a segunda, *relatando experiências com o alcoolismo*, manifestou-se em 40 depoimentos; e a terceira, *comentando sobre a recuperação após o ingresso na irmandade dos alcoólicos anônimos*, em 56 depoimentos, mostrando-se a subunidade mais recorrente da unidade retórica 2. Assim como na unidade retórica 1, às subunidades da unidade retórica 2 estão subjacentes os seguintes atos de fala: o ato de *referência* na subunidade 2.1, o ato de *relatar* na subunidade 2.2 e o ato de *comentar* (*avaliar*) na subunidade 2.3. Os atos de *relatar* e *comentar* (*avaliar*) associados na unidade retórica 2, realizam, por sua vez, um outro ato de fala a saber: o ato de *comparar*, que tem como propósito gerar uma resposta avaliativa do interlocutor e do próprio depoente em relação ao confronto entre as experiências vividas antes e depois do ingresso do alcoólatra na irmandade. Essa resposta avaliativa provocada no leitor é um dos objetivos almejados pelo programa de recuperação da irmandade que acredita na troca de experiências como o argumento mais eficaz para convencer o alcoólatra ativo a transformar-se em alcoólatra em recuperação e como mecanismo mais eficaz para que o membro da irmandade permaneça no firme propósito de não beber.

Quanto à distribuição das subunidades da unidade retórica, podemos afirmar que as combinações mais regulares são *sub2.1* + *sub2.2* + *sub2.3* com dezenove ocorrências, *sub2.2* + *sub2.3* com dezessete ocorrências e a sub2.3 isolada com quinze ocorrências. Nos demais depoimentos, encontramos distribuições variadas.

A unidade retórica 3 apresentou quatro subunidades de informação. A primeira subunidade, *despedindo-se*, esteve presente em 27 depoimentos, a segunda, *desejando 24 horas de sobriedade*, manifestou-se em 37 exemplares, a terceira subunidade, *agradecendo a atenção concedida pelos membros do grupo*, em 20 exemplares e a quarta, *subscrevendo-se*, esteve presente em 50 depoimentos, sendo, portanto, a subunidade mais recorrente. Também nessa unidade retórica reconhecemos a realização de atos de fala subjacentes às subunidades. Na subunidade 3.1, o depoente realiza o ato de *despedir-se*, na subunidade 3.2, realiza o ato de *desejar*, na subunidade 3.3, o ato de *agradecer* e, por fim, na subunidade 3.4, o depoente realiza o ato de *subscrever-se*.

O ato de *despedir-se* realizado na subunidade 3.1 tem como regra essencial encerrar uma interação através de um cumprimento. É curioso perceber que esse ato estabelece, no depoimento, uma relação de oposição com a subunidade 1.1 que consiste em expressar momentos extremos da realização de um mesmo processo (GERALDI, 1992, p. 54). Em outras palavras, saudar (subunidade 1.1) é iniciar o processo de depor e despedir-se é finalizá-lo.

O ato de *despedir-se* se dá, preferencialmente, por proferimentos cuja performatividade não ocorre de forma explícita. As expressões de maior recorrência na realização desse ato são *um abraço, um forte abraço, abraços* ou, ainda, *beijos*. Tais expressões não podem ser traduzidas em nenhuma fórmula de performatividade explícita, mas ao se deparar com essas expressões, o interlocutor certamente reconhece que o depoente encerrou seu relato ou seu comentário e que tudo que for dito a partir daquele ato, fará parte do momento do fechamento do ato de depor.

Na subunidade retórica 3.2, temos o ato de *desejar*, que consiste em expressar a vontade de que algo referente ao futuro aconteça ao interlocutor. Nos depoimentos, o ato de *desejar* é estruturado através de performativos comportamentais que têm como forma subjacente a estrutura *eu + desejo + que*. Nessa subunidade, a expressão +24 *horas* é compreendida pelo interlocutor como eu desejo que vocês tenham mais vinte e quatro horas de sobriedade. Observemos os trechos abaixo:

(01)

um abraço para todos **[SUB3.1]** + *24hs.* **[SUB 3.2]**

XXXX **[SUB 3.4]**

(02)

obrigado por me lerem **[SUB 3.3]** + *24 HORAS para todos* **[SUB 3.2]**

XXXX **[SUB 3.4]**

A expressão desse ato no fechamento do depoimento mantém uma forte relação com o programa de recuperação da Irmandade que estabelece como regra básica para sua execução, evitar o primeiro gole de bebida alcoólica a cada período de vinte e quatro horas.

Na unidade 3.3, verificamos a realização do ato de *agradecer* que, segundo Searle (1984), é uma ação cujo conteúdo proposicional corresponde a uma ação passada feita pelo interlocutor. Para que o agradecimento ocorra, faz-se necessário que a ação realizada pelo interlocutor tenha beneficiado o locutor que, por sua vez, deve estar consciente de que foi beneficiado. Assim, o ato de *agradecer* vale como uma expressão de gratidão ou apreciação do locutor em relação ao interlocutor.

Nos depoimentos dos alcoólicos anônimos, o locutor é o próprio depoente, o interlocutor são todos os membros da lista aa-sobriedade que, potencialmente, são os leitores do depoimento e o ato gerador do agradecimento é a atenção concedida pelos interlocutores.

É interessante observar que normalmente o agradecimento refere-se a um ato passado, mas no contexto da interação por meio da lista de discussão, o agradecimento se dá de forma antecipada a um ato que ocorrerá em um momento futuro. O agradecimento é realizado sem nenhuma ressalva do tipo *agradeço antecipadamente*. Podemos, portanto, inferir que o depoente tem a certeza de que os membros do grupo lerão seu depoimento e, portanto, toma como certa a ação que irá beneficiá-lo e que, portanto, deve ser agradecida.

Por fim, o fechamento do depoimento é plenamente realizado através do ato de *referência identificadora* por meio da subscrição do depoente. Considero que essa subscrição, ao executar o ato de *referência*, além de identificar o depoente, posiciona-o como aquele que se responsabiliza pelo que diz.

As subunidades da unidade retórica 3 foram as que mais apresentaram variações nas suas formas de distribuição. Dos 58 depoimentos que apresentaram essa unidade retórica, 16, apresentaram a combinação *sub3.2 + sub3.4*, 8 apresentaram a combinação *sub3.1 + sub3.4*, 6, as combinações *sub3,3 + sub3.2 + sub3.4* e 5 depoimentos apresentaram a combinação *sub3.1 + sub3.2 + sub3.4*. Os demais depoimentos apresentaram distribuições variadas. Apenas quatro depoimentos apresentaram as quatro subunidades combinadas.

Discussão dos resultados

Como podemos perceber pelos dados apresentados, o gênero depoimento dos alcoólicos anônimos apresentou uma grande regularidade quanto à sua distribuição em três unidades retóricas e uma relativa estabilidade quanto à presença e à distribuição de suas subunidades retóricas. Gostaria de ressaltar ainda que o gênero depoimento identifica um repertório de ações (BAZERMAN, 1994) recorrentes que deve ser realizado na situação típica da interação entre membros da comunidade discursiva dos alcoólicos anônimos. O gênero depoimento é, portanto, um tipo singular de ação social.

Gostaria de finalizar, ressaltando que tenho a plena consciência de que muitas outras questões poderiam ter sido abordadas acerca do estudo desse gênero, aspectos relacionados à constante intertextualidade marcada nos textos dos depoimentos; às influências do veículo de transmissão do gênero, a mensagem eletrônica, em sua organização retórica; às marcas polifônicas colocadas em jogo na construção do confronto entre os papéis de alcoólatra na ativa e de alcoólatra em recuperação presentes nos depoimentos, entre outras questões. Mas tenho também a plena consciência de que esta pesquisa deu o primeiro e mais importante passo para futuros empreendimentos sobre esse gênero: descrevê-lo como um comportamento típico de uma dada comunidade que realiza no gênero seus propósitos comunicativos, trabalho que ainda estava totalmente por fazer. Acredito ainda que a descrição aqui realizada auxiliará a outros pesquisadores que tenham interesse em estudar os comportamentos verbais de grupos sociais similares ao dos alcoólicos anônimos.

TERCEIRA PARTE

Análises de comunidades discursivas

Uma descrição da comunidade discursiva jurídica

Elisabeth Linhares Catunda

Contextualizando o objeto de estudo

Nesta pesquisa, apresentamos uma síntese histórica sobre as origens do Direito no Brasil, seguida de uma descrição da comunidade discursiva jurídica pautada pelos conceitos e critérios de Swales (1990; 1992). Nosso objetivo foi o de aplicar os seis critérios postulados por Swales (1992), a fim de caracterizar os operadores do direito como uma comunidade discursiva, já que, a princípio, todo e qualquer cidadão inserido em uma determinada sociedade tem um papel jurídico e atribuições jurídicas. Dentro dessa perspectiva, denominamos essa comunidade discursiva jurídica da qual todo e qualquer cidadão participa como uma comunidade discursiva jurídica *lato sensu*, enquanto a comunidade constituída apenas pelos operadores do direito, denominamos de comunidade discursiva jurídica *stricto sensu*.

O discurso jurídico pode ser entendido como uma complexidade de discursos que, embora tenham intersecções, têm especificidades que os individualizam. Esse discurso se caracteriza, entre outros aspectos, porque se dirige a um público seleto. Ainda que os processos jurídicos,[1] na sua maioria, sejam públicos, ou seja, qualquer pessoa que desejar pode ter acesso a eles, geralmente esse acesso se torna restrito pela forma como os produtores desses textos utilizam a linguagem. Na verdade, o discurso jurídico se dirige a poucos sujeitos.

Por terem como enunciadores juízes, promotores e advogados, aqui denominados operadores do direito, os textos jurídicos têm uma força enunciativa que deve ser considerada, visto que têm o poder de alterar o

---

[1] Em sentido amplo, significa o conjunto de princípios e regras jurídicas. Em conceito estrito, exprime o conjunto de atos que se indicam necessários, para que se investigue, e, afinal, para que se esclareça a pendência (SILVA, 1980, p. 1227).

rumo da vida das pessoas nele envolvidas. Os advogados são enunciadores contratados pelas partes,[2] a fim de representá-las em um mundo fictício, para o qual são necessárias habilidades específicas. Esses enunciadores são os representantes do Estado encarregados de solucionar os problemas a eles levados através de textos, que possuem características especificadas/ determinadas pela comunidade da qual os enunciadores fazem parte.

Com base nessas considerações, a análise empreendida teve como ponto de partida o gênero jurídico acórdão, que é um tipo de sentença e, como toda sentença jurídica, segue a ordem legal: relatório, fundamentação e dispositivo além de estar sujeito aos requisitos formais, determinados por lei. Esse gênero serviu também de suporte para as investigações acerca da comunidade discursiva jurídica, visto ser uma peça decisiva dentro de um processo jurídico (CATUNDA, 2004). Esse tipo de documento é resultado de uma apelação, requerida por um dos lados envolvidos num processo, que por sua vez se viu prejudicado pela decisão do juiz. Já o termo acórdão é oriundo da substantivação do verbo acordar, que na linguagem jurídica significa resolução ou decisão tomada coletivamente.

As origens do Direito no Brasil

Neste momento da pesquisa, fazemos revisão da literatura voltada para algumas informações que, a nosso ver, irão contribuir para que se compreendam as características da comunidade analisada, através de uma revisão da história do direito no Brasil. Esta revisão da literatura trata principalmente da evolução do Direito no que tange o surgimento de órgãos que são responsáveis direta ou indiretamente pela comunidade discursiva jurídica, como é o caso da OAB, por exemplo. Não trataremos da abordagem teórico-metodológica de John M. Swales sobre comunidade discursiva, visto que ela já foi amplamente discursiva no capítulo 1 deste livro.

Nos debates da Assembleia Constituinte de 1823, logo após a proclamação da Independência e num momento de definição do Estado nacional, iniciaram-se as discussões sobre a instalação de cursos jurídicos no Brasil. José Feliciano Fernandes Pinheiro, futuro Visconde de São Leopoldo, apresentou na sessão de 14 de junho de 1823 a indicação pioneira de instalação de uma universidade no Império do Brasil. Na sessão de 19 de agosto de 1823, a indicação se transformava no primeiro projeto de lei que fundava e organizava uma universidade no Brasil.

---

[2] Termo referente a toda pessoa que participa de um processo. Pode ser a parte que provocou o processo ou a parte que se defende. Cada uma das pessoas que se opõem num litígio (SILVA, 1980, p. 1123).

A criação dos cursos jurídicos, uma exigência do povo brasileiro em face da independência nacional, era uma decorrência inevitável da militância liberal. Em 1825, o Imperador instituiria, por decreto de 9 de janeiro, um curso jurídico na cidade do Rio de Janeiro, regido pelos estatutos elaborados por Luís José de Carvalho e Melo, Visconde da Cachoeira. Esse curso, entretanto, não chegou a ser inaugurado.

A questão foi retomada pelo Parlamento em 1826. Um projeto de nove artigos, assinado por José Cardoso Pereira de Melo, Januário da Cunha Barbosa e Antônio Ferreira França, que receberia várias emendas, transformou-se na Lei de 11 de agosto de 1827. Era o encerramento de uma luta em favor da ideia semeada pelo Visconde de São Leopoldo, sob a forma de universidade, na Constituinte de 1823. O Curso de Ciências Jurídicas e Sociais da Academia de São Paulo, que começou a funcionar em 1º de março de 1828 e o Curso de Ciências Jurídicas e Sociais de Olinda, inaugurado em 15 de maio de 1828, representaram marcos referenciais da nossa história, cujo propósito era a formação da elite administrativa brasileira.

Outro marco para o direito no Brasil foi a fundação, em 1843, do Instituto dos Advogados, que, ao lado do Instituto Histórico e Geográfico Brasileiro, fundado em 1838, participou de forma incisiva da construção da identidade nacional e viria depois a assentar em bases mais sólidas a atuação desses bacharéis. A iniciativa da fundação do Instituto dos Advogados foi inspirada pelas entidades congêneres existentes na França e em Portugal e tinha por finalidade reunir os "cultores" e "agitadores" do direito, que viriam constituir a Ordem dos Advogados, regularizar o serviço de administração da justiça e completar a organização do Poder Judiciário. A maioria de seus fundadores era composta de graduados das primeiras turmas dos cursos de Olinda e de São Paulo. Além da advocacia, alguns serviam à magistratura, atuavam no Legislativo, no Executivo em Ministérios ou no Conselho de Estado. Quase todos os integrantes eram membros do Instituto Histórico e Geográfico Brasileiro.

O IAB, de certa forma, conseguiu atingir o objetivo de auxiliar o governo na organização legislativa e judiciária do País, colocando-se como órgão de estudos e debates de questões legislativas e de jurisprudência. Sua atuação na vida nacional caminhou em estreita convergência com o processo de construção do Estado brasileiro. Tanto que a própria Constituição de 1891, o alicerce da 1ª República, fora amparada pelos estudos oferecidos pelo IAB, que, revisados por Rui Barbosa, transformaram-se no anteprojeto submetido e aprovado pela Assembleia Constituinte. Nesse contexto e em sintonia com as aspirações de renovação e modernização do País, deu-se a criação da Ordem dos Advogados do Brasil, tendo como personagem central a figura do então procurador-geral do Distrito Federal, André de Faria Pereira.

A instituição da Ordem dos Advogados do Brasil ocorreu, então, quase um século após a fundação do Instituto dos Advogados, por força do art. 17 do Decreto nº 19.408, de 18 de novembro de 1930, assinado por Getúlio Vargas, chefe do Governo Provisório, e referendado pelo ministro da Justiça Osvaldo Aranha. Sob a condução de Levi Carneiro e Attílio Vivácqua, que foram sucessivamente reeleitos e permaneceram à frente do Conselho Federal por três mandatos consecutivos, a Ordem dos Advogados foi consolidada. Suas ações concentraram-se, principalmente, nas tarefas de organização da instituição, como solução de problemas de interpretação do Estatuto, ordenamento das seções estaduais e elaboração do Código de Ética.

Tanto a fundação dos primeiros cursos de Direito quanto a implantação do Instituto dos Advogados, que culminou com a consolidação da Ordem dos Advogados do Brasil, foram fatos responsáveis pelo início da formação de uma comunidade jurídica no País. Até então, o Brasil permanecia, de certa forma, subordinado à corte portuguesa, principalmente no que diz respeito aos preceitos jurídicos portugueses. Portanto, esse momento histórico foi definitivo para a formação dessa comunidade. A partir desses fatos a comunidade discursiva jurídica, aqui devidamente delimitada e restrita aos operadores do direito, começou a se delinear, pois tais fatos apontam diretamente para o critério swalesiano, que versa sobre a canalização da inovação e sistema de crenças.

A comunidade discursiva jurídica

Como os seis critérios swalesianos foram amplamente discutidos no capítulo introdutório, faremos na sequência, a aplicação de cada um deles, adequando-os à realidade dos operadores do direito,[3] a fim de caracterizá-los como uma comunidade discursiva.

Os objetivos públicos e os propósitos da comunidade discursiva jurídica

Neste ponto da pesquisa, pretendemos demonstrar que os operadores do Direito compartilham de objetivos públicos comuns. Porém, torna-se impossível fazer uma abordagem sobre a comunidade jurídica sem antes tratarmos do termo "Direito[4]", que permeia todas as ações da comunidade

---

[3] São considerados operadores do direito: advogados, promotores, procuradores, juízes, desembargadores e ministros do Supremo.

[4] Direito. Em seu sentido objetivo, propriamente derivado do *directum* latino, o direito, a que se diz *norma agendi*, apresenta-se como um complexo orgânico, cujo conteúdo é constituído pela soma de preceitos, regras e leis, com as respectivas sanções, que regem as relações do homem vivendo em sociedade (SILVA, 1980, p. 529).

em estudo. Segundo Petri (2000, p. 56), a palavra direito abriga uma multiplicidade de sentidos, que tem suas raízes na importância que esse termo, assim como liberdade e justiça desempenham na vida da humanidade. Pode ser definida como um conjunto sistemático de regras ou leis, que permitem a prática de certos atos e proíbem outros, pois delimitam o comportamento dos homens, regulam o uso da força nas relações sociais e punem as condutas indesejadas, de acordo com a ordem que se quer mantida. O direito tem a sua origem na autoridade estatal. Essa amplitude do termo "direito" vai se refletir na constituição da comunidade discursiva jurídica.

Um dos principais objetivos dessa comunidade decorre do próprio sentido do termo "direito", que é ser conforme a norma jurídica, quer dizer, ser conforme as leis, que são elaboradas pública e explicitamente. Na verdade, esse objetivo está intimamente ligado ao principal propósito do direito, que é a coação social, visto que, através dessa coação, ele utiliza a sociedade para fazer respeitar os deveres jurídicos, que ela mesma instituiu, a fim de manter a harmonia dos interesses gerais e implantar a ordem jurídica.

Dentro da organização da sociedade, o Estado, através dos operadores do Direito, faz valer o que está estabelecido como verdades absolutas: as leis. A tríade processual, segundo Mossin (1996, p.193), deixa claro o papel do Estado, não só perante uma lide, mas perante a organização da sociedade. O autor esquematiza essa relação no Quadro 1, a seguir.

QUADRO 1
Identificação das partes

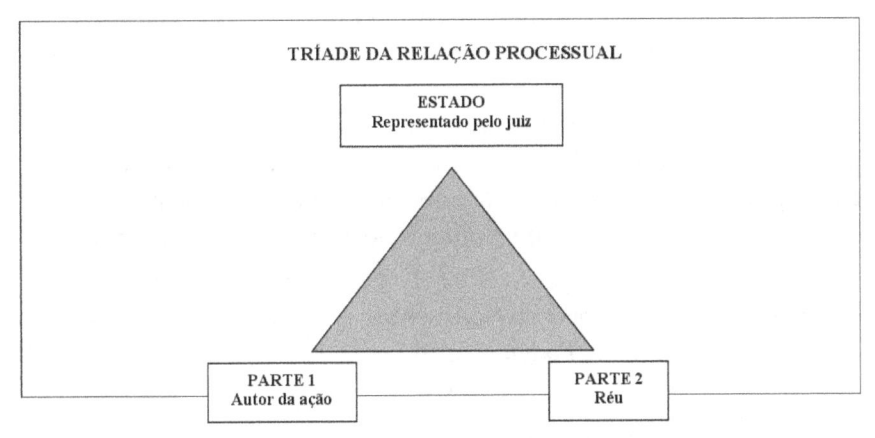

TRÍADE DA RELAÇÃO PROCESSUAL

ESTADO
Representado pelo juiz

PARTE 1
Autor da ação

PARTE 2
Réu

Fonte: MOSSIN (1996, p. 193).

Diante de tais objetivos, pode-se afirmar que o Direito desempenha função social e que, através dos operadores do Direito, temos, então, representados numa relação processual, tanto o Estado[5] quanto as partes (geralmente duas) envolvidas numa lide. Essa relação processual (Quadro 1) caracteriza-se por dois aspectos: a generalidade e a alteridade. Estes dois aspectos têm como base dois dos princípios do direito: o princípio da coercividade e o do contraditório. O primeiro diz que não é facultativo cumprir ou não a lei, é obrigação, enquanto o segundo exige que, em qualquer processo, sejam ouvidas as duas partes em confronto.

Decorre desse fato que generalidade não deve ser confundida com neutralidade, visto que o estado não pode ser neutro, e sim deve cuidar para manter a isonomia processual, isto é, cuidar para que haja igualdade entre as partes, considerando que todos são iguais perante a lei, partindo sempre do conjunto de princípios fundamentais do Direito, que é feito para uma comunidade e atinge a todos indistintamente. Já a alteridade, reforça a questão de que todo mundo vive no mundo do Direito e que o direito de um indivíduo acaba quando começa o do outro. Sendo assim, é papel do Direito delimitar o direito de um em relação ao outro.

Os mecanismos de intercomunicação da comunidade discursiva jurídica

O segundo critério swalesiano, diz respeito à existência de mecanismos de intercomunicação entre os membros de uma comunidade. Tais mecanismos devem prover o incremento de informações e/ou *feedback*; devem canalizar a inovação; devem manter o sistema de crença e os valores da comunidade, e devem aumentar o seu espaço profissional. Para tanto, levamos em consideração o argumento de Swales (1990) de que não é necessário que haja contato entre os participantes de uma determinada comunidade discursiva, mas se houver uma base que interage com cada participante, isso já é suficiente para identificar esse grupo como uma comunidade discursiva. Sendo assim, fica claro que o autor não considera necessário haver comunicação direta entre os participantes de uma comunidade. Partindo desse argumento do autor, procedemos à identificação de alguns mecanismos de comunicação da comunidade em estudo.

Os operadores do Direito contam com diversos mecanismos de intercomunicação, que promovem o incremento e a canalização das informações para todos os membros. Podemos citar como exemplo, as audiências,[6] as

---

[5] Organização jurídica destinada a realizar os fins da sociedade nacional (PETRI, 2001, p. 20)

[6] De acordo com SILVA (1980), várias serão as designações dadas às audiências, por exemplo, na linguagem do Direito Processual, audiência é sessão ou o momento em que o magistrado atende ou ouve as partes e profere decisões acerca das questões.

inúmeras páginas na internet que se prestam a atualizar os membros através da divulgação de notícias da área, da oferta de cursos, da publicação de artigos científicos e de periódicos eletrônicos, da manutenção de glossários, da publicação de sentenças, do serviço de consultas, da oferta de modelos de textos jurídicos e uma infinidade de recursos que ajudam o operador a se manter atualizado.

Além das páginas na internet, essa comunidade conta com outros mecanismos como jornais e revistas especializadas, como é o caso da *Revista do Tribunal Regional do Trabalho – 7ª Região*, e o *Diário Oficial*. Este é responsável pela publicação de todas as decisões jurídicas. É de fundamental importância para essa comunidade, porque é através dele que um dos princípios do Direito, o da publicidade, se materializa. No Brasil, cada estado mantém sua publicação individual do Diário Oficial.

Os mecanismos de participação utilizados pela comunidade discursiva jurídica

Com relação aos mecanismos de participação para uma série de propósitos, podemos destacar: o curso de graduação em Direito, o exame da Ordem dos Advogados do Brasil e os concursos públicos para juízes e promotores. O curso de graduação em Direito é o primeiro mecanismo de participação da comunidade discursiva jurídica. Através dele o indivíduo torna-se advogado/bacharel em Direito, quer dizer, adquire uma série de conhecimentos necessários para lidar com essa ciência. Porém, para poder advogar, o indivíduo tem que se submeter ao exame da Ordem dos Advogados. Caso seja aprovado, a Ordem lhe confere o direito de advogar; caso contrário, ele não poderá advogar enquanto não for aprovado no exame. Um bacharel em Direito pode exercer a função de advogado, promotor, juiz, desembargador, procurador e ministro. Para exercer as demais funções, ele tem de se submeter a concursos públicos. Portanto, é função do estado selecionar os indivíduos que serão revestidos de autoridade para manter a ordem, e mais do que isso, o representar perante a sociedade.

O exame da Ordem tem como função principal cuidar do perfil dos profissionais que são colocados no mercado de trabalho. Tanto é que, uma vez reprovado no exame, o bacharel em Direito não pode advogar, pois, além do nível de qualificação dos recém-graduados, o exame da Ordem avalia indiretamente a qualidade dos cursos de graduação em Direito. É também papel da OAB autorizar o funcionamento de novos cursos de direito em todo o País, proibindo, caso entenda que a demanda está acima da média e liberando, caso perceba que há condições do mercado de trabalho de absorver os futuros profissionais da área. Atuando assim, a OAB faz um trabalho não só de preservação do espaço profissional de seus membros, mas também visa aumentá-lo, quando evita a abertura de novos cursos de graduação. Como se pode perceber, a comunidade discursiva jurídica dispõe, através da OAB, de um instrumento que não é só responsável pela canalização da inovação, mas que também cuida da qualidade dessa informação.

Os sistemas de crenças e de valores da comunidade discursiva jurídica são observados também de perto tanto pela OAB quanto pelo Estado, através dos Poderes Legislativo e Judiciário. Pela OAB porque essa instituição trata de perto de tudo o que diz respeito aos membros da comunidade. Por exemplo, a instituição estipula numa tabela os valores a ser cobrados pelos serviços dos membros, que deve servir de parâmetro. Com isso, a instituição tenta promover uma equiparação de preços e evita que haja uma concorrência entre os seus membros. Quanto à participação do Estado, percebe-se como os operadores do direito são os indivíduos que fazem o papel do Estado perante a sociedade numa determinada situação, onde há reclamação de direito, os dois poderes cuidam, através das normas, para que não haja inversão de valores.

O USO DE UMA SELEÇÃO CRESCENTE DE GÊNEROS PELA COMUNIDADE DISCURSIVA JURÍDICA

O quarto critério trata da seleção crescente de gêneros utilizados no alcance de objetivos e na prática de seus mecanismos participativos, e esse critério aplicado à comunidade discursiva jurídica é um dos que mais se adequa a essa comunidade. Podemos citar como uma seleção crescente de gêneros próprios dessa comunidade, as peças de um processo (Quadro 2), seja penal, seja civil. A organização das peças, ou usando os termos jurídicos, dos autos, obedecem a uma ordem hierárquica no que diz respeito às pessoas que são envolvidas na sua elaboração.

Essas peças ou autos são sempre textos escritos referentes a cada um dos rituais/etapas do processo. É importante ressaltar que esse aspecto é decorrente de uma máxima do direito que, diz: *o que não está escrito não existe no mundo do direito*. Na verdade, é uma característica do direito brasileiro transformar todos os rituais/eventos jurídicos em peças escritas, visto que no Brasil ainda não servem de prova depoimentos orais. As peças também obedecem a uma ordem cronológica, visto que cada uma é resultado de um evento jurídico que a antecede. O conjunto dessas peças forma um processo, que é identificado por um número atribuído pelo órgão jurídico responsável.

Existe também uma ordem hierárquica das peças constituintes de um processo. Um processo penal, por exemplo, tem início com uma *petição inicial*, que é geralmente seguida de uma *contestação*. A *contestação*, por sua vez, é seguida por *despachos* que são seguidos de *documentos comprobatórios*. Na sequência tem-se uma *sentença* de primeira instância ou monocrática, isto é, uma sentença que é proferida apenas por um juiz. O processo pode ser finalizado nessa etapa caso não haja nenhuma apresentação de recurso. Isso acontece quando a parte foi desfavorecida com a primeira sentença, pede para que haja um novo julgamento. Quando isso ocorre, a sentença seguinte não é mais monocrática, e sim colegiada. Uma câmara formada de desembargadores será responsável pelo novo julgamento e o processo então pode ser finalizado com um acórdão, que é a peça/autorresultado da decisão colegiada. Até a sentença, os eventos acontecem na primeira instância, passando depois para a segunda instância, que corresponde a outro patamar (CARRASQUEIRA, 2001, p. 73). Dentro dessa organização percebe-se que a seleção crescente de gêneros obedece rigorosamente aos objetivos que se propõem e seguem a hierarquia da comunidade.

Essa hierarquia da comunidade discursiva jurídica está atrelada não só à questão do saber específico propriamente dito, mas à questão da autoridade. Em outras palavras, o membro da comunidade deve estar revestido do "poder dizer". Deve estar revestido de autoridade para proferir seu discurso que é acatado como verdade, juridicamente estabelecida. A noção de patamar em Carrasqueira (2001) traz essa conotação de hierarquia, quando sobrepõe um sobre aos outros.

Outro aspecto relevante dos gêneros utilizados pelos operadores do direito diz respeito à padronização. Isto é, os gêneros jurídicos refletem a formalização que circunda a comunidade discursiva jurídica. Daí a constatação de que todos os gêneros jurídicos, sem exceção, são previstos pelos códigos que os regulamentam e que, de certa forma, inibe a criatividade, pois o enunciador deve-se cingir à legislação vigente no País. Por ter sua estrutura definida por lei, esses gêneros apresentam, em geral, um aspecto formulaico.[7] Esse aspecto também reforça o alto grau de formalismo da comunidade, que parte do princípio de que todo e qualquer texto jurídico, seja oral, seja escrito, deve seguir os parâmetros estabelecidos pela comunidade a fim de proporcionar uma melhor circulação entre os seus membros.

---

[7] O termo formulaico é utilizado por MARCUSCHI (2000, p. 37) para se referir a gêneros que possuem uma estrutura retórica preestabelecida, onde quase não há espaço para o estilo do autor, como os gêneros jurídicos, por exemplo.

QUADRO 2
O gênero e seu produtor/autor

Gênero textual	Produtor do texto
Denúncia	Promotor de justiça
Citação	Juiz e oficial de justiça
Termo de interrogatório	Juiz
Defesa prévia	Advogado
Gênero textual	**Produtor do texto**
Audiência de testemunhas de acusação	Juiz
Audiência de testemunhas de defesa	Juiz
Alegações finais	Promotor de justiça e advogados
Sentença	Juiz
Recurso	Promotor de justiça e advogados
Relato	Procurador de justiça
Acórdão	Desembargadores

O Quadro 2, de nossa autoria, foi desenvolvido tendo como base o quadro sinótico apresentado por Romualdo (2002, p. 66), para que, de uma certa forma, essa hierarquização dos procedimentos jurídicos pudessem ser visualizados, e a vinculação gênero/produtor fosse compreendida dentro das perspectivas teóricas assumidas por esta pesquisa. Há, como se pode observar, uma estreita relação entre autoria e autoridade. Os autores dos gêneros vão se alternando, mas a cada mudança de instância ou patamar, observa-se que o gênero que dá inicio à instância seguinte é sempre de autoria de algum operador do direito, que hierarquicamente em termos de poder jurídico pertence a um patamar inferior.

De acordo com Romualdo (2002, p. 65), o quadro sinótico do processo permite visualizar a estrutura sequencial característica dos processos em geral. Para a nossa pesquisa, a utilização desse quadro vai mais além, permitindo-nos demonstrar as diferentes instâncias contempladas e, especificamente, localizar a instância na qual se encontra o acórdão.

Cada instância observada seria o que Carrrasqueira (2001, p. 73) definiu como patamar. Sendo assim, temos como primeiro patamar, a instância extra-judicial,[8] que vai desde o inquérito policial até o relatório. O segundo patamar vai da denúncia até a sentença de pronúncia e corresponde à primeira instância judicial, e o terceiro vai do recurso ao acórdão, correspondendo, portanto, à segunda instância.

---

[8] É um procedimento administrativo de competência do delegado de polícia.

A TERMINOLOGIA ESPECÍFICA DA COMUNIDADE DISCURSIVA JURÍDICA

O quinto critério estabelecido por Swales (1990) versa sobre a terminologia já adquirida, ou ainda em formação, e diz respeito à especialização lexical existente dentro de uma comunidade discursiva. A comunidade em tela é pródiga neste aspecto. Segundo a OAB-CE, existem cerca de 13.000 (treze mil) termos jurídicos em português, e cerca de 2.500 (dois mil e quinhentos) termos em latim, que são, amplamente, utilizados pelos operadores do direito.

Essa estatística reforça um dos objetivos do direito, que visa, através da precisão das palavras, atingir a clareza das ideias. Isto é, todo e qualquer sistema jurídico, para atingir plenamente seus fins, deve cuidar do valor nocional do seu vocabulário técnico e estabelecer relações semântico-sintáticas harmônicas e seguras na organização do pensamento.

Pesquisadores que se propuseram a investigar a linguagem jurídica (BEZERRA, 1998; CORNU, 2000; DAMIÃO, 2000; BITTAR, 2001) afirmam que o fato de a legalidade dos textos jurídicos ser diretamente condicionada à escrita faz com que a formalidade ganhe espaço e, de certa maneira, mantenha a hierarquização da comunidade e afaste a linguagem jurídica da linguagem ordinária.

O léxico jurídico possui algumas particularidades que refletem a formalidade do sistema judiciário. Um sintoma disso é a existência de um grande número de dicionários jurídicos. Para dar conta de sua terminologia específica, os operadores do direito no Brasil contam com um bom número de termos tanto em português como em latim. Observa-se também que o número de verbetes é composto de arcaísmos[9] que sobrevivem com sentido alterado no seu uso atual. A linguagem jurídica, de acentuado caráter conservador, agasalha vários elementos arcaicos, por exemplo: *Lídimo, pertenças, peitar, avença, usança, defeso, etc.* (DAMIÃO, 2000, p. 60).

Além desse aspecto, os brocardos[10] fazem com que o uso de termos em latim seja corrente, o que, de certa forma, reforça o caráter formal da linguagem jurídica, mas que, segundo Damião (2000, p. 59), é o estilo do operador que justifica o uso desses recursos. Como o acórdão é produzido pelo que se pode considerar a elite dos operadores do direito, podemos observar a presença de alguns termos em latim e de alguns brocardos no *corpus* da pesquisa. Os exemplos de (01) a (06) ilustram o uso desses recursos:

---

[9] Palavras e expressões que caem em desuso, saem de circulação (DAMIÃO, 2000, p. 58).

[10] Denominação dada aos adágios ou aforismos jurídicos; axioma ou provérbio em latim (SILVA, 1980, p. 266).

(01) A apelação visa que sejam julgados procedentes os embargos, *in totum*, portanto, ao ser reconhecida a ilegitimidade de algumas parcelas do *quantum* exigido pela execução...(ACTJC08).

(02) Em antigo acórdão o STF já assentava: "Código Civil, art. 1.525. Cód. Proc. Pen., art. 66. *Actio civilis ex delicto*..." (ACTJC09).

(03) ...de modo a não fugir do compromisso devido ao princípio contido na cláusula *pacta sunt servanda*, isto é, os pactos devem ser observados.(ACTJC10)

(04) ...examinar a existência ou inexistência do *fumus boni juris* e do *periculum in mora*. O magistrado até chegou a reconhecer estar presente o *fumus boni juris*, mas faltou o requisito do *periculum in mora*, do dano irreparável provocado aos apelantes. (ACTJC12)

(05) Repousa nos autos, a contestação do litisconsorte, operador de rede de telefonia da agravante, o qual através de farta documentação, defende a decisão *a quo*, alegando que contava com mais de 23 (vinte e três) anos de empresa, além de ter problema de surdez e cardiopatia grave, reforçando, assim, a tese da estabilidade acidentária. (ACTRT16)

(06) Inconformado com a *decisio*, dela o Reclamante interpôs Recurso Ordinário, às fls. 47/53, postulando a sua reforma, para o fim de que seja julgada procedente a Reclamação, nos termos do pedido inicial. (ACTRT19)

Segundo Cornu (2000), o uso desse tipo de recurso demonstra *status*, por parte dos operadores do direito e, na maioria das vezes, evidencia a hierarquização da comunidade, pois, há uma crença dentro da comunidade discursiva jurídica, que diz que quanto mais o operador do direito usar termos em latim, brocardos e arcaísmos, mais domínio dessa ciência ele detém. Por isso o índice de frequência de uso de brocardos e termos latinos, por parte dos produtores do acórdão, é significativo. Na verdade, em quase todos os acórdãos verificamos a presença desses recursos.

A ESTRUTURA HIERÁRQUICA DA COMUNIDADE DISCURSIVA JURÍDICA

O sexto e último critério trata da estrutura hierárquica da comunidade discursiva. Esse critério, quando aplicado à comunidade discursiva jurídica, não oferece dificuldades para que seja feita a identificação dos membros observando a posição que cada um assume dentro da comunidade. Constituída por advogados, delegados, promotores, juízes, desembargadores e ministros, essa comunidade caracteriza-se pelo alto padrão de organização e hierarquização imposto pela instituição do Direito.

A organização da comunidade em estudo consiste no regime legal de constituição do Poder Judiciário. Define-se como regime legal o conjunto de normas que constituem e atribuem competência aos órgãos do Poder Judiciário. O Poder Judiciário é dimensionado em dois aparelhos: o Federal e o Estadual; cada Estado-membro tem competência para legislar sobre sua organização judiciária (cf. art. 125, CF).

A organização judiciária compreende (art. 6º, Lei 5.621/70):

1. Constituição, estrutura, atribuições e competência dos Tribunais, bem como dos seus órgãos de direção e fiscalização

2. Constituição, classificação, atribuições e competência dos Juízes e Varas

3. Organização e disciplina da carreira dos magistrados

4. Organização, classificação, disciplina e atribuições dos serviços auxiliares da justiça, inclusive tabelionatos e ofícios de registros públicos.

O referido artigo ajuda a demonstrar quão institucionalizada é a comunidade em estudo. Todas as suas ações obedecem a padrões preestabelecidos pelos Códigos.

A comunidade discursiva específica do acórdão

Uma das marcas do gênero é a sua relação com uma comunidade discursiva. Sendo assim, podemos supor que não existem gêneros universais, no sentido geográfico do termo, visto que as comunidades discursivas são permeadas de signos, e estes são objetos ideológicos, portanto as comunidades são ideológicas. O gênero jurídico acórdão vincula-se à constituição de uma comunidade discursiva própria, o que lhe garante o estatuto de gênero textual. Uma das características dessa comunidade é ser constituída por enunciadores pertencentes às classes que detêm o poder.

A segunda instância, que a nosso ver constitui uma comunidade discursiva em que se dá o acórdão, diferencia-se de qualquer outra dentro do âmbito jurídico, visto que nela a questão deixa de ser entre cidadãos, ou entre cidadão e Estado (na medida em que se questiona a decisão de um juiz, que é a voz do Estado), e passa a ser entre vozes do Estado. Esse fato diz respeito à natureza genérica do acórdão, que se coloca na sequência responsiva provocada por um recurso, que responde a uma sentença.

Quanto ao papel dos enunciadores do acórdão, há que ressaltar o papel do relator, que é o principal enunciador. A função de relator é temporária e cambiável, visto que, a cada processo/recurso, um dos desembargadores, componente de uma turma de julgamento, assume essa função. Sendo assim, o nome do relator consta no acórdão, e a sua voz é a voz da instituição a que pertence, ou seja, sua voz e instituição passam a ser uma só coisa. Tanto é assim que quando um acórdão se torna objeto da jurisprudência,[11] não se pensa no indivíduo que o escreveu, e sim na instituição de que deriva.

Como se pode ver, a comunidade discursiva jurídica do acórdão é constituída de membros que detêm o mesmo saber e estão revestidos da mesma autoridade, mas que não conseguem se constituir em um único enunciador. Um exemplo disso é a cisão enunciativa quando há voto vencido, em que os três desembargadores não conseguem se constituir em um único enunciador.

Para concluir, buscamos realizar uma descrição da comunidade discursiva jurídica, destacando alguns aspectos que contribuem para a compreensão do gênero jurídico acórdão como um comportamento verbal típico dos operadores do direito, e mais especificamente, dos componentes da segunda instância, os desembargadores.

A comunidade discursiva jurídica, constituída somente pelos operadores do direito, pode ser considerada uma comunidade discursiva de fato, segundo os critérios de Swales (1992), mas se levarmos em conta que a produção dos gêneros jurídicos incide diretamente na vida não só dos operadores do direito, mas de muitos indivíduos ou de todos os indivíduos de uma sociedade, que seria o que denominamos de comunidade jurídica *lato sensu,* não se pode considerá-la como tal.

Temos então uma comunidade complexa, segundo a terminologia de Bonini (2002), visto que, nesse caso, a adoção dos critérios de Swales (1992) só não oferece problemas se elegermos como comunidade discursiva jurídica somente os operadores do direito, deixando de fora todo e qualquer indivíduo a quem os efeitos dos gêneros jurídicos possam vir afetar.

Com relação aos conceitos de gênero textual e comunidade discursiva aplicados aos gêneros jurídicos e à comunidade discursiva jurídica, pudemos observar que eles são muito próximos um do outro e que comungam de critérios semelhantes, principalmente, quando aplicados à comunidade discursiva jurídica que aqui tratamos como comunidade discursiva jurídica *stricto sensu.*

---

[11] Entende-se a jurisprudência como sábia interpretação e aplicação das leis a todos os casos concretos que se submetem ao julgamento da justiça. Não se forma isoladamente, isto é, pelas decisões isoladas. É necessário que se firme por sucessivas e uniformes decisões, constituindo-se em fonte criadora de direito e produzindo um verdadeiro *jus novum* (cf. SILVA, 1980, p. 902).

A comunidade discursiva virtual: Sociedade Senhor dos Anéis

Carla Rafaela Gaede-Sakata

O contexto de produção e do objeto de estudo

Os estudos de Swales, incluindo seus conceitos de gênero e comunidade discursiva, inicialmente foram notadamente voltados para o estudo de gêneros textuais em contextos acadêmicos e profissionais, como visto no capítulo 1 deste livro. Porém, mais recentemente, eles têm sido aplicados também a gêneros pertencentes a outras esferas comunicativas (cf. Bakhtin [1953] 1997).

Neste capítulo, procuramos demonstrar como o conceito e os critérios de comunidade discursiva reformulados por Swales (1992, cf. cap. 2 deste livro) foram utilizados para analisar uma comunidade discursiva virtual chamada Sociedade Senhor dos Anéis (doravante apenas Sociedade), cujo objetivo principal é tratar da obra de J. R. R. Tolkien. Essa comunidade surgiu no meio virtual e utiliza-se principalmente de um fórum de discussão e de uma sala de bate-papo como mecanismos de intercomunicação. A análise foi desenvolvida com o objetivo de verificar se o avanço da tecnologia e da comunicação mediada por computador tornam possível o surgimento de comunidades discursivas não locais, consideradas aquelas em que os membros não têm um contato direto e frequente entre si, ou nem mesmo têm algum contato face a face, mas utilizam-se de outros meios para se comunicar.

Para conhecer a comunidade escolhida e verificar se se tratava realmente de uma comunidade discursiva, inicialmente frequentei algumas vezes a sala de bate-papo que os membros da Sociedade utilizavam. Posteriormente, entrei em contato com um dos moderadores do grupo para solicitar o cadastro na lista de discussão da Sociedade. Para fazer o cadastro, foi necessário informar o nome, o *e-mail* e o *nickname* (apelido)[1] que deveria ser usado dentro da Sociedade. Após o cadastro, passei a receber regularmente todas as mensagens enviadas à lista de discussão do grupo e a participar das interações na sala de bate-papo, como membro do grupo, o que me permitiu perceber que a Sociedade realmente tinha convenções de gênero próprias e preenchia todos os requisitos de constituição de uma comunidade discursiva segundo Swales (1992), apesar de não se tratar de uma comunidade acadêmica ou profissional.

Para que pudesse compreender melhor a Sociedade, seu léxico específico, suas discussões sobre temas relacionados à obra de Tolkien etc., tive de ler a trilogia *O senhor dos anéis*, que é a obra mais importante do autor, além de outros três livros, que completam a história: *O hobbit* e *O silmarillion*.

Feitas essas considerações, apresentamos primeiro um resumo da obra de Tolkien, para contextualizar exemplos; em seguida, a descrição do funcionamento da Sociedade; finalmente, a análise dos critérios de definição de comunidades discursivas aplicados à comunidade virtual Sociedade Senhor dos Anéis.

A obra de Tolkien

John Ronald Reuel Tolkien nasceu em 3 de janeiro de 1892 e fez uma ilustre carreira acadêmica como professor de filologia da Universidade de Leeds. Porém, tornou-se mais conhecido por sua obra de ficção, representada principalmente por *O hobbit*, *O senhor dos anéis*, *O silmarillion* e *Contos inacabados*.

O primeiro de seus livros, *O hobbit*, é uma história para crianças, escrita para seu filho Christopher. Conta a aventura de Bilbo Bolseiro (no original, Bilbo Baggins), um *hobbit*, espécie de humanoide de baixa estatura e pés peludos, que foi recrutado por um grupo de anões para participar do roubo do tesouro de Smaug, o dragão que vinha aterrorizando os habitantes da região e saqueando seus pertences.

Posteriormente escreveu *O senhor dos anéis*, que, por critérios editoriais, foi publicado em três volumes. Embora relacionado ao livro anterior – o personagem principal, Frodo Bolseiro, é sobrinho e herdeiro de Bilbo Bolseiro –, *O senhor dos anéis* é um livro mais tenso, direcionado a adolescentes e adultos, cuja história gira em torno da Guerra do Anel, na qual diversos povos (homens, elfos, anões, *hobbits* e outros) travam uma luta contra o Senhor do Escuro, Sauron, que tenta dominar toda a Terra Média.

---

[1] Sobre a importância da escolha do *nickname* em uma pesquisa de caráter etnográfico, remeto o leitor para o capítulo 11 (ARAÚJO, J.) deste livro.

A terceira obra, *O silmarillion*, foi publicada após a morte de seu autor. Tolkien nunca teve a intenção de publicá-lo, pois considerava-o inacabado, embora tivesse trabalhado nele por quase toda sua vida. Trata-se, na verdade, de uma coletânea de textos, organizada por seu filho Christopher. Nas palavras dele,

> Quando da morte de meu pai, coube-me tentar organizar a obra de forma publicável. Tornou-se claro para mim que a tentativa de apresentar, num único volume, a diversidade de materiais – revelar *O silmarillion* de fato como uma criação contínua e em evolução, que se estendeu por mais de cinquenta anos – levaria na realidade apenas à confusão e ao obscurecimento daquilo que é essencial. Propus-me, por isso, elaborar um texto único, selecionando e organizando trechos de tal modo que me parecessem produzir a narrativa mais coerente e de maior consistência interna. (*O silmarillion*, prefácio)

O silmarillion relata a história do mundo antigo, desde a criação de Arda (a Terra) até a época dos acontecimentos de *O senhor dos anéis*. Fala de Eru Ilúvatar, o senhor do mundo, que deu vida aos *ainur*, os espíritos superiores para auxiliá-lo na criação e na administração do mundo. Narra o surgimento dos elfos (os primogênitos de Ilúvatar, que são semelhantes ao homem, porém mais altos, mais belos e mais sábios), dos homens (os *atani*, o segundo povo), dos anões (criados por Aulë, um dos *ainur*), bem como as construções de seus reinos, a sua rivalidade e, no fim, seu trabalho em conjunto para derrotar Sauron.

As obras de Tolkien criam uma mitologia extremamente elaborada, convincente em seus detalhes, tais como a cultura e as línguas de cada povo. Interessado em filologia, Tolkien efetivamente criou línguas, como o sindarin e o quenya, que possuem até mesmo uma pequena literatura – o autor escreveu poemas e canções nas línguas que criou. Os personagens são inúmeros. No glossário de *O silmarillion*, pude contar 220 personagens, porém há ainda outros que não aparecem nessa listagem.

O último livro é *Contos inacabados*, também organizado por Christopher Tolkien. Diferentemente de *O silmarillion*, em *Contos*, os textos de Tolkien foram publicados tais como ele os deixou. Algumas histórias narram aspectos específicos que fazem parte das histórias de *O senhor dos anéis* e de *O silmarillion*. Outras, porém, como diz o nome do livro, são inacabadas, interrompendo-se no decorrer na narrativa. Há trechos que não são coerentes com as demais histórias que Tolkien ainda pretendia modificar.

Toda a complexidade da obra de Tolkien, com suas várias histórias e personagens certamente gera muitas discussões para quem a conhece. A Sociedade, portanto, além de ser uma comunidade com fins recreativos, trata de conteúdos bastante elaborados, o que lhe confere um caráter diverso de outras comunidades, que são apenas recreativas (ARAÚJO, J. C. cap. 11 deste livro), ou apenas de conteúdo (BERNARDINO; CATUNDA cap. 8 e 9 deste livro).

Descrição de uma comunidade discursiva virtual

Nesta seção, apresentamos uma descrição do funcionamento da Sociedade Senhor dos Anéis, contextualizando-a e analisando-a segundo os critérios de comunidade discursiva propostos por Swales (1992).

A CONSTITUIÇÃO DA SOCIEDADE SENHOR DOS ANÉIS

No período do início da pesquisa, em junho de 2003, a Sociedade contava com aproximadamente 250 cadastrados. Ela surgiu dia no 24 de fevereiro de 2002, por iniciativa de três amigos e, durante o mês pesquisado, já contava com membros da maioria dos estados brasileiros e com dois membros de Portugal.

Para a interação entre os membros, a Sociedade utiliza o serviço de *e-groups* oferecido pelo *site* Yahoo. Um *e-group* oferece vários serviços aos usuários, como sala de bate-papo, espaço para arquivos e fotos, banco de dados dos membros, enquete, *links* e agenda de atividades, mas o mais importante e o mais usado pelos membros é a lista de discussão, também chamada de lista eletrônica ou fórum. Trata-se da utilização de correio eletrônico adaptado para a comunicação entre muitos usuários. Em vez de endereçar a mensagem para vários destinatários, envia-se apenas ao endereço central da lista, e a mensagem é automaticamente repassada para todos os cadastrados. Essa particularidade é importante porque pode haver listas com até milhares de participantes, por isso seria impraticável para os membros endereçar cada mensagem aos demais membros. E essa tarefa seria ainda dificultada pelo fato de que há uma constante entrada e saída de novos membros, o que exigiria atualização constante da lista dos endereços (cf. McCLEARY, 1996).

Para participar da Sociedade, deve-se contatar o Conselho Aratar (grupo eleito de nove pessoas que têm por função organizar a Sociedade), informar o nome e o *nickname* (apelido), que deve, obrigatoriamente, estar relacionado à obra de Tolkien. Geralmente são escolhidos nomes de personagens, como Legolas, por exemplo. Também há membros que usam *nicknames* "impessoais", como Laurelin (árvore), Argonath (estátuas), Eriador (região), Elanor (flor) ou palavras das línguas criadas por Tolkien, como Nénmelarë, Almie ou Imhiliel. Essa opção é muito usada por membros do sexo feminino, já que, na obra de Tolkien, não há muitas mulheres. Escolhido o *nick*, o membro é cadastrado e passa a receber os e-mails do *e-group*, e já tem permissão para usar o símbolo *§* junto ao *nick* quando entrar na sala de bate-papo (por exemplo, Galadriel Lórien *§*).

Quem se cadastra no *e-group* recebe um e-mail de confirmação, que é enviado automaticamente pelo *site* que hospeda o *e-group*. No caso específico da Sociedade, quem se cadastra ainda recebe automaticamente outros três e-mails. O primeiro deles traz informações sobre a Sociedade e respostas às dúvidas mais frequentes sobre como participar e sobre problemas que podem ocorrer quando o membro entrar pela primeira vez no *site* do *e-group* (já que para entrar em *e-groups* do Yahoo, é necessário possuir uma ID – número e senha de identificação, que devem ser cadastrados no *site* e podem ser usados para participar de mais de um *e-group*).

Ainda nesse primeiro *e-mail*, constam as regras de uso da lista e do *e-group*, que dizem respeito ao "comportamento virtual" que um membro da Sociedade deve ter e dicas para o bom andamento das discussões.

No segundo *e-mail* automático fala-se da Aliança Maia, um projeto em que se pretende que os membros auxiliem na elaboração do *site* da Sociedade. Há várias áreas em que os membros podem ajudar, como tradução, *design* do *site*, busca de informações, redação de sinopses e informações sobre os filmes, as línguas criadas por Tolkien e as raças que aparecem nos livros, entre outras.

O terceiro *e-mail* expõe as regras a que o membro deve obedecer para fazer parte da Sociedade e os benefícios dessa participação. Não se deve, por exemplo, ter atitudes agressivas com outros membros da Sociedade ou com membros de outros "clãs" ligados à obra de Tolkien nem enviar à lista mensagens ofensivas, de tom agressivo ou baixo calão, do contrário o usuário ficará sujeito à expulsão do grupo.

Além da interação *on-line*, a Sociedade realiza diversos tipos de atividades *off-line*, como encontros regionais, encontros nacionais (a primeira edição aconteceu em janeiro e a segunda em julho de 2003), jogos, festas de aniversário, entre outros.

A Sociedade permite que seus membros participem de outras listas de discussão relacionadas à obra de Tolkien. Além disso, há listas diretamente ligadas à Sociedade, criadas pelos próprios membros.

Verifica-se, assim, que a Sociedade possui as características citadas por Erickson (1997), que são aquelas frequentemente atribuídas a comunidades em geral. Em primeiro lugar, há a *participação de membros*, critério primeiro, sem o qual não seria possível a existência de uma comunidade. Esses membros formam *redes de relacionamento*, em que há *comprometimento* dos membros para com a comunidade, devido aos *valores* por eles compartilhados.

Comunidades também possuem *bens coletivos*, que, no caso da Sociedade, são bens não materiais: a lista de discussão e a sala de bate-papo utilizada pelos membros da Sociedade pertencem a todos os membros. Além disso, comunidades têm uma *existência relativamente longa*, o que se confirma no caso da Sociedade, que existiu por mais de dois anos.

A comunidade discursiva Sociedade Senhor dos Anéis

Apresentamos a seguir uma análise da Sociedade Senhor dos Anéis baseada no conceito e nos critérios de comunidade discursiva de Swales (1992).

Os objetivos públicos comuns

De acordo com Swales (1990), a primeira característica que define uma comunidade discursiva é a existência de um conjunto amplamente aceito de objetivos públicos comuns entre seus membros. Tais objetivos podem estar inscritos formalmente em documentos ou subentendidos. Pode haver divergências quanto a alguns deles, por exemplo, entre dois grupos de uma comunidade discursiva, mas é necessário que ao menos haja objetivos comuns a todos eles; caso contrário, a comunidade discursiva se rompe. Os objetivos comuns orientam não só a entrada ou a permanência de um membro em uma comunidade discursiva, mas também a escolha dos gêneros que serão por ela utilizados.

Os objetivos da Sociedade podem ser observados nas suas próprias regras e nas interações entre seus participantes. No seguinte trecho do *e-mail* automático que os novos membros recebem quando se cadastram no *e-group*, consta o objetivo primário da Sociedade, que é estudar a obra de Tolkien:

> (1) O e-group ou lista de discussão da Sociedade foi criado para que sejam discutidos temas polêmicos relacionados a Tolkien, esclarecend3o dúvidas e ampliando assim o conhecimento de todos os usuários da lista. Portanto, assuntos não relacionados a Tolkien ou a Sociedade devem ser evitados. (Os usuários que insistirem em mandar mensagens off-topic serão moderados).

Deve-se lembrar que, quando um novo membro ingressa na Sociedade, ele provavelmente já faz previsões acerca dos objetivos do grupo, e essa expectativa é que orienta a sua decisão de entrar na comunidade ou não. Não há como garantir que o Conselho Aratar tenha estabelecido os objetivos da Sociedade. O mais provável é que ele tenha observado e organizado objetivos que já estavam implícitos para todo o grupo.

Além do objetivo primário, há outro que é estabelecer relações pessoais dentro do grupo. Muitas vezes esse objetivo parece superar o primeiro, como podemos inferir dos numerosos *e-mails* que não trazem nenhuma discussão sobre Tolkien, mas apenas recados pessoais e listas de beijos para os amigos. E os próprios membros percebem quando estão deixando de lado as discussões sobre Tolkien:

> (2) Só vejo o Tronco falar de Tolkien por aqui kkkkkkkkkkkkk essa nem eu guentei... anyway... Acho importante relembrar que somos um grupo sobre Senhor dos Anéis (entre outras coisas), e que continuemos com assuntos sobre (nem que pra variar um pokinhu), olhem só, a Rainha dos Offtopics falando.... *lal* Serião, rsrsrs... *Retomando o fôlego* Muito legal o fragmento que o fim mandou. Tar, ótimas perguntas (pena que não tenho idéia de como responde-las rsrsrs).

Esse objetivo de fazer amizades, porém, é visto de maneiras diferentes pelos membros, como observamos no exemplo a seguir:

> (3) Sinceramente, não to aqui para fazer amigos, eu já tenho bastante. Estou para falar com aquele q já são amigos e para me divertir.

Podemos observar ainda uma relação entre esses objetivos e a hierarquia da comunidade. Nota-se que a desobediência ao objetivo principal do grupo – discutir a obra de Tolkien – pode até levar à moderação do membro, ou seja, à exclusão do cadastro do membro no *e-group*. Quando há divergências entre os objetivos do conselho e os objetivos do membro, o conselho tem o poder de impor os seus, portanto cabe ao membro acatá-los, caso contrário será excluído do grupo.

Pode-se relacionar os objetivos do grupo também aos gêneros discursivos por ele utilizados, considerando que esses objetivos orientam os propósitos comunicativos dos gêneros.

Os mecanismos de intercomunicação

O segundo critério para o reconhecimento de uma comunidade discursiva é a existência de mecanismos de intercomunicação entre seus membros. Esse critério é fundamental para Swales na medida em que permite que os membros tenham consciência da existência da comunidade discursiva. Esse critério é plenamente preenchido pela Sociedade, já que os membros se comunicam através de vários meios tanto eletrônicos quanto não eletrônicos.

O principal mecanismo de intercomunicação utilizado pela Sociedade é a lista de discussão. Embora tenha sido criada para tratar de assuntos relacionados a Tolkien e sua obra, não podemos deixar de notar que ela é usada também para comunicação particular. É provável que muitas outras pessoas leiam recados direcionados a apenas um membro, já que os e-mails enviados à lista são automaticamente distribuídos aos demais membros.

Na comunicação particular, os membros usam vários programas na internet, como o ICQ e o MSN Messenger, a sala de bate-papo, os *e-mails* particulares, entre outros. Além disso, muitos dos membros da Sociedade também possuem *blogs*, uma espécie de diário eletrônico que pode ser visitado pela internet. O proprietário do *blog* pode postar mensagens, inserir *links* para *blogs* de amigos, incluir fotos, figuras e música, entre outros recursos. Os visitantes podem deixar comentários e recados para o proprietário, e este pode respondê-los. Os membros da Sociedade visitam frequentemente os *blogs* dos amigos.

Além de se comunicar através da internet, os membros da Sociedade se telefonam e se encontram pessoalmente, como prova o seguinte exemplo:

(4) DIA 14 ENCONTRO EM CURITA QUEM ESTIVER A FIM DE IR APAREÇA, ESSE CONVITE É ESPECIAL PRO BEREN... APARECE LA EM CURITA CARA... DIA 14 AS 14 HORAS... VALEU

Os mecanismos de participação

O terceiro critério para o reconhecimento de uma comunidade discursiva é a existência de mecanismos de participação. Como visto na seção anterior, assumo neste trabalho que os mecanismos de participação são, todos eles, também mecanismos de intercomunicação, pois não é possível haver participação sem comunicação.

A participação, assim, seria uma das funções da intercomunicação. A particularidade adicional dos mecanismos de participação é que eles servem a certos propósitos especiais da comunidade discursiva. Como explica Swales (1990; 1992), eles se prestam ao crescimento da comunidade discursiva, servindo à divulgação e à troca de informações, à manutenção do sistema de valores da comunidade discursiva, ao aumento do espaço da comunidade discursiva, etc.

Essas funções são desempenhadas na Sociedade principalmente pelos *e-mails* enviados à lista de discussão, pois é neles que as discussões sobre a obra de Tolkien acontecem, ampliando, assim, o conhecimento dos membros sobre o assunto. Além da obra de Tolkien, esses *e-mails* podem tratar de assuntos relacionados à Sociedade, o que também é função da participação, na medida em que em ambos os casos há a intenção de melhorar a Sociedade. A seguir, mostramos um exemplo:

(5) Galera,
Avisamos que por causa do Virus, iremos deletar todas as mensagens
postadas a partir do dia 06/06 até o dia em que o e-group foi moderado pra postar apenas em TXT.
Eu queria pedir aos moderadores dos e-groups regionais que fizessem o mesmo.

Na própria lista de discussão da Sociedade, além das discussões sobre a obra de Tolkien, há simulações de programas de televisão, que são apresentados pela TV Arda. Esses "programas" permitem a participação dos membros. Sua função não está relacionada ao estudo da obra de Tolkien, mas eles são importantes na Sociedade porque promovem maior interação entre os membros, contribuindo, assim, para a concretização de um dos objetivos da Sociedade, que é fazer amizades. São vários os programas de televisão apresentados pela TV Arda, como o *Big Brother Arda* (*reality show*), o *No escuro com o Pau* (programa de entrevistas) e o *Pra quem você dá o lembas* (paródia do quadro *Pra quem você tira o chapéu*, do programa Raul Gil).

Outra atividade de participação desenvolvida no grupo é o *QI Tolkien*, uma espécie de gincana com provas que requerem criatividade e conhecimento profundo da obra de Tolkien. O jogo contribui, assim, para a divulgação de informações a respeito da obra de Tolkien, a maioria delas de difícil acesso para os membros "comuns" da Sociedade, por se tratar de dados específicos. O QI Tolkien acontece em etapas, e os participantes menos pontuados em cada uma dessas etapas são excluídos do jogo, para que no final haja um vencedor.

Também há discussões sobre o personagem da semana, o que promove a troca de informações sobre a obra de Tolkien. A cada semana, um personagem polêmico é escolhido, e cada membro pode expressar a sua opinião sobre o personagem em questão.

Teoricamente, há um plantão tira-dúvidas, pelo qual há um conselheiro responsável. Porém geralmente as dúvidas são postadas no *e-group*, e qualquer membro pode responder a elas.

Além disso, qualquer membro pode postar uma enquete no *e-group*, contanto que não ultrapasse o número de cinco enquetes funcionando ao mesmo tempo. O membro coloca sua pergunta e as opções de resposta para que os demais votem e no final veja-se qual a foi resposta mais votada

Percebe-se que tanto o plantão tira-dúvidas quanto as enquetes são mecanismos de divulgação de informação e cooperam para que os membros cada vez mais ampliem seus conhecimentos sobre a obra de Tolkien.

Outro mecanismo de participação, que não cumpre a mesma função dos citados anteriormente, mas serve para a divulgação da própria Sociedade Senhor dos Anéis, é a sala de bate-papo da Sociedade. Percebe-se que todos os mecanismos de participação citados anteriormente são divulgados somente para os cadastrados na Sociedade. Mas o bate-papo, além de servir como mecanismo de intercomunicação entre os membros da Sociedade, serve para a divulgação do grupo, pois qualquer pessoa pode frequentar a sala de bate-papo, e não somente os seus membros. A absoluta maioria dos membros da Sociedade descobriu-a pela sala de bate-papo, o que comprova a eficiência desse meio como forma de divulgação do grupo.

Os gêneros textuais

O quarto critério diz que uma comunidade discursiva utiliza um ou mais gêneros no favorecimento discursivo de seus objetivos. São os gêneros que articulam as operações de uma comunidade discursiva e as expectativas discursivas que ela desenvolve. O estudo dos gêneros que uma comunidade usa permite questionar o seu *status* de comunidade discursiva.

Também há uma ligação entre este critério e os três primeiros, porque os gêneros textuais concretizam os mecanismos de intercomunicação e de participação, e são utilizados para o alcance dos objetivos das comunidades discursivas. Conforme uma comunidade discursiva se desenvolve, torna-se mais complexa e estruturada, o repertório de gêneros textuais tende a aumentar, acompanhando esse desenvolvimento.

Os gêneros usados por uma comunidade discursiva podem ser exclusivos dela ou emprestados de outras comunidades. Neste último caso, a comunidade discursiva tem de se apropriar totalmente do gênero emprestado, fazendo as adaptações necessárias para que se possa considerar que a comunidade discursiva possui de fato o gênero em questão.

Não é interesse deste trabalho fazer uma descrição detalhada de cada um dos gêneros que a Sociedade utiliza. Desejamos apenas demonstrar que certas convenções que se evidenciam nos gêneros textuais produzidos na Sociedade, provam que já houve uma apropriação de gêneros originários de outras esferas comunicativas. Para exemplificar, escolhemos um trecho de uma conversação ocorrida no bate-papo na internet da Sociedade:

(6) (01:21:08) §*Elwing Mad Elf*§* *fala para* Laracna*§*: Almarë Amiga De Várias Patas

Como já demonstrou Araújo (2003), baseado em Bakhtin ([1953] 1997), o bate-papo na internet é um gênero que foi transmutado de uma esfera simples de comunicação para uma esfera complexa de comunicação (a *web*), e essa transmutação deixou-lhe marcas, como recursos linguísticos, visuais e sonoros.

Além dessas marcas, a Sociedade possui outras convenções de gênero diretamente determinadas por seus objetivos enquanto grupo interessado na discussão da obra de Tolkien. Os *nicknames* são todos relacionados a essa obra, e os diálogos carregam muito das particularidades da comunidade.

No exemplo acima, §*Elwing Mad Elf*§* cumprimenta Laracna*§* usando uma brincadeira relacionada ao conteúdo da obra de Tolkien. Laracna, na história contada em *O senhor dos anéis*, é uma espécie de aranha gigante que mora nas proximidades de Mordor. Esse tipo de brincadeira ocorre frequentemente na sala de bate-papo da Sociedade: os membros assumem o personagem cujo nome escolheram como *nickname*.

Além do bate-papo, os demais gêneros utilizados pelos membros da Sociedade carregam muitas particularidades desse grupo, que se refletem nos próprios recursos linguísticos empregados para a construção desses gêneros.

O léxico específico

Quanto ao quinto critério de identificação de comunidades discursivas, o léxico específico utilizado pela Sociedade é particular porque reflete a especificidade do meio em que a comunicação ocorre – o meio eletrônico. Esse léxico é utilizado não só pela Sociedade mas também pela "comunidade geral da internet". E, como a Sociedade é um grupo que interage especialmente por esse meio, essas especificidades linguísticas também lhe são próprias.

O léxico da internet possui várias peculiaridades que refletem o meio em que as conversações ocorrem. Vários estudiosos já se propuseram a tratar da linguagem utilizada no meio eletrônico (cf. ARAÚJO, J. C. 2003; BATISTA, 1998; GUERRA-VICENTE, 2000; KOMESU, 2001; MCCLEARY, 1996) e todos eles salientam que a comunicação é obrigatoriamente escrita mas com características da oralidade. Isso faz com que a comunicação eletrônica seja marcada por recursos que aproximam a escrita da fala, seja na velocidade da interação, seja nos recursos expressivos próprios da comunicação oral. Recursos como as abreviações (*kra*=cara), a aglutinação de palavras (*koe*= qual é), risadas (*hahaha*; *kkkkk*), alongamentos vocálicos ou consonantais (*oiiiiiii*; *pnccccc*), uso de *h* em vez da acentuação (*jah*=já), redução de sons vocálicos (*neguinhu*=neguinho), onomatopeias (*fom-fom-bi-bi*), representações da nasalização (*naum*=não), *emoticons* (:-( ), marcadores conversacionais (*hum*; *né*), representações de ações ou estados físicos ou emocionais entre asteriscos (*fazendo tchau que nem teletubie*), entre outros, são utilizados pelos internautas tanto para agilizar a escrita quanto para aproximá-la da fala.

Além desse léxico próprio da internet, a Sociedade, como grupo de estudos sobre Tolkien, em suas discussões e brincadeiras, utiliza os termos criados por Tolkien e referentes a personagens (Frodo, Gandalf, Fëanor), povos (noldor, rohirrim), regiões geográficas (Eriador, Gondor, Rohan), línguas (sindarin, quenya) e acontecimentos (Akallabêth). Esse léxico também é utilizado naturalmente por todos os outros grupos de estudo da obra de Tolkien, e há vários deles no mundo inteiro. Assim, um membro da Sociedade não teria que se apropriar de um novo léxico se quisesse pertencer a outra comunidade que trata dos mesmos conteúdos. É, portanto, um léxico compartilhado com outras comunidades, mas merece ser analisado porque, como explica Swales (1990), para adquirir um certo grau de conhecimento relevante, cada membro precisa se apropriar desse léxico específico.

Finalmente, há termos criados pelos próprios membros da Sociedade que não podem ser compreendidos nem mesmo por outros grupos de estudos de Tolkien, porque foram criados em situações específicas e são conhecidos somente pelos membros da Sociedade. É importante ressaltar que até aqueles termos que possuem relação com a obra de Tolkien podem não ser compreendidos por pessoas de fora da comunidade, mesmo que elas tenham conhecimento da obra do autor, porque os termos são usados de forma específica dentro da Sociedade. Há, por exemplo, brincadeiras com palavras em *quenya*, a principal língua criada por Tolkien. Como muitas das palavras em *quenya* terminam em -ë (por exemplo, "almarë" e "Ainulindalë"), os membros criam novas palavras baseadas nessa regra e em outras palavras já conhecidas e não relacionadas com a obra de Tolkien. No exemplo seguinte, um dos membros cumprimenta o outro usando uma palavra criada com a intenção de parecer com *quenya*. Em vez de "almarë mellon", que significa "saudações, amigo", o membro usa "ilarië melão":

(7) (03:32:13) O Veeeeelllhhhooo Gandalf *§* grita com ARAGORN *§*: ☺ Ilarië.. Melão!

Além desses termos criados pelos membros com base na obra de Tolkien, usam-se várias siglas, como SDA (Senhor dos anéis); PJ (Peter Jackson, diretor dos filmes da trilogia *O senhor dos anéis*); TM (Terra-Média, lugar onde se passa a história contada em *O senhor dos anéis*); BBA (*Big Brother Arda*, programa de televisão da TV Arda); RdR (*O retorno do rei*, terceiro livro da trilogia *O senhor dos anéis*); § (Sociedade Senhor dos Anéis); TTT (The Two Towers, segundo livro da trilogia *O senhor dos anéis*); EN (Encontro Nacional da Sociedade), entre outros.

A organização hierárquica

O último critério definidor de comunidades discursivas diz respeito à hierarquia entre os membros. Ela se manifesta tanto de forma explícita, quando há, por exemplo, um conselho, um presidente etc., quanto de forma implícita, que se caracteriza pela necessidade de haver um nível de entrada de membros com um grau de conteúdo relevante e perícia discursiva. Nesse caso, para que um novo membro possa ingressar na comunidade discursiva, ele deve ter um grau mínimo de conhecimento. Caso contrário, ele não terá meios de participar efetivamente da comunidade, a menos que desenvolva esse conhecimento durante a sua participação na comunidade. Além disso, deve haver um equilíbrio entre membros novatos e experientes.

Na Sociedade, pode ser observada uma hierarquia tanto explícita quanto implícita. Explicitamente, há o Conselho Aratar, que é um grupo de nove pessoas eleitas pelos membros da Sociedade, cuja função é administrar o grupo, cadastrando membros, respondendo a dúvidas, sugerindo discussões, etc.

O conselho também tem o poder de excluir qualquer *e-mail* enviado à lista de discussão, impedindo que seja distribuído para os demais membros. Essa medida foi tomada para evitar que os membros enviem *e-mails off-topic*, ou seja, *e-mails* que não têm relação com a Sociedade ou a obra de Tolkien. Em várias ocasiões o Conselho já alertou os membros de que, se o *e-mail* enviado não trouxesse nenhuma discussão sobre Tolkien, o membro seria moderado.

> (8) Gente, cuidado para quando forem responder uma mensagem, não mandarem para o e-group e sim para a pessoa a quem interessa.

No exemplo acima, um dos moderadores alertou os demais participantes de que, se o conteúdo da mensagem for pessoal, ela deve ser enviada diretamente para o e-mail do interessado. Essa preocupação justifica-se porque, se cada membro enviar suas mensagens pessoais para o e-group, todos os demais a receberão, causando um congestionamento de mensagens.

Os membros, porém, encontraram uma estratégia para continuar enviando e-mails *off-topic* sem o risco de ser moderados. A estratégia é incluir no *e-mail* uma pequena discussão sobre a obra de Tolkien, embora isso geralmente seja feito em tom de brincadeira. Depois de um *e-mail* inteiro com divagações e recados pessoais, um dos membros termina assim:

> (9) Ah...... para o meu e-mail não ser moderado GOLLUM É MAL..... SMEAGOL É BOM........ ELROND JÁ FOI A PRISCILA... MAS TB É BOM... AO CONTRÁRIO DO GOLLUM QUE É MAL. O BICHO ALADO QUE OS ESPECTROS CAVALGAM NO AR

É UMA LAGARTIXA DE ASA DELTA..... GOLLUM É MAL. SMEAGOL.... BONZINHO.

Cada uma dessas frases tem um sentido relacionado com conhecimentos partilhados pelos membros da comunidade. Dizer que Gollum é mau e Sméagol é bom é uma brincadeira com o fato de que, no livro *O senhor dos anéis*, o personagem Gollum/Sméagol (na verdade, o personagem tem um tipo de dupla personalidade, e esse é o motivo dos dois nomes) costuma dizer frases parecidas, como "hobitisses bonzinhos". "Elrond já foi a Priscila" porque o ator que interpreta o personagem Elrond no filme A Sociedade do Anel também interpretou um travesti em Priscila, a Rainha do Deserto. A "lagartixa de asa delta" se refere a criaturas parecidas com dragões que são montadas pelos Espectros do Anel.

Já a hierarquia implícita existente na Sociedade está relacionada com o grau de conhecimento relevante dos membros. Swales (1990) salienta a importância da existência de certo grau de conhecimento relevante para que se possa participar de uma comunidade. Esse conhecimento pode ser um requisito para a entrada do membro, como em comunidades disciplinares. Para ingressar no nosso Programa de Pós-Graduação em Linguística, por exemplo, seja como professor, seja como aluno, é preciso comprovar um grau de conhecimento que é relevante na comunidade discursiva. Os alunos fazem uma prova de seleção, e os professores provam seus conhecimentos em determinada área por outros meios para ser aceitos na comunidade acadêmica.

Salientamos que o grau de conhecimento relevante na Sociedade não é decisivo para a *entrada* de membros na comunidade, mas para a *participação* deles nas discussões promovidas pelo grupo. Pode-se entrar na Sociedade sem ter nenhum conhecimento sobre o assunto (como foi o nosso caso em particular – quando ingressei na comunidade, não tinha nenhum conhecimento sobre a obra de Tolkien), porém, para participar ativamente dos debates do grupo, é necessário estar bem informado. E, para contribuir com algumas discussões, é necessário ter um alto nível de conhecimento sobre a obra de Tolkien, pois ela é complexa, e alguns assuntos são discutidos em profundidade. Esses fatores tornam impossível a compreensão dessas discussões para leigos ou muito difícil para os membros que não possuem todo o conhecimento necessário para isso.

Também há receio dos novatos em participar, pois geralmente as discussões mais importantes são levadas a cabo por um pequeno grupo de membros, a maioria deles já antigos e conhecidos na Sociedade. Essa restrição de participação não é desejada nem imposta pelos membros antigos, como mostra o seguinte trecho de um e-mail enviado à lista de discussão por um membro antigo da Sociedade:

(10) ESSA É PARA OS NOVATOS, Ñ FIQUEM COM VERGONHA DE DAREM AS SUAS OPINIÕES, Ñ PENSEM Q TODOS OS ANTIGOS SÃO EXPERT EM SDA, POIS MUITOS ANTIGOS SÓ LERAM SDA E OLHE LÁ. SE VCS ERRAREM, NÓS CORRIJIMOS E SE NÓS ERRAMOS NOS CORRIJAM TB, POIS ESTAMOS TODOS AQUI PRA APRENDER E SE DIVERTIR É CLARO. HÁ MUITOS MEMBROS Q NUNCA MANDARAM EMAIL, MANDEM MUITOS EMAIL DANDO A SUA OPINIÃO E SE ALGUEM LHE FOR GROSSEIRO, BOTE A BOCA NO TROMBONE, POIS A MAIORIA AQUI QUER Q OS NOVATOS SEJAM BEM TRATADOS. Ã FIQUEM ACANHADOS, FIQUEM SEM-VERGONHA (NO BOM SENTIDO É CLARO) Sam Gamgee *§* o defensor dos novatos

Além disso, a própria escolha dos *nicknames* pode dar pistas sobre a hierarquia implícita existente na Sociedade. Apesar da enorme quantidade de personagens da obra de Tolkien, há naturalmente aqueles que são mais importantes. Os membros mais antigos, na sua maioria, escolheram como *nicknames* os nomes dos personagens principais e geralmente daqueles que possuem qualidades excepcionais, de caráter, força física ou beleza, como Lúthien, Beren, Aragorn, Galdalf, etc. Os membros que se inseriram na comunidade após algum tempo acabaram tendo menos opções na escolha do *nickname*, pois, pelas regras da Sociedade, é proibido que duas pessoas tenham o mesmo apelido. A esses membros restaram nomes de personagens de menos importância, como Haldir, Tronquesperto, etc. Finalmente, depois que acabaram as opções de nomes de personagens, alguns membros foram obrigados a adotar nomes de lugares (Eriador), de canções (Ainulindalë), de palavras nas línguas criadas por Tolkien.

Embora não indique necessariamente que um membro com um nome importante na história seja considerado importante também na Sociedade, a escolha do *nickname* certamente indica que esse membro é antigo e tem todas as vantagens disso, como um tempo mais longo de convivência com os demais membros e provavelmente mais conhecimento da obra de Tolkien.

Os nomes de personagens de *O silmarillion* e de *Contos inacabados* que não aparecem na história de *O senhor dos anéis* também me pareceram misteriosos quando passei a fazer parte da Sociedade e tinham certo ar "superior". Acredito que a mesma impressão tenha ocorrido a outros membros novatos da Sociedade, considerando que são livros que devem ser lidos após *O hobbit* e a trilogia *O senhor dos anéis*. Portanto, indicam que quem tem esses apelidos tem conhecimento relevante dentro da comunidade discursiva.

Discussão dos resultados

Esta pesquisa começou com os objetivos de descrever a Sociedade Senhor dos Anéis a partir dos critérios de reconhecimento de comunidade discursiva propostos por Swales (1992), de verificar se esses critérios seriam plenamente adequados para comprovar o *status* de comunidade discursiva da Sociedade e para definir que particularidades ela teria em comparação com outras comunidades discursivas, por se tratar de uma comunidade virtual que lida com um conteúdo específico.

Após o processo de análise e da aplicação de cada um dos critérios de identificação de comunidade discursiva à Sociedade Senhor dos Anéis, pudemos constatar que todos se prestaram à descrição dessa comunidade virtual, o que confirma a sugestão de Swales (1998) de que o avanço da comunicação eletrônica pode favorecer o surgimento de comunidades discursivas que não sejam locais.

No entanto, foi necessário, nesta pesquisa, inferir o que o autor entendia por mecanismos de intercomunicação e de participação, tendo em conta que não faz diferenciação nítida entre esses critérios nos seus textos (SWALES, 1990; 1992). Propomos, então, a partir de constatações feitas no processo de análise e em outras pesquisas que testaram esses critérios, que não se considerem as categorias "intercomunicação" e "participação" como mutuamente excludentes, mas que a participação seja uma das funções da intercomunicação.

A relevância deste trabalho evidencia-se, principalmente, pela escolha da comunidade discursiva analisada, que difere das demais estudadas em outras pesquisas, por se tratar de uma comunidade não acadêmica ou profissional mas recreativa, embora lide com conteúdos específicos. Essa imbricação conteúdo-recreação torna a comunidade estudada extremamente singular. Considerando que o conceito e os critérios de identificação de uma comunidade discursiva (SWALES, 1992) se mostraram aplicáveis ao estudo de uma comunidade fora do âmbito acadêmico ou profissional, sugerimos que outras comunidades discursivas ainda não descritas possam ser analisadas à luz desses critérios.

A comunidade discursiva dos Tananans: uma experiência etnográfica em sala de chat[1]

Júlio César Araújo

> *Tudo começou quando algumas pessoas [...] passaram a frequentar o Bate-papo do Uol. Sempre as mesmas pessoas na mesma sala [...]. De frequentar nas horas vagas para o dia todo foi um "pulo". [...] Um belo dia, a irreverência Tananan começou aflorar e o chapa Magoo, um dos que frequentava a sala, vendo aquele povo todo teclando mais do que trabalhando, não se conteve e disse a célebre frase: "Vou dizer pro chefe de vocês tananan... vou dizer tananan". [...] Daí surgiu esse nome: Tananan [que] acabou virando sinônimo de Sala 01 de Fortaleza.*
>
> (Trecho extraído de uma das homepages dos **Tananans**[2])

Comunidade discursiva: um conceito para além de esferas formais

O conceito de comunidade discursiva (doravante CD) de Swales é, ao lado dos conceitos de gênero e tarefa, parte constitutiva de seu projeto teórico para Análise de Gêneros. Como seus objetivos principais se dirigem para o ensino, ele define CD como um espaço acadêmico onde se discute o comportamento sociolinguístico de seus membros. Nesse sentido, o autor assegura que "os gêneros pertencem às comunidades discursivas" (1990, p. 9), embora em estudos posteriores passe a reconhecer que essa não é a condição *sine qua non* para o estudo de um gênero (cf. SWALES, 1988; 2004). Com as pesquisas de Bhatia (1993; 1997; 1999; 2004), o conceito de CD começou um processo de expansão, mostrando-se produtivo para além dos limites acadêmicos. Ao expandir a noção de CD para a instância discursiva da publicidade, o linguista indiano inaugurou a possibilidade de mostrar

---

[1] Trabalho produzido no grupo de pesquisa HIPERGED do Programa de Pós-Graduação em Linguística da Universidade Federal do Ceará. Neste capítulo, limito-me, em função de meus objetivos, a discutir somente a noção de CD encontrada nos trabalhos de 1990 e 1992 de Swales. Porém, afigura-se relevante destacar que esse conceito vem sendo reelaborado pelo autor em trabalhos posteriores (cf. SWALES, 1993; 1998) desde seu célebre trabalho de 1990.

[2] O grupo, na época da pesquisa, mantinha duas páginas na Web <http://www.betocereal.hpg.com.br> e a <http://www.colunatananan.com.br>

que tal conceito pode ser relevante na análise dos usos que os membros de outras CDs fazem dos gêneros que praticam.

Não circunscrever a noção de CD somente a ambientes formais parece que tem sido a tendência de algumas pesquisas.[3] Exemplos bem-sucedidos disso têm sido alguns estudos desenvolvidos no Programa de Pós-Graduação em Linguística da Universidade Federal do Ceará. Nessas pesquisas, a abordagem proposta por John Swales mostrou-se produtiva na análise de CDs nada convencionais.[4] Bernardino (2000) estudou a CD dos *Alcoólicos Anônimos* cujos depoimentos eram gerados em uma lista de discussão da Internet. Eu mesmo estudei o grupo dos *Tananans*, que fizeram do *chat* aberto o principal gênero que organiza a comunicação interna desta CD, e Gaede (2003, p.1) analisou a *Sociedade Senhor dos Anéis* que "lida com um conteúdo bastante especializado, e requer conhecimentos particulares de seus membros". Tais estudos, também relatados neste livro, autorizam, portanto, a afirmação de que a noção de CD de Swales não se limita apenas a comunidades acadêmicas ou profissionais, mas se mostra produtiva em CDs recreativas, como as estudadas por Araújo, J.C. (2005a [2003]) e Gaede (2003).

Mas aplicar a noção de CD a grupos virtuais que se comunicam através de *chats* não é uma decisão que saia incólume na Academia. Autores como Erickson (1997, p.1) sustentam que uma sala de *chat* não desenvolve os critérios de CD. Ele critica o uso dessa rubrica no estudo de grupos que usam o *chat* para se socializar, pois para ele "tais conversações podem ser mais bem visualizadas como instâncias de um gênero participativo em vez de comunidade". Crystal (2002, p. 196) diverge de Erickson, pois defende que "a conduta linguística compartilhada [entre os internautas], precisamente por seu caráter insólito, favorece a criação de comunidades". Ora, se a Internet suscita comunidades virtuais como a dos *Tananans* e *A sociedade do Senhor dos Anéis*, é possível que tais grupos virtuais desenvolvam o perfil de genuínas CDs. Assim, a epígrafe que abre este capítulo é reveladora de que a Internet tem suscitado uma verdadeira revolução nas relações humanas, no sentido que Crystal (2005)

---

[3] Um trabalho que utilizou os critérios de CD foi o de Batista (1998), que estudou o *e-mail de troca de informação* como um gênero usado por uma empresa multinacional. Mas a autora quase que se limita a citar esses critérios, sem discuti-los nem questioná-los. Batista mostra o *e-mail* como o objetivo comum, o mecanismo de intercomunicação, a troca de informação, o gênero utilizado pela comunidade. Diz ainda que o léxico usado no *e-mail* é específico por tender à informalidade e, por fim, salienta que os membros são *experts* em escrever *e-mails*. Essas considerações ficaram marginais na pesquisa, uma vez que a autora não reserva sequer uma página completa à caracterização de sua CD, preferindo ressaltar a descrição do referido gênero.

[4] Para outros detalhes sobre essas pesquisas, cf. os capítulos 8 e 10 deste livro.

dá ao termo revolução. Desse modo, a organização de comunidades virtuais, como a que a epígrafe sugere, tem sido uma realidade cada vez mais comum nesse ambiente digital.

Tendo como pano de fundo essas considerações, neste capítulo relato uma experiência etnográfica realizada em uma sala específica de *chat* com o objetivo de reivindicar para a comunidade virtual, intitulada *Tananans*, a rubrica de CD. Em virtude da discussão teórica já apresentada no capítulo 1 deste livro por Biasi-Rodrigues, Hemais e Araújo, limitar-me-ei, primeiramente, a discutir sobre a minha experiência etnográfica com os *Tananans* como um procedimento metodológico para a pesquisa. E, na sequência, à luz dos critérios *swalesianos* de CD, apresentarei a análise feita da CD formada por esses internautas. Finalmente, faço uma discussão dos resultados que extraio da análise.

Contornos etnográficos no estudo da comunidade discursiva dos *Tananans*

Como a intenção foi compreender o universo discursivo dos internautas à luz de suas práticas em uma sala de *chat*, a abordagem assumida para esse estudo foi revestida por características etnográficas. Essa decisão metodológica encontra sustentação teórica em Swales (1992), o qual mostra que, até certo tempo, o estudo de CD era tarefa mais de antropólogos do que de linguistas; em Mayans (2002) que investiu nessa abordagem para defender o *status* de gênero para o *chat*; e em Marcuschi (2004, p. 14), para quem "uma etnografia da Internet é de grande relevância para entender os hábitos sociais e linguísticos das novas '*tribos*' da imensa rede mundial".

A meu ver, uma *tribo* bastante curiosa é a dos *Tananans*, um grupo de amigos virtuais que se "reúnem" diariamente em uma única sala de *chat* do provedor UOL: a sala 1 de Fortaleza da categoria "cidades e regiões". Nela, adotei a postura ativa de observação participante durante oito domingos, que compreenderam os meses de julho e agosto de 2001. Além dos encontros *on-line*, participei de dois encontros *off-line*[5] em duas sextas-feiras[6] (uma em cada mês), a fim de esclarecer o propósito do estudo e pedir permissão ao grupo para desenvolver a atividade de pesquisa. Tais procedimentos foram importantes porque, ao "realizar um estudo, principalmente se este

---

[5] Com a necessidade de se conhecer pessoalmente, o grupo passou a adotar os encontros *off-line*, onde a comunicação passa de intermediada pelo computador para a comunicação face a face.

[6] A escolha pela sexta-feira se deu porque, na época da pesquisa, esse era o dia em que havia um maior número de membros reunidos.

envolve a observação do cotidiano de um determinado grupo de pessoas, o pesquisador vê-se na necessidade de tomar decisões que envolvem um grande número de alternativas morais e responsabilidades" (GUERRA-VICENTE, 2000, p. 60).

O que logo chamou a minha atenção para as práticas interativas entre os *Tananans* foi o zelo que o grupo desenvolveu com a escrita que, pouco a pouco, vinha caracterizando um discurso próprio. As primeiras sessões de *chats*, transformadas em arquivo de *Word*,[7] mostravam que o discurso produzido pelos *Tananans* era também administrado pelo grupo, para que não se descaracterizasse. O exemplo abaixo flagra uma ocorrência desta natureza:

Exemplo 1

(13:10:16) **Se¢retå f®ëë** ™ *grita com* Thaís: foi mal..msg errada!

(13:11:13) **Thaís** *fala para* Se¢retå f®ëë ™: não entendi!

(13:11:55) **Thaís** *fala para* Se¢retå f®ëë ™: o que é msg?

(13:12:19) **Se¢retå f®ëë** ™ *grita com* Thaís: Mensagem!:-) ô bixinha burra! Já vi **k** esta anda looooge de ser 1 **tananan**. Logo vi. Com 1 **nick xulo** destes. Aprenda (M) en (S)a (G)em. Assim **vc** fica pra tras linda. **Nossa fala tem regras basikas**.

As escolhas lexicais, a estética da ortografia dos apelidos, a informação de que ali havia "regras básicas" que normatizavam o uso da escrita, além da nomeação de um grupo foram alguns elementos que atraíram a minha curiosidade no exemplo 1. Como se pode perceber pelo exemplo 1, a escrita entre os *Tananans* assume um caráter normativo, causando estranheza a quem não pertence ao grupo. Entre outros aspectos, o exemplo dá realce ao fato de que, para esse grupo, é preciso ser criativo ao assumir um *nickname* estilizado e colorido. Ao perceber essa exigência para participar do grupo, decidi adotar o *nick* **NAUM**, a fim de tentar ser aceito. Essa escolha se deu como uma alusão à marca de nasalidade **–aum** tão frequente nas "falas tecladas" do grupo.[8] Acreditei que um apelido assim seria mais aceito;

---

[7] Transformar as sessões de *chat* em arquivos de Word, de acordo com Yi Yuan (2003), é um método de estudo desses textos conversacionais. No caso, os textos foram preservados da maneira como ocorreram durante o *chat*. Por essa razão, serão encontradas falhas de digitação, comuns nesses tipos de interações e decorrentes, dentre outros fatores, da pressa com que os usuários digitam para conseguir manter contato com o maior número possível de participantes, quando se trata de interações em tempo real. A única alteração diz respeito à formatação de todas as sequências para fonte *Times New Roman*, tamanho 10 [no arquivo original].

[8] Sobre as maneiras de grafar a nasalidade nos *chats*, cf. ARAÚJO & BIASI-RODRIGUES (2007).

no entanto, ao me apresentar ao grupo, fui recebido com euforia por parte de alguns e receio por parte da maioria. A aceitação, na verdade, deu-se de forma paulatina, até que um dia o meu *nick* foi trocado como sinal de aceitação plena, como o exemplo subsequente.

Exemplo 2

(18:47:13) **Vå§¢å¡ñå** grita com NAUM: Quer ser mesmo um *tananan*???? entaum **te batizo como Ø ©¡ëñt¡§t@** ja q inventou essa neura de estudar as loukuras da tchurma. pronto ta de nick novo;)

O exemplo 2, do ponto de vista da pesquisa etnográfica, é muito rico porque permite capturar um momento especial da pesquisa. Trata-se do momento em que o grupo venceu o estranhamento que a minha presença no *chat* causava em sua "aldeia", para usar a metáfora de Geertz (1989). É interessante perceber aqui que, embora a troca de nomes seja muito significativa no sentido de permitir mais abertura dos internautas às tantas perguntas que eu lhes fazia, há uma marcação de fronteiras bem nítida. Esse fato evoca Bogdan e Biklen (1994, p. 113) que, mesmo não explicitando a categoria bakhtiniana de *exotopia*,[9] dizem que, se por um lado

> [...] o investigador entra no mundo do sujeito, por outro, continua a estar do lado de fora. [...] Tenta aprender algo através do sujeito, embora não tente necessariamente ser como ele. [...] Aprende o modo de pensar do sujeito, mas não pensa do mesmo modo. É empático e, simultaneamente, reflexivo.

Ao me "batizarem" como O CIENTISTA, estava explícito em meu *nick* que a *exotopia* seria não apenas um exercício meu, enquanto pesquisador daquela CD, mas também dos sujeitos que, gentilmente, cooperavam com o meu estudo. Portanto, embora eu tivesse entrado no mundo dos *Tananans*, o *nick* nos fazia recordar a exterioridade de minha presença entre eles.

Importa ainda a informação de que tal apelido me foi dado por um dos membros mais antigos do grupo, a **Vå§¢å¡ñå** (Vascaína), o que lembra a importância da hierarquia que também é um dos critérios de CD de Swales. No entanto, a experiência etnográfica me permitiu observar que não bastava a troca de nomes. A maneira de grafá-lo era algo muito valorizado pelo grupo e eu tinha que me adequar a essa exigência também.

---

[9] O termo *exotopia* na pesquisa significa um "desdobramento de olhares a partir de um lugar exterior" (AMORIM, 2003, p. 14).

Exemplo 3

(17:38:48) **Se¢retå Spice** ® grita com **O CIENTISTA**: c viu a msg q a veveh deixou no muro, pra vc? é só ir lá e dar um "Ctrl C" no nick do jeito q ela pôs e depois um "Ctrl V" no teu Word... entendeu?? Né?

Por não saber utilizar os caracteres especiais, a fim de estilizar o meu apelido, **Se¢retå Spice** ®, outro membro antigo dos *Tananans*, incentivou-me a ir ao "muro", um espaço reservado aos recados dentro da *homepage* do grupo (cf. FIG. 1), para copiar a forma Ø ©¡ëñt¡§t@. Dessa maneira, finalmente, assumi a nova "identidade eletrônica" dentro do grupo, como mostro na sequência.

Exemplo 4

(01:41:15) **Vå§¢å¡ñå** *grita com* Ø ©¡ëñt¡§t@: É ESSE O SIGNIFICADO DO NICK:) É SUA **CARTEIRA DE IDENTIDADE** NA ONE:)))) FOI UMA ESPÉCIE DE BATISMO NÉ?

Não resta dúvida de que a mudança de apelido facilitou a etnografia, além de ter ajudado na compreensão segundo a qual assumir um *nickname* com essas características foi relevante para que a aceitação e o acesso ao *discurso normativo* dessa CD se efetivasse, permitindo a continuidade e o sucesso das interações, o que muito ajudou no andamento da pesquisa.

A comunidade discursiva dos *Tananans*

Nesta sessão, passo a descrever a CD virtual dos *Tananans*. Para tanto, sigo a sequência dos critérios definidores de CD, tal qual propostos por Swales (1990 e 1992).

Os objetivos e os propósitos dos *Tananans*

De acordo com Swales (1990; 1992), para ser considerado uma CD, um grupo deve ter objetivos e propósitos comuns. Relacionando esse critério com o principal gênero que esses internautas usam, constato que, em uma primeira instância, a própria palavra *chat* parece trazer em si a finalidade maior do grupo: "bater papo", interagindo numa comunicação intermediada pelo computador, usando uma escrita normativamente estética e permeada de marcas de oralidade e de outros recursos semióticos. Os *Tananans*, como usuários desse gênero, não fogem à regra. Como eles mesmos dizem em uma de suas *homepage*:[10]

---

[10] Disponível em: <http://www.betocereal.hpg.com.br/>. Acesso em agosto de 2001.

"as horas de trabalho se transformam em horas de lazer [...] num apertar de teclas". A expressão *num apertar de teclas* revela que a comunidade tem o entretenimento no *chat* como um dos objetivos comuns, amplamente aceitos por todos e divulgados em uma de suas páginas eletrônicas. O mesmo objetivo também é flagrado, textualmente, em suas conversas.

> **Exemplo 5**
>
> **(19:04:51) *=*£indaÄgnes grita com *_*: Bm somos uma turma de intrnautas (alguns normais tb), que se reune pra conversar na net, sair, curtir, namorar, viajar, tudo que rola em uma turma de amigos de qualquer outro canto [...] Pra tc c a galera vc tem q <u>abreviar muito</u>, Ter um <u>nick vestidinho</u>. <u>Aprenda o dicionrio</u> ou caia fora.**

Nesse recorte, uma *Tananan* apresenta o grupo a um possível candidato a membro da comunidade. Entre os objetivos (sair, curtir, namorar, viajar) está o de bater papo no *chat* como um dos mais relevantes para o grupo. O curioso é que, pelo menos no caso específico desses internautas, não é de qualquer maneira que o grupo *"se reúne pra conversar na net"*. É preciso compreender algumas peculiaridades do gênero *chat*, como saber abreviar as palavras e saber grafar o *nickname*, estilizando-o com criações e/ou adaptações de símbolos que correspondam às letras convencionais do alfabeto. Quanto ao *nick,* se sua escrita não se apresenta estilizada, os membros do grupo dizem que o apelido está nu, ou seja, "sem roupinha" (cf. ARAÚJO, 2007).

Como bem evidencia Swales (1992), entre os objetivos amplamente aceitos e difundidos em uma CD, incluem-se os de caráter recreativo. No caso dos *Tananans*, esse objetivo ficou expresso no exemplo 5 através do qual se pode perceber que o grupo prioriza a recreação não só no ato de "bater papo" na *Internet*, mas também em outros mecanismos de participação desenvolvidos.

O grupo também possui um CÓDIGO publicado em uma de suas *homepages* que rege a participação dos membros na sala de *chat*.

> **PREÂMBULO**
>
> Nós, Tananautas profissionais, sempre reunidos na sala 01 de Fortaleza, <u>com o objetivo de fazer novas amizades e manter as velhas amizades, esquecer o sarcasmo da rotina, deixar de lado as agruras do mundo</u> em que vivemos, vem promulgar, visando o bem estar dos nossos parentes, aderentes e agregados e a satisfação de nossa lascívia, o seguinte código tananan:

TÍTULO - I
DOS PRINCÍPIOS FUNDAMENTAIS.

Art. 1. Respeitar o próximo, em toda e qualquer circunstância.

Art. 2. <u>Abolir, incondicionalmente, o "reservado"</u>.

Art. 3. <u>Nunca clonar outro Tananan</u>.

Art. 4. <u>Proibido o uso do nick invisível</u>, com exceção para mera observação da sala. O mesmo se aplica para quem entra com um <u>nick desconhecido</u> com o intuito de não ser identificado. Nick vestido sempre.

Art. 5. <u>Tananan comprometido é Tananan morto. Escolha outro pra dá em cima</u>.

Art. 6. Mantenha distância:

I – do C€R€Å£ KÏ££ËR. (come todas ☺)

II – do Ulrich. (come queto ☺)

III – da †Ðama Ðe Preto†® (ela vai se matar ☺)

IV – do ø ¢åriø¢å. (arquivando ☺)

V – da A vilã da história®. (sexo, sexo, sexo... ☺) Etc....

Parágrafo único – <u>Mais um Tananan! Mais um Tananan!</u>

Parágrafo com redação determinada pela Lei 6969/2001.

DISPOSIÇÕES FINAIS.

Art.7. Salve-se quem puder.

Art.8. Seja o que Deus quiser.

Art.9. Acata-se disposições em contrário (diminui-se a concorrência).

Art.10. Este Código entra em vigor toda vez que for preciso.

É verdade e dou fé.

2001

Fortaleza/CE

O **CÓDIGO TANANAN**, apesar de apresentar uma linguagem coloquial e bem humorada, traz, em sua textura, as marcas de um código convencional. Nota-se que os trechos grifados acima, além de revelar os propósitos e objetivos comuns dessa CD, evidenciam regras muito claras a respeito do uso dos *nicknames*, do mecanismo que ativa o *chat* reservado e do "respeito" que os membros do grupo devem ter para com quem já tem namorado(a). Essas características são tão relevantes no grupo que influenciam no léxico que usam, conforme veremos mais adiante.

Os mecanismos de intercomunicação e de participação dos *Tananans*

Na versão original deste estudo, separei os mecanismos de intercomunicação dos de participação. No entanto, no presente capítulo, assumo com Gaede (2003, p. 65) que "os mecanismos de participação são, todos eles, também mecanismos de intercomunicação", pois Swales não deixa essa diferença suficientemente clara. De acordo com o linguista norte-americano, os mecanismos de intercomunicação sustentam e enriquecem o grupo, no sentido de os membros se conhecerem melhor e cooperarem para que a comunidade cresça em sua identidade e propósitos. Os mecanismos de intercomunicação representam, assim, os meios pelos quais os membros testam "suas formas e canais de comunicação" (Swales, 1992, p.11), ou seja, participam ativamente da CD.

Em relação aos *Tananans*, não se pode deixar de observar uma restrição na aplicação do terceiro critério enunciado por Swales (1992, p. 10), segundo o qual "uma CD usa mecanismos de participação para uma série de propósitos: (1) para promover o incremento da informação e do *feedback*; (2) para canalizar a inovação; (3) para manter os sistemas de crenças e de valores da comunidade; e (4) **para aumentar seu espaço profissional**" [grifo meu]. Dos propósitos que figuram nos mecanismos de participação, julgo ser instrutivo refletir acerca do trecho grifado, pois os *Tananans* não são um grupo de profissionais. Acerca desse problema, o próprio Swales (1992, p. 9) afirma que "a verdadeira CD pode ser mais rara e esotérica do que pensava e que, apesar do esforço em estabelecer critérios, o conceito [...] parece obscuro". Além disso, o autor inclui os "interesses recreativos" (p. 8) entre os objetivos comuns de uma CD. Dessa maneira, considero natural que esses critérios não se apresentem como uma fórmula matemática que se adéqua perfeitamente a toda e qualquer CD.

Sendo uma CD que nasceu dentro de uma hiperesfera[11] complexa de comunicação como a Internet, é previsível que os *Tananans* desenvolvam outros mecanismos de intercomunicação que não só o *chat*. Entre esses mecanismos, o grupo conta com algumas páginas eletrônicas, o que faz com os internautas preencham esses critérios com sucesso. Para fins de análise, contudo, opto por mostrar um recorte da "coluna tananan", porque na

---

[11] Em trabalhos anteriores, a exemplo de ARAÚJO (2004), tomei a Internet como uma esfera de comunicação. Atualmente, percebo que essa questão é delicada e carece de maior reflexão, pois a Internet, na verdade, é um ambiente discursivo de natureza tão complexa que nele se encontram e se misturam tantas esferas quantas forem possíveis, como a publicitária, a política, a pedagógica, para citar apenas algumas.

época em que se deu a pesquisa, era a *homepage* mais visitada pelo grupo. A razão dessa preferência se dá porque esta página oferece mais serviços que permitem a intercomunicação e a participação entre os membros.

A FIG. 1 apresenta um recorte legendado, a fim de localizar cada mecanismo usado pelos membros dessa CD. O recorte da *homepage* foi feito para facilitar a visualização da legenda, permitindo que a localização de cada mecanismo ficasse mais precisa para o leitor. A primeira opção permite que os membros troquem informações sobre arte, literatura, espetáculos, shows e outros eventos culturais frequentados pelos *Tananans*.

Figura 1

Esses eventos são divulgados na *homepage* e comumente tornam-se tópicos das conversações da sala de *chat*, motivam o surgimento de "sobrenicks"[12] como sugere o exemplo abaixo, cujo tópico é o show que o cantor Zeca Pagodinho fez em Fortaleza.

Exemplo 6

(12:41:40) **MEL(*_*)ZecaPagodinho**: *grita com £!!@ no pagode*: TU VIU NA HP????? TU VAI TB???

(12:42:11) **£!!@ no pagode** *grita com* MEL(*_*)ZecaPagodinho: DIX MIGA K VOW TOMAR 1S K ELE LÁ NO PALCO... KKKKKKKKKKK AI KEM ME DERA

Como o grupo é formado por internautas, a *homepage* reserva um espaço para a realização de *downloads*, já que "uma das ações preferidas de todos os internautas é a transferência de arquivos para o seu computador" (DEMÉTRIO, 2001, p. 217). O mecanismo 2 realmente é de intercomunicação, pois a maioria dos *Tananans* "baixam" da Internet programas que possam estreitar ainda mais o contato uns com os outros. Alguns dos programas que mais despertavam o interesse da turma na época era o ICQ e o MSN *Messenger* da *Microsoft*, *softwares* que permitem a realizações de alguns tipos de bate-papo.

---

[12] Expressões equivalentes ao "sobrenome". São utilizadas para fazer referência a eventos ou, conforme veremos, a pessoas do grupo que queiram aglutinar o apelido dos namorados aos seus próprios *nicks*.

Exemplo 7

(13:02:53) ¤»£ø®ä £øk«¤ *grita com* TODOS : gentemmmm **baxei o ICQ... agora posso falar + k vcs....**

(13:03:57) §åµTïñhåHөT *grita com* ¤»£ø®ä £øk«¤: teh k fim... hein??? **Veja o msn tb** muié

As expressões grifadas mostram que os membros, de fato, consideram o bate-papo pelo ICQ e pelo MSN como importantes mecanismos de interação. Observa-se, ainda, que ¤»£ø®ä £øk«¤ demorou algum tempo até fazer o *downloand* do referido programa, e a censura de sua interagente denota que tal demora não se justifica, já que a *homepage* do grupo disponibiliza esse serviço.

A enquete, opção 3, é uma forma de avaliar novos membros, discutir alguns problemas sérios no grupo, a fim de se conhecer e compartilhar o posicionamento da maioria. Esse mecanismo serve também para estimular a amizade, propondo escolhas bem-humoradas. Assim, "responder" à enquete é uma prática corriqueira no grupo. O mecanismo 4 se refere às entrevistas. Essa atividade era feita da seguinte maneira: a cada semana, dois membros do grupo eram entrevistados pelos demais. Essa interação se dá de maneira assíncrona, pois as perguntas são enviadas em forma de *e-mail*, portanto com defasagem de tempo. Os dois entrevistados da semana fazem uma triagem e respondem, também via *e-mail*, às questões que lhes foram propostas.

O mecanismo legendado pelo número 5 representa um espaço chamado de *O muro*. Trata-se de um espaço virtual muitíssimo visitado pelos *Tananans* para a troca de recados e bilhetes. É uma maneira divertida e simpática de os membros estarem em constante intercomunicação. Esse mecanismo permite a união entre os participantes, pois todos gostam de perceber que foram lembrados por alguém, já que há um recado deixado ali. Por meio do mecanismo 6, os membros podem consultar quem são os aniversariantes do mês, a fim de não se esquecerem de enviar cartões virtuais e realizar, inclusive, as famosas festas de aniversário, tão comuns entre eles.

Na sessão 7, estão listados os *Tananans* que não têm namorado(a)s. O objetivo é fazer com que os membros que estejam sem parceiros se comuniquem entre si, a fim de ajudar a formar novos casais. Esse mecanismo corrobora o que diz artigo 5 do **CÓDIGO TANANAN**, mostrado acima. Essa temática é tão relevante entre os membros do grupo que tem gerado os *sobrenicks*. Algumas internautas adotam, como *sobrenicks*, os *nicks* dos namorados, com algumas adaptações, como se fosse uma atitude de "demarcar território", conforme mostra o quadro abaixo.

Nicknames dos Rapazes	Nicknames das Meninas
Gusm Oh Yesssssss!	P@nzinh@ Oh Yesssssss!
NokululeOon@h@h	-=[pequena]=- Noku
ßåñðît Šågåž	Srå.Šågåž™
Sølz¡µhøFørrøz¢¡rø	£¢µµïµhåFørrøz¢¡rå
£dÿ...*	Amordo£dÿ...*

A opção 8, chamada *espaço tananan*, permite que os membros enviem crônicas, poemas e outros gêneros do domínio discursivo literário. Além disso, nesse espaço, os membros podem fazer reclamações e elogios a quem eles quiserem. Na sessão indicada em 9, os internautas têm acesso a um banco de fotos dos membros do grupo. Esse mecanismo cria oportunidade para que os membros se conheçam melhor e principalmente favorece o entrosamento de novos participantes com os antigos. Geralmente eles se conhecem pelo *chat* e consultam as fotos, a fim de ver como é fisicamente o novo amigo virtual. Desse modo, quando há o encontro *off-line*, fica fácil se identificarem uns aos outros. Além disso, o grupo tem crescido muito e atraído para a sala 1 do UOL muitos simpatizantes, de maneira que, na época em que estive com o grupo, existiam *Tananans* em São Paulo, no Rio de Janeiro, em Brasília, em Recife, em Portugal e na Bélgica. Nesse sentido, a opção indicada em 9 permite ao usuário "conhecer" os membros que não são de Fortaleza, sede e origem do grupo.

O mecanismo 10 diz respeito a um espaço para o qual um membro se candidata e todos os outros podem realizar uma espécie de sabatina, tecendo críticas, elogios e outros comentários. Muito provavelmente, o nome dado a esse mecanismo de participação e de interação advém da forte influência do programa de *reality show* chamado *Big Brother Brasil* (BBB), promovido pela Rede Globo de Televisão. Finalmente, 11 é o mecanismo mais utilizado e mais difundido no grupo, que é a sala de *chat* do provedor UOL. Evidentemente não se trata de qualquer sala UOL, mas única e exclusivamente a sala 01 de Fortaleza, da categoria **cidades e regiões**. Foi nessa sala onde tudo começou e, por essa razão, existe um *link* no *site* do grupo, a fim de conduzir, em um clicar de mouse, os *Tananans* para sua sala predileta.

Além dos recursos de intercomunicação oferecidos pela *Web*, este grupo, certamente, se utiliza do telefone fixo e do móvel para manter contato. A atividade intensa de intercomunicação revela que os *Tananans* buscam manter seus valores e identidade como grupo, o que reforça a nossa hipótese de que uma prática comunicativa tão regular e diversificada pode desenvolver, em um grupo virtual, o perfil de uma legítima comunidade discursiva. Na sequência, mostro alguns exemplos de como esses mecanismos promovem o incremento e o *feedback* da informação, canalizam a informação e, finalmente, mantêm as crenças e valores do grupo, permitindo a aplicação do quarto critério ao grupo estudado.

Exemplo 8

(23:52:28) **P4SSOL4RGO GU3RR3IRO** grita com Naum: meu chapa va nesse site: **www.gusm.com.br/colunatananan**, vc vai ter um orgasmoo hehehehe de **tanta informação sobre nos**.. é serio... lá tem de tudo...

Exemplo 9

De: @njinh@ d@n@d@ para Pë®igø§å - **Participante do Paredão:** QUANDO TE CONHECI VC ERA UMA PESSOA SUPER LEGAL, **MAIS DEPOIS DE UMA QUE ACONTECEU NA SALA QUE EU VI** COM OS MEUS OLHOS NÃO GOSTEI

Exemplo 10

(13: 11: 11) **Dick Vigarista** *grita com* TODOS: parabens galera. O enkontro de sábado foi sensacional todo mundo junto numa turma so, sem panelinha nem fuxico. **Somos a melhor turma da net**.

No exemplo 8, observa-se a relevância da *homepage* para o incremento das informações sobre o grupo. As páginas eletrônicas, especialmente a "coluna tananan", por ser atualizada diariamente, evidenciam que a informação é notoriamente incrementada entre os membros grupo. O exemplo 9 evidencia uma mensagem que representa o *feedback* das informações. Trata-se de uma mensagem enviada para o "paredão" (cf. legenda 10 da FIG. 1), espaço onde os *Tananans* podem dizer o que pensam sobre os participantes da comunidade discursiva virtual. Pela mensagem apresentada, infere-se que, durante uma interação na sala de *chat,* o membro de *nick* Pë®igø§å deve ter decepcionado @njinh@ d@n@d@, de modo que ela utiliza o paredão para responder à suposta atitude de uma pessoa não verdadeira. Finalmente, os trechos grifados no exemplo 10 revelam valores e crenças significativos. Observa-se que a amizade e a união são ressaltadas na mensagem como valores nobres para o grupo. Além disso, tais sentimentos reforçam a unidade dos participantes e a crença revelada pelo autorreconhecimento como *"a melhor turma da net"*. O último exemplo é singularmente importante na medida em que ultrapassa, conforme Swales (1992, p. 13), a "comunicação *per se*" e adentra no terreno das "poderosas funções relacionais e psicológicas [que, por sua vez, revelam] filiação e compromisso" de uns para com os outros, desenvolvendo valores e crenças.

OS GÊNEROS QUE ORGANIZAM A COMUNICAÇÃO ENTRE OS *TANANANS*

Swales (1992, p. 11) destaca que os gêneros utilizados por uma CD são estratégias para o alcance dos objetivos comuns e para a prática dos mecanismos de comunicação e participação. Assim, observa-se que o presente critério está imediatamente associado aos primeiro, segundo e terceiro critérios. Eis, então, a razão pela qual o *chat* utilizado pelo grupo, pode ser apontado como ilustração dos critérios supracitados. Essa constatação permite a afirmação de que o referido evento *per se* não consiste a CD dos *Tananans*, pois se trata do gênero mais importante, o qual propicia suporte verbal "para os interesses comunicativos do conjunto de objetivos" do grupo (SWALES, 1990, p. 9), além de ser um forte mecanismo que efetiva a participação dos membros. Mas, como analiso o estatuto genérico dos *chats* em trabalhos anteriores (cf. ARAÚJO, 2004; 2005b), cumpre-me aqui apresentar outros gêneros que organizam a comunicação entre os *Tananans*.[13] Saliento ainda que, em função do espaço de que disponho, não assumo o empreendimento de descrever esses gêneros, mas apenas de apresentá-los como suporte da comunicação verbal desses internautas.

Durante a etnografia no grupo, observei que, em meio às interações via *chat*, ocorriam outras manifestações genéricas imbricadas ao *chat*. Isso se deve ao fato de que os gêneros do discurso não servem a propósitos únicos, pois eles tendem a se imbricarem, o que me encoraja a afirmar que, além de entretenimento, o *chat* aberto apresenta outros propósitos comunicativos. Acerca dessa questão, Maingueneau (1997, p. 35) certifica que "os gêneros encaixam-se, frequentemente, uns nos outros" e, por tal razão, é difícil manejá-los com precisão. O exemplo subsequente mostra a imbricação de alguns padrões genéricos dentro do *chat* aberto.

Exemplo 11

(00:33:24) **Mr. bomba** *grita com* HOMEM-BOMBA-IRADO: RECEITA PARA FICAR FORTE CASCA DE NOZES, 3 PATA DE UMA ARANHA (SE COMER A PATA ERRADA VAI FICAR COM CARA DE ARANHA) 1 OSSO DE GAMBÁ DA PATAGONIA, UMA ASA DE MORCEGO AFRICANO E POR ULTIMO O CABELO DA MULHER MAIS FEIA QUE VC CONHEÇA

---

[13] Na versão original deste trabalho, aponto para muitos gêneros usados pelo grupo, como o *e-mail*, a *homepage*, outros tipos de *chats*, como ICQ, entre outros.

No exemplo 11 um membro do grupo sugere uma *RECEITA PARA FICAR FORTE*; no entanto, dada à imbricação que se pode flagrar em sua participação no *chat*, fica a dúvida se estamos realmente diante de uma receita ou de uma piada. Em relação aos aspectos formais, reconhece-se, na listagem dos ingredientes, a estrutura canônica da primeira parte da receita. Porém, sabe-se que essa parte formal comumente é apresentada sob a forma de coluna, de maneira que a sua materialidade horizontal pode ser explicada pela imposição da tecnologia à escrita no *chat*, a qual se desenvolve no espaço demonstrado na FIG. 2.

Figura 2

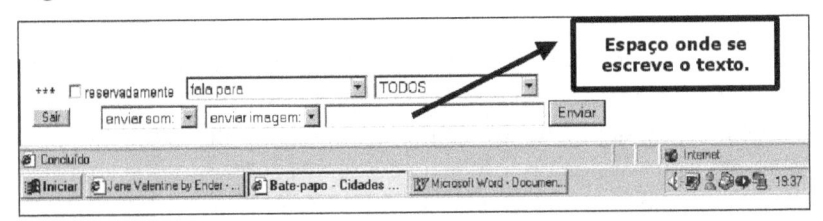

![Figura 2: captura de tela mostrando a interface de um programa de bate-papo, com uma seta indicando o campo de entrada de texto, rotulado "Espaço onde se escreve o texto."]

Ainda sobre a listagem dos ingredientes, observa-se que apenas três dos cinco itens que aparecem na lista apresentam a dosagem e/ou medida especificada: **3 pata de aranha, 1 osso de gambá** e **uma asa de morcego**. Os itens **casca de nozes** e **cabelo** aparecem sem as medidas necessárias, o que imprime, na suposta receita, a ideia de ser o todo. Nesse caso, como a receita é um gênero que evoca uma estrutura procedural e uma sequência textual prototípica, a injunção, seguir o procedimento ficaria muito difícil para quem fosse realizar tal receita, já que não há uma medida definida para todos os ingredientes.

Ocorre ainda que o exemplo 11 evidencia uma atividade epilinguística, a qual vem manifestada entre parênteses (SE COMER A PATA ERRADA VAI FICAR COM CARA DE ARANHA). Essa suspensão traz, para a suposta receita, o elemento lúdico para a imbricação genérica, portanto provocando o riso. Assim sendo, a receita começa a entrar em um processo de descaracterização e a se aproximar da piada. Diante de relações intergenéricas como esta, Marcuschi (2000, p. 16) considera que, desde que o "modelo global de receita seja mantido", estaríamos diante de uma. Não é o caso do exemplo 11 pois, além de a listagem de ingredientes não seguir a estrutura canônica comum às receitas, tal ocorrência adentra o universo humorístico, típico da piada e, finalmente, a escrita segue as restrições impostas pelo programa de bate-papo, denotando as marcas estruturais e estilísticas do *chat*. Como se vê, esses três padrões genéricos (*chat*, receita e piada) se imbricam um dentro do outro, dificultando uma classificação. Na verdade, não seria o modelo global que caracterizaria uma receita como tal, mas os propósitos comunicativos a que tal gênero realiza.

O LÉXICO "*TANANÊS*"

As CDs apresentam especificidade lexical, causando estranhamento para os que não participam do grupo. Isso significa que deve existir um conhecimento partilhado entre os membros. Swales (1992) salienta, ao citar Suchan & Dulek,[14] que os *hábitos de linguagem*, desenvolvidos por um grupo, denotam a pertença de um indivíduo a uma CD. Nesse sentido, entre os *hábitos de linguagem*, alguns grupos desenvolvem abreviações específicas, cujo uso, além de diferenciar membros mais antigos dos novos, suscita dificuldades de entendimento para os que não pertencem à comunidade. O caso também fora notado por Bernardino (2000), que mostra diferença entre membros antigos e novos no que diz respeito ao uso e à compreensão de algumas abreviações presentes no gênero depoimento que circula, via lista de discussão, entre a CD dos Alcoólicos Anônimos.

Em relação aos *Tananans*, pude analisar esse critério lexical pelo menos por três maneiras: (1) pelo uso de abreviações; (2) pela formação de palavras e (3) pela recorrência de expressões relativas às maneiras de ortografar os *nicknames*. Por questões de espaço, limito-me a apresentar aqui apenas o fenômeno da formação de palavras como uma marca relevante no léxico desse grupo.[15] Crystal (2002, p.192) observa que os participantes de *chats* tendem a criar um léxico unindo palavras existentes na língua, usando ou não a hifenização. Segundo ele, "todos os grupos de *chat* se baseiam nestes processos, presumivelmente como um mecanismo de afirmar a identidade do grupo". Sobre a necessidade da criação e formação de palavras, as interações dos *Tananans* evidenciam duas bases que julgo pertinentes analisar. A primeira diz respeito ao nome do grupo, e a segunda, à palavra *reservadamente*, recurso presente nas telas de *chat*, que permite que as interações ocorram entre duas pessoas, sem que os demais participantes acessem o texto conversacional ali produzido. Os dados mostram que tais palavras são assumidas coletivamente como base para a formação de outras, através de processos previstos pelo sistema linguístico, gerando um léxico idiossincrático pelo qual se pode caracterizar essa curiosa CD. O *corpus* mostra que

---

[14] SUCHAN, J.; DULEK, R. *A reassessment of clarrity in written managerial communications*. MCQ 4, 87-99, 1990.

[15] Acerca de uma análise mais detalhada sobre o léxico "tananês", remeto o leitor para Araújo (2005c).

os internautas utilizam os processos de derivação e composição para criar novas palavras, assumindo como base o nome do grupo. Entre as palavras oriundas do primeiro processo, encontrei incidências de sufixação (22%) e prefixação (11%), enquanto em relação à composição, observei apenas casos de aglutinação (67%)[16].

De acordo com o primeiro caso, o processo de derivação sufixal é o mais produtivo para novas palavras. Tal processo permite a criação de substantivos, adjetivos e verbos, pois, como observa Bechara (1997, p. 177), os sufixos se "revestem de múltiplas acepções", o que possibilita seu emprego às situações mais variadas. Sobre isso, Barbosa (2000, p. 177) assegura que "a origem dos signos e a sua função acham-se ligados às necessidades sociais do grupo" que os elabora. Assim, entendo que criar palavras, anexando diferentes sufixos à base já mencionada, denota um desejo coletivo de expressar a identidade e os valores do grupo. A seguir, apresento exemplos de palavras, cuja formação se deu pelo processo de derivação sufixal.

Exemplo 12

(13:12:49) **Se¢retå f®ëë ™** grita com TODOS: (11:55) Thaís fala para Se¢retå f®ëë ™: o que é msg?/// VIRAM o k da faltar as aulas de <u>tananês</u>????

(01:11:30) **GUSM Oh Yesssssssssssssssssssssssss** fala para Ø ©¡ëñt¡§t@: aeeee prof bem vindo a <u>tananada</u>........

A primeira palavra grifada do exemplo acima faz alusão a nomes de idiomas como portug*ês*, franc*ês*, ingl*ês*, etc. O sufixo –*ês*, junto à base *Tananan*, parece mostrar que o modo de interagir na sala de *chat* desses internautas não é igual ao das demais salas, uma vez que o grupo desenvolve palavras e expressões próprias, de maneira que quem não participa assídua e ativamente do *chat* não pode aprender nem usar o "tananês". O segundo grifo mostra a "recepção" festiva que o internauta me faz e, para isso, usa a palavra *tananada* para aludir à satisfação de toda a sala em me receber ali. Para dar conta dessa necessidade, o usuário combina o sufixo –*ada* com a palavra base. Essa formação imprime no termo neológico um sentido de substantivo coletivo, denotando ação ou movimento. Assim, o substantivo reforça a atmosfera de grupo fechado que os participantes querem imprimir na sala de bate-papo.

---

[16] Esses dados demonstram a distribuição percentual dessas criações lexicais, considerando tanto a primeira quanto a segunda base.

Além de substantivos, a derivação sufixal é responsável pelo aparecimento de advérbios, adjetivos e verbos entre os *Tananans*, conforme mostra o exemplo abaixo.

Exemplo 13

(20:24:36) *^*£indaÄgnes grita com amigo29: o mais novo "MIGO" *tanananiamente* dizenu eh inf smmm :-)

(12:58:30) b@nb@n® grita com Se¢retå videokê ®: naum tenho visto muito a hp to meio pu fora dos assuntos *tananânicos*. Nem seker tenho visto ozimeios....

No primeiro turno, há uma clara adverbialização da mensagem, materializada na utilização de duas vogais de ligação para formar a palavra mais o sufixo *–mente*. De acordo com Bechara (1997), tal sufixo permite a criação de advérbios de modo. No segundo turno, a palavra formada ganha *status* de adjetivo graças à junção do sufixo *–ico* à base, ou seja, existem assuntos tratados no *chat* que são próprios dos *Tananans*.

O grupo também utiliza a prefixação, embora o faça com menos frequência, conforme evidenciam os 11% referidos acima. Pelo exemplo 14, abaixo, constata-se que o uso do prefixo *anti* acentua os comentários a respeito de internautas externos ao grupo que imediatamente se tornam *persona non grata*.

Exemplo 14

(00:31:59) £!ñd!ñhä grita com §µ¶ € ® V@K@: dexesse abestado **antitananan** pra lá, miga.

Sobre o uso da primeira base, pode-se afirmar que a utilização do nome do grupo para a criação de palavras representa o interesse coletivo de manter um "contrato" lexical que rege as suas escolhas. O léxico resultante é extremamente idiossincrático e demonstra que o grupo não só produz um discurso próprio como também sabe administrá-lo.

Na sequência, analiso exemplos de formação de palavras, cuja base é a palavra *reservadamente*. Segundo o *código* desenvolvido pelo grupo, o recurso que ativa o *chat* reservado foi abolido totalmente, de modo que, para expressar a ojeriza a esse mecanismo, foram criadas novas palavras, que passaram a incorporar o léxico *tananês*. Seu objetivo é que as interações aconteçam abertamente; por isso, quando alguém transgride a norma tem sua "fala" imediatamente copiada e enviada para toda a sala. Isso é designado por Marcuschi (2004, p. 47) de "citação de fala *ipsis verbis*" que "é exclusivo desse gênero" [chat].

Exemplo 15

(22:44:17) **Må£åß委®i§ h22ä** grita com Naum: (22:44:30) dengosa reservadamente fala para Må£åß®i§ h22ä: alguém a fim de tc com garota de Aracaju? /// iiiiiii pintou + 1 **reserbesta** na area dos Tananans

(01:13:31) **Vå§¢å¡ñå** grita com TODOS: (01:13:17) **H*H - SEXO** reservadamente fala para TODOS: ALGUM CARA A FIM DE TECLAR? /// PLEASE **RESERBICHA** PERTURBANU OS MENINOS DA TURMA NAUM

(00:14:38) **§µ¶ € ® V@K@** grita com TODOS: (00:14:08)Educado/ Tarado/Gostos29 reservadamente fala para §µ¶ ◊ ® V@K@: oiiiiiiii /// vcs viram?? este **reserkant** ??? MUUUUU

Nos três primeiros turnos deste exemplo, é possível observar três barras inclinadas (///). Elas indicam o fim da citação e o começo do comentário feito sobre o que se citou. Focalizando os comentários, observa-se que, no primeiro turno, o usuário aglutina a palavra *reservadamente* + *besta* para se referir a uma mensagem que lhe foi endereçada através do *chat* reservado. A palavra formada rotula os *internautas* que não conhecem as normas do grupo; por isso, interferem nas conversações. Igualmente, no segundo turno, verifica-se a aglutinação da palavra *bicha* à base já mencionada, publicando a mensagem que a internauta julga indesejada. A forma grifada se refere a usuários gays que usam o *chat* para encontrar parceiros. Finalmente, o terceiro turno mostra que a palavra destacada faz alusão não à mensagem, mas ao *nick* do autor da mensagem citada. Observa-se que, após as barras, o comentário assume um tom jocoso para formar a palavra "reserkant", combinação de *reservadamente* + *cantada*.

A ESTRUTURA HIERÁRQUICA ENTRE OS *TANANANS*

No trabalho de 1992, Swales estabelece que os objetivos de uma CD podem ser reformulados e discutidos pelos membros do grupo. Parece haver uma tentativa de descentralização de autoridade. Antes, Swales (1990) defendia que, para ser admitido em uma CD, o candidato deveria apresentar conhecimento e perícia discursiva. Certamente, esse critério inviabilizava que novos membros entrassem e pudessem adquirir essa perícia com a experiência. A reformulação, no entanto, assegura que um neófito possa ser admitido na comunidade e "fazer progresso dentro dela" (SWALES, 1992, p. 11). Para o autor, uma CD possui uma hierarquia que se manifesta, quer implícita, quer explicitamente. No caso dos ***Tananans***, a hierarquia acontece sob as duas maneiras, como bem mostram as ocorrências reunidas no exemplo abaixo.

Exemplo 16

(12:42:33) ®®J¢rrÿ.18 ñå[o-o] *grita com* £!!@ no pagode: <u>tia tia</u> ei ew tbm vow..hehehehehe

(18:45:08) **Radamés** *grita com* *=*£indaÄgnes: eita finalmente apareceu hei minha <u>madrinha</u>??????

(23:09:08) **Vå§¢å¡ñå** *grita com* RAZIEL: <u>VISTA SUA ROUPA E SAIA JÁ DO RESERVADO</u>

(20:09:12) **ag@t@ in love** fala para dj: oieeeeeeeeeeeeee bb,meu <u>alunin</u> prefer

(13:17:03) **Arcanja Uriel** *grita com* Zûnu: Ops... <u>um Tananan digita TC e naum "teclar"</u>,mas o prazer é todo meu 😊

    Os procedimentos etnográficos adotados para esse estudo permitem a afirmação de que os membros mais antigos gozam de um *status* positivo dentro do grupo, porque foram os primeiros. Portanto, conhecem as origens do grupo, elaboraram o código e podem ajudar aos novos a dar os primeiros passos dentro da CD. Além disso, os membros mais antigos são chamados pelos mais novos, carinhosamente, de **tia**, **madrinhas**, **padrinhos** e outros termos similares, como ilustram as expressões grifadas no exemplo acima. Outros casos de autoridade explícita ainda podem ser percebidos nos grifos, como aqueles que realçam o domínio de certa "perícia discursiva" e, por essa razão, impõem explicitamente autoridade sobre os demais, como pedir para sair do reservado ou solicitar o respeito pelo "modo tananan de grafar" os *nicks* podem ser exemplos disso.

    Assim, alguns grifos feitos na mensagem remetida por **Vå§¢å¡ñå** fazem alusão a dois aspectos importantes para o grupo. A caracterização do *nickname* e a utilização do recurso que ativa o *chat* reservado, representada pelo segundo destaque. Pelos grifos, percebe-se que RAZIEL é um membro novo no grupo, o que faz sua interlocutora, membro antigo, exercer autoridade sobre ele. No turno de **ag@t@ in love**, observa-se que a abreviação "alunin" (aluninho), embora denote carinho, apresenta um tom professoral e o turno de **Arcanja Uriel** expressa uma das regras mais caras ao grupo: a abreviação. Observa-se que Zûnu é iniciante e, por isso, aprende alguns dos *hábitos linguísticos* próprios da comunidade.

Discussão dos resultados

    Neste capítulo, meu objetivo foi mostrar a aplicabilidade dos critérios de CD, de acordo com Swales (1990; 1992), em uma comunidade virtual que surgiu de uma sala específica de *chat*. Constatei que, embora as salas de *chat*, notadamente, sejam fluidas e impeçam a aplicação desses critérios, como defende Erickson (1997), o caso dos *Tananans* é específico e permitiu a validação de minha suposição de trabalho. Dessa maneira, com base na análise mostrada aqui, o referido grupo é uma CD graças à intensa atividade comunicativa que começa no *chat* e se expande por outros gêneros e mecanismos de comunicação e participação. Além disso, há um **CÓDIGO** que rege as práticas dos membros, como o uso adequado de um *nick*, a proibição do uso do *chat* reservado, entre outras regras.

Porém, ao retornar à noção de CD aqui estudada, é possível que alguém afirme que esse grupo virtual não preenche rigorosamente todos os quatro propósitos do terceiro critério de CD de Swales. Contra a essa possível afirmação, poderia argumentar que, dos quatro propósitos caracterizadores do critério dos mecanismos de participação, os *Tananans* desenvolveram mecanismos que preenchem, respectivamente, o incremento e o *feedback* da informação, o desejo pela inovação e a crença e os valores do grupo. Fica fora apenas o propósito do aumento do espaço profissional. A meu ver, isso não invalida a pesquisa, uma vez que os critérios swalesianos não podem ser compreendidos como uma fórmula matemática que se adéqua com perfeição em qualquer CD. Além disso, o grupo analisado é uma genuína CD de caráter recreativo e não profissional. Por questões como essas é que o próprio Swales propôs algumas reformulações no conceito de CD, como mostram os autores do primeiro capítulo deste livro.

A etnografia na comunidade discursiva dos *Tananans* permite concluir ainda que o *chat* aberto é o gênero mais utilizado para dar materialização à expressão enunciativa do grupo. No caso específico deste estudo, constato que o *chat* aberto se mostra não só como a gênese do grupo, mas também como o principal gênero que o legitima. Por outro lado, os gêneros que organizam a comunicação entre os *Tananans* não lhes são exclusivos, mas lhes são próprios, uma vez que todos são da hiperesfera digital. Basta que se veja o intenso uso do *e-mail*, do próprio *chat*, das *homepages*, além de formações genéricas híbridas facilmente flagráveis nas interações dos bate-papos virtuais.

Em relação ao léxico do grupo, pode-se concluir que, embora restrito, esse critério se aplica com sucesso ao contexto estudado. Mesmo que a análise tenha mostrado apenas o fenômeno da formação de palavras, é possível vislumbrar um conjunto de coordenadas que ajudam a analisar e entender os hábitos linguísticos dos membros, os quais elaboram um léxico idiossincrático, previsto pelo sistema linguístico. O léxico revela uma tendência de socialização que se materializa no senso de grupo hermético que querem atingir. Como mostra o código, a opção pelo *chat* reservado não é recomendada; por conta disso, surgiram palavras e expressões que incorporaram ao léxico *tananês* para denotar o desprezo por essa prática considerada ilícita no grupo.

Quanto ao último critério, ao descrever como se organiza a estrutura hierárquica dos *Tananans*, percebi que os membros antigos não tornam o grupo hermético aos novos membros, apesar de exercer certa autoridade sobre os neófitos. Tal autoridade se faz perceber pelo ensino do uso do *chat* e pela solicitação para que se observem os hábitos linguísticos e o CÓDIGO TANANAN, já comentados acima. Essa hierarquia é importante na comunidade, pois segundo Swales (1990), o sucesso de uma CD está, entre outras coisas, intrinsecamente relacionado com a manutenção de sua identidade, de seus propósitos, de seu léxico. Assim, a análise permite a conclusão de que os que buscam ingressar no grupo deverão ter os mesmos objetivos e propósitos, além de saber se comunicar nos gêneros utilizados, o que requer, na maioria das vezes, orientação dos mais antigos.

Assim, a análise apresentada neste capítulo corrobora a suposição levantada nesta pesquisa, segundo a qual os *Tananans*, embora sejam um grupo de internautas que se formou pela frequência assídua e sistemática aos encontros virtuais em uma sala de *chat*, preenchem etnograficamente todos os critérios *swalesianos* que os justificam como uma legítima comunidade discursiva.

Referências

ADAM, J.-M. *Les textes: types et prototypes*. Paris: Nathan, 1992.

ALCOÓLICOS Anônimos: a história de como homens e mulheres se recuperaram do alcoolismo. São Paulo: Junta de Serviços Gerais de AA do Brasil (JUNAAB), 1996.

ALMEIDA, L. P. *Gênero carta-corrente digital: estudo de aspectos formais e funcionais*. 2007. Dissertação (Mestrado em Linguística) - Universidade Federal do Ceará, Fortaleza, 2007.

ALMEIDA, M. B.; PEREIRA, J. S. V. Sabe tudo sobre tudo: análise da seção de cartas-pergunta em revistas femininas para adolescentes. In: MEURER, J. L.; MOTTA-ROTH, D. (Orgs.). *Gêneros textuais e práticas discursivas*. Bauru, SP: EDUSC, 2002. p. 225-238.

ARAÚJO, A. D. Análise de gênero: uma abordagem alternativa para o ensino de redação acadêmica. In: FORTKAMP, M. B. M.; TOMITCH, L. M. B. (Orgs.). *Aspectos da Linguística Aplicada*. Florianópolis: Insular, 2000. p. 185-200.

ARAÚJO, A. D. Lexical cohesion: a study of the relationships between unspecific nouns and their specifics in book reviews. In: ENCONTRO NACIONAL DE PROFESSORES UNIVERSITÁRIOS DE LÍNGUA INGLESA. 14, 1999, Belo Horizonte. *Anais...* Belo Horizonte: UFMG, 1999. p. 48-53.

ARAÚJO, A. D. *Lexical signalling: a study of unspecific-nouns in book reviews*. 1996. Tese (Doutorado em Linguística) – Universidade Federal de Santa Catarina, Florianópolis.

ARAÚJO, J. C. *Chat* na Web: um estudo de gênero hipertextual. In: CAVALCANTE, M. M; BRITO, M. A; MIRANDA, T. P. (Orgs.). *Teses & Dissertações:* Grupo Protexto. Fortaleza, Protexto/UFC, 2005, v. 1, CD-ROM. ISBN 8590486427.

ARAÚJO, J. C. Chat educacional: o discurso pedagógico na *Internet*. In: COSTA, N. B. (Org.). *Práticas discursivas: exercícios analíticos*. Campinas, SP: Pontes, 2005b. p. 95-109.

ARAÚJO, J. C. Idiossincrasias lexicais em salas de *chat*. In: CONGRESSO BRASILEIRO DE LINGUÍSTICA APLICADA, 7, 2005c, São Paulo. *Anais...* São Paulo: Pontifícia Universidade Católica de São Paulo, 2005c. 1 CD.

ARAÚJO, J. C. A conversa na *Web*: o estudo da transmutação em um gênero textual. In: MARCUSCHI. L. A.; XAVIER, A. C. (Orgs.). *Hipertexto e gêneros digitais: novas formas de construção de sentido*. Rio de Janeiro: Lucerna, 2004. p. 91-109.

ARAÚJO, J. C. *Chat na web: um estudo de gênero hipertextual.* 2003. Dissertação (Mestrado em Linguística) - Universidade Federal do Ceará, Fortaleza, 2003.

ARAÚJO, J. C.; BIASI-RODRIGUES, B. Questões de estilo no gênero *chat* aberto e implicações para o ensino de língua materna. In: ARAÚJO, J. C. (Org.). *Internet & Ensino: novos gêneros, outros desafios.* Rio de Janeiro: Lucerna, 2007. p. 78-92.

ASKEHAVE, I.; SWALES, J. M. Genre identification and communicative purpose: a problem and a possible solution. *Applied Linguistics*, v. 22, n. 2, p. 195-212, 2001.

ATKINSON, D. *A historical discourse analysis of scientific research writing from 1675 to 1975:* the case of the "Philosophical transactions of the Royal Society of London". Unpublished Doctoral Dissertation: University of Southern California, 1993.

AUSTIN, J. L. *Quando dizer é fazer: palavras e ação.* Tradução de Danilo Marcondes de Souza Filho. Porto Alegre: Artes Médicas, 1990. 136p.

BAHIA, J. *Jornal, história e técnica.* 4. ed. São Paulo: Ática, 1990. 2 v. v. 2: As técnicas do jornalismo.

BAKHTIN, M. *Estética da criação verbal.* 2. ed. São Paulo: Martins Fontes, 1997.

BARBOSA, M. A. Dois processos de engendramentos e manifestações de neologismos nos discursos essencialmente figurativos. In: AZEREDO, J. C. (Org.). *Língua portuguesa em debate: conhecimento e ensino.* Rio de Janeiro: Vozes, 2000. p. 176-191.

BATISTA, M. E. *E-mails na troca de informação numa multinacional: o gênero e as escolhas léxico-gramaticais.* 1998. Dissertação (Mestrado em Linguística) – Pontifícia Universidade Católica, São Paulo, 1998.

BAZERMAN, C. et al. *Reference guide to writing across the curriculum.* Indiana: Parlor Press e WAC Clearinghouse, 2005.

BAZERMAN, C. Sistems of genres and the enactment of social intentions. In: FREEDMAN, A.; MEDWAY, P. (Org.). *Gender and the new rhetoric.* Taylor & Francis, 1978. p. 79-101.

BECHARA, E. *Moderna gramática portuguesa.* São Paulo: Nacional, 1997.

BERNARDINO, C. G. *Depoimento dos alcoólicos anônimos: um estudo do gênero textual.* 2000. Dissertação (Mestrado em Linguística) – Universidade Federal do Ceará, Fortaleza.

BEZERRA, B. G. *A distribuição das informações em resenhas acadêmicas.* 2001. Dissertação (Mestrado em Linguística) – Universidade Federal do Ceará, Fortaleza.

BEZERRA, J. R. M. *Análise do Discurso: uma linguagem do poder judiciário.* Curitiba: H. D. Livros, 1998.

BHATIA, V. K. *Worlds of written discourse: a genre-based view.* London: Continuum, 2004.

BHATIA, V. K. Análise de gêneros hoje. Tradução de Benedito Gomes Bezerra. *Revista de Letras*, Fortaleza, v. 1/2, n. 23, p. 102-115, jan./dez. 2001.

BHATIA, V. K. Integrating products, processes, purposes and participants in professional writing. In: CANDLIN, C. N.; HYLAND, K. (Eds.). *Writing: texts, processes and practices.* New York: Longman, 1999. p. 21-39.

BHATIA, V. K. Genre analysis today. *Revue Belge de Philologie et d'Histoire.* v. 75, n. 3, p. 629-652, 1997.

BHATIA, V. K. *Analysing genre: language use in professional settings.* London: Longman, 1993.

BIASI-RODRIGUES, B. Estratégias de condução de informações em resumos de dissertações. In: CAVALCANTE, M. M; BRITO, M. A; MIRANDA, T. P. (Orgs.). *Teses & Dissertações:* Grupo Protexto. Fortaleza, Protexto/UFC, 2005, v. 1, CD-ROM. ISBN 8590486427.

BIASI-RODRIGUES, B. Funções discursivas dos rótulos em resumos acadêmicos. *Boletim da Associação Brasileira de Linguística (ABRALIN),* Fortaleza, CE, v. 1, n. 27, p.119-128, 2002.

BIASI-RODRIGUES, B. O processo de referenciação em gêneros acadêmicos. In: SBPC, 53., 2001, Salvador. *Anais...* Salvador: UFBA, 2001. 1 CD.

BIASI-RODRIGUES, B. Estratégias de condução de informações em resumos acadêmicos. *Revista do GELNE – Grupo de Estudos Linguísticos do Nordeste,* Fortaleza, p. 13-37, 2000.

BIASI-RODRIGUES, B. Aspectos cognitivos e retóricos da produção de resumos. In: CABRAL, L. G.; MORAIS, J. (Orgs.). *Investigando a linguagem.* Florianópolis: Mulheres, 1999a. p. 245-258.

BIASI-RODRIGUES, B. A escrita de resumos acadêmicos: evidências de uma realidade. In: MOURA, D. (Org.). *Os múltiplos usos da língua.* Maceió: EDUFAL, 1999b. p. 205-209.

BIASI-RODRIGUES, B. Organização retórica de resumos de dissertações. *Revista do GELNE – Grupo de Estudos Linguísticos do Nordeste.* Fortaleza, p. 31-37, 1999c.

BIASI-RODRIGUES, B. *Estratégias de condução de informações em resumos de dissertações.* 1998. Tese (Doutorado em Linguística) – Universidade Federal de Santa Catarina, Florianópolis.

BILL, W. *Doze conceitos para serviços mundiais: como foram adotados pela 12ª Conferência Anual de Serviços Gerais de Alcoólicos Anônimos de 26 de Abril de 1962.* New York: Alcoholics Anonymous World Services, INC., 1983.

BITTAR, E. C. B. *Linguagem jurídica.* São Paulo: Saraiva, 2001.

BRUNER, J.; WEISSER, S. A invenção do ser: a autobiografia e suas formas. In: OLSON, D. R.; TORRANCE, N. (Orgs.). *Cultura escrita e oralidade.* 2. ed. São Paulo: Ática, 1997. p. 141-161.

BOGDAN, R.; BIKLEN, S. *Investigação qualitativa em educação: uma introdução à teoria e aos métodos.* Porto, Portugal: Porto, 1994.

BONINI, A. *Gêneros textuais e cognição.* Florianópolis: Insular, 2002.

BONINI, A. Os gêneros do jornal: o que aponta a literatura na área de comunicação no Brasil? *Linguagem em (Dis)curso,* v. 4, n. 1, 2003.

CARRASQUEIRA, M. H. J. *As vozes da lei: vida x capital. Subsídios ao estudo do acórdão enquanto gênero polêmico.* 2001. Dissertação (Mestrado em Linguística) - Universidade de São Paulo, São Paulo.

CATUNDA, E. L. *Um estudo do gênero jurídico acórdão.* 2004. Dissertação (Mestrado em Linguística) - Universidade Federal do Ceará, Fortaleza.

CAVALCANTI, M. C. Itens lexicais chaves como fios condutores semântico-pragmáticos na interação leitor-texto. In: FÁVERO, L. L.; PASCHOAL, M. S. Z. (Orgs.). *Linguística textual: texto e leitura.* São Paulo: EDUC, 1985. p. 171-184.

CHAPARRO, M. C. *Sotaques d'aquém e d'além mar: percursos e gêneros do jornalismo português e brasileiro.* Santarém, Portugal: Jortejo, 1998.

CHAPARRO, M. C. Carta. In: MELO, J. M. de (Org.). *Gêneros jornalísticos na Folha de S. Paulo.* São Paulo: FTD, 1992.

CORACINI, M. J. R. F. O título: uma unidade subjetiva (caracterização e aprendizagem). *Trabalhos em Linguística Aplicada,* Campinas, v. 13, p. 235-254, jan./jun. 1989.

CORNU, G. *Linguistique juridique.* 2. ed. Paris: Ophrys, 2000.

CRYSTAL, D. *A revolução da linguagem.* Rio de Janeiro: Zahar, 2005.

CRYSTAL, D. *El lenguaje e Internet.* Madrid: Cambridge University Press, 2002.

DAMIÃO, R. T. *Curso de português jurídico.* 8. ed. São Paulo: Atlas, 2000.

DEMÉTRIO, R. *Internet.* São Paulo: Érica, 2001.

DIJK, T. A. V. *Text and context: explorations in the semantics and pragmatics of discourse.* London: Longman Linguistics Library, 1992.

DUCROT, O. *O dizer e o dito.* Campinas, São Paulo: Pontes, 1987.

DUDLEY-EVANS, T. Genre analysis: an investigation of the introduction and discussion sections of MSc dissertations. *Talking about Text,* Birmingham, n. 13, p. 128-145, 1986.

ERBOLATO, M. L. *Jornalismo especializado: emissão de textos no jornalismo impresso.* São Paulo: Atlas, 1981.

ERICKSON, T. Social interaction on the Net: virtual community as participatory genre. In: HAWAII INTERNATIONAL CONFERENCE ON SYSTEM SCIENCE. 30, 1997, Mauai Hawaii. *Proceedings...* Mauai Hawaii: 1997. January, v. 6, p. 13-21.

FOLHA DE S. PAULO. *Novo manual da redação.* São Paulo, 1998.

FRANCIS, G. Labelling discourse: an aspect of nominal-group lexical cohesion. In: COULTHARD, M. (Ed.). *Advances in written text analysis.* London: Routledge, 1994. p. 83-101.

COULTHARD, M. *Anaphoric nouns.* Birmingham: University of Birmingham, 1986. (Discourse Analysis Monograph, 11).

FREEDMAN, A. Beyond the text: Towards understanding the teaching and learning of genres. *TESOL Quarterly,* v. 33, p. 764-768, 1999.

FREEDMAN, A.; MEDWAY, P. *Genre and new rhetoric.* London: Taylor & Frances. 1994.

GAEDE, C. R. *A comunidade discursiva virtual Sociedade Senhor dos Anéis: caracterização e condições de participação.* 2003. Dissertação (Mestrado em Linguística) – Universidade Federal do Ceará, Fortaleza.

GARCIA, O. M. *Comunicação em prosa moderna*. 15. ed. Rio de Janeiro: Ed. Fundação Getúlio Vargas, 1992.

GEERTZ, C. *Local knowledge: further essays in interpretive anthropology*. 2nd ed. [S.l.]: Basic Books, 2000 [1983].

GEERTZ, C. *A interpretação das culturas*. Rio de Janeiro: Ltc, 1989.

GERALDI J. W.; ILARI R. - *Semântica*. 5. ed. São Paulo: Ática, 1992.

GRIMM-CABRAL, L. *25 anos de linguística na UFSC: história, dissertações e teses, 1971-1996*. Florianópolis: UFSC, 1996.

GUERRA-VICENTE, H. S. *Relações de gênero social e democracia na internet*. 2000. Dissertação (Mestrado em Linguística) – Universidade de Brasília, Brasília.

GUIMARÃES, E. *Texto e argumentação: um estudo das conjunções do português*. 3. ed. Campinas, SP: Pontes, 2002.

HALLIDAY, M. A. K.; HASAN, R. *Language, context and text: aspects of language in a social-semiotic perspective*. Oxford: Oxford University Press, 1989.

HEMAIS, B.; BIASI-RODRIGUES, B. A proposta sócio-retórica de John M. Swales para o estudo de gêneros textuais IN: MEURER, J. L.; BONINI, A.; MOTTA-ROTH, D. (Orgs.). *Gêneros: teorias, métodos, debates*. São Paulo: Parábola, 2005. p. 108-129.

HILL, S. S.; SOPPELSA, B. F.; WEST, G. K. Teaching ESL students to read and write experimental-research papers. *TESOL Quarterly*, v. 16(3), p. 333-347, set. 1982.

HOEY, M. *Textual interaction: an introduction to written discourse analysis*. London: Routledge, 2001.

HOEY, M. *Pattern in Lexis*. Cambridge: Cambridge University Press. 1991.

HOEY, M. *On the surface of discourse*. London: George Allen & Unwin, 1983.

HOEY, M. Signalling in Discourse. *ELR Discourse Analysis Monograph*, n. 6, Birmingham: University of Birmingham, 1979.

HOEY, M.; WINTER, E. Clause relations and the writer's communicative task. In: COUTURE, B. (Ed.). *Functional approaches to writing*: research perspectives. USA: Ablex Publishing Corporation, 1986, p. 120-141.

HOPKINS, A.; DUDLEY-EVANS, T. A genre-based investigation of the discussion sections in articles and dissertations. *English for Specific Purposes*, v. 7, p. 113-122, 1988.

HYLAND, K. Stance and engagement: a model of interaction in academic discourse. *Discourse Studies*, v. 7, p. 173-192, 2005.

HYLAND, K. Genre-based pedagogies: a social response to process. *Journal of Second Language Writing*, v. 12, p. 17-29, 2003.

HYLAND, K. Genre: language, context and literacy. *Annual Review of Applied Linguistics*, v. 22, p. 113-135, 2002a.

HYLAND, K. *Disciplinary discourses: social interactions in academic writing*. Harlow: Longman, 2000.

INDUSRKY, F. Relatório Pinotti: o jogo polifônico das representações no ato de argumentar. In: GUIMARÃES, E. (Org.). *História e sentido na linguagem*. Campinas, São Paulo: Pontes, 1989.

JOHNS, A. M. Destabilizing and enriching novice students' genre theories. In: JOHNS, A. M. (Ed.). *Genre in the classroom: multiple perspectives*. Mahwah, NJ: Lawrence Erlbaum, 2002, p. 237-248.

JOHNS, A. M.; DUDLEY-EVANS, T. English for specific purposes: International in scope, specific in purpose. *State of the Art TESOL Essays*. Garamond, Illinois, USA: Pantagraph Printing, p. 115-132, 1993.

JUCÁ, D. C. N. *A organização retórico-argumentativa da seção de justificativa no gênero textual projeto de pesquisa*. 2006. Dissertação (Mestrado em Linguística) - Universidade Federal do Ceará, Fortaleza.

JUCÁ, D. C. N.; BIASI-RODRIGUES, B. Análise de mecanismos retóricos em resumos acadêmicos e em seções de introduções. In: CAVALCANTE, M.; BRITO, M. (Orgs.). *Gêneros textuais e referenciação*. Fortaleza: Protexto/UFC, 2004a. CD-ROM. ISBN 85-904864-1-9

JUCÁ, D. C. N.; BIASI-RODRIGUES, B. Resumos acadêmicos e seções de introdução: diferenças quanto à forma e à função. In: CAVALCANTE, M.; BRITO, M. (Orgs.). *Gêneros textuais e referenciação*. Fortaleza: Protexto – UFC, 2004b. CD-ROM. ISBN: 85-904864-1-9

KILLINGSWORTH, M. J.; GILBERTSON, M. K. *Signs, genres, and communities in technical communication*. Amityville, N. J.: Baywood, 1992.

KINNEAVY, J. L. *A theory of discourse: the aims of discourse*. Englewood Cliffs, N.J.: Prentice-Hall International, 1971.

KOCH, I. G. V. *Argumentação e linguagem*. 6. ed. São Paulo: Cortez, 2000.

KOMESU, F. C. *A escrita nas páginas eletrônicas da internet: a relação autor-leitor/herói*. 2001. Dissertação (Mestrado em Linguística) – Universidade de Campinas, Campinas.

KRESS, G. Genre as social process. In: COPE, B.; KALANTZIS, M. (Eds.). *The powers of literacy: a genre approach to teaching writing*. London: Palmer Press, 1993, p. 22-37.

KUSEL, P. A. Rhetorical approaches to the study and composition of academic essays. *System*, v. 20 (4), p. 457-469, 1992.

LAGE, N. *Textos de opinião*. Disponível em: <http://www.jornalismo.ufsc.br/banco de dados/didativo.html>. Acesso em: 1º jun. 2003.

LAGE, N. *Texto informativo, interpretativo e opinativo*. Disponível em <http://www.jornalismo.ufsc.br/banco de dados/didatico.html>. Acesso em: 1º jun. 2003.

MAINGUENEAU, D. *Novas tendências em análise do discurso*. Campinas: Pontes, 1997.

MARCUSCHI, L. A. Gêneros textuais emergentes no contexto da tecnologia digital. In: MARCUSCHI, L. A.; XAVIER, A. C. (Orgs.). *Hipertexto e gêneros digitais: novas formas de construção de sentido*. Rio de Janeiro: Lucerna, 2004. p. 13-67.

MARCUSCHI, L. A. *Gêneros textuais: o que são e como se constituem*. Recife: Universidade Federal de Pernambuco, 2000. Mimeografado.

MARTIN, J. R. Process and text: two aspects of human semiosis. In: BENSON, J. D.; GREAVES, W. S. (Eds.). *Systemic perspectives on discourse*. Norwood, N. J.: Ablex, 1985. v. 1.

MAYANS, I. P. J. *Género chat: o como la etnografía puso un pie en el ciberespacio*. Barcelona: Gedisa Cibercultura, 2002.

McCLEARY, L. E. *Aspectos de uma modalidade de discurso mediado por computador*. 1996. Tese (Doutorado em Linguística) - Faculdade de Filosofia, Letras e Ciências Humanas, Universidade de São Paulo, São Paulo, 1996.

McKNIGHT, C., DILLON, A.; RICHARDSON, J. *Hypertext in context*. Cambridge: Cambridge University Press, 1991.

MELO, J. M. *A opinião do jornalismo brasileiro*. Petrópolis: Vozes, 1985.

MEURER, J. L. Introdução a artigos acadêmicos de pesquisadores brasileiros: aspectos da sua textualização. In: CELSUL, 1., 1997, Florianópolis. *Anais...* Florianópolis: UFSC, 1997. v. 2, p. 758-768.

MEYERS, G. *Writing biology: tests in the social construction of science*. Madison: University of Wisconsin Press, 1990.

MILLER, C. Rhetorical Community: the cultural basis of genre. In: FREEDMAN, A.; MEDWAY, P. *Genre and new rhetoric*. London: Taylor e Francis, 1994. p. 67–78.

MILLER, C. Genre as social action. In: MILLER, C. *Genre and new rhetoric*. London: Taylor e Francis, 1994. p. 23-42.

MILLER, C. Genre as social action. *Quarterly journal of speech*, v. 70, p. 151-167, 1984.

MOSSIN, H. A. *Curso de processo penal*. São Paulo: Atlas, 1996. v. 1.

MOTTA-ROTH, D. *Rhetorical features and disciplinary cultures: a genre-based study of academic book reviews in linguistics, chemistry and economics*. 1995. Tese (Doutorado em Linguística) – Universidade Federal de Santa Catarina, Florianópolis.

MOTTA-ROTH, D. Uma análise transdisciplinar do gênero "abstract". *Intercâmbio*, n. 7, p. 125-134, 1998.

MOTA-ROTH, D.; HENDGES, G. R. Uma análise de gênero de resumos acadêmicos (*abstracts*) em economia, linguística e química. *Revista do Centro de Artes e Letras*, Santa Maria, UFSM, 18(1-2), p. 53-90, jan./dez. 1996.

NASCIMENTO, K. R. de S. *A macroestrutura argumentativa de editoriais do Jornal do Brasil*. 1999. Dissertação (Mestrado em Letras) – Universidade Federal do Rio de Janeiro, Rio de Janeiro.

OLIVEIRA, A. C. A. *Memorial acadêmico: contexto comunicativo-situacional de produção e organização retórica do gênero*. 2005. Dissertação (Mestrado em Linguística) – Universidade Federal do Ceará, Fortaleza.

OSBURN, C. B. The structuring of the scholarly communication system. *College & Research Libraries*, v. 50 (3), p. 277-286, 1989.

O GLOBO. *Manual de redação e estilo*. Organizado e editado por Luiz Garcia. São Paulo, 1992.

PALTRIDGE, B. Systems of genres and the EAP classroom. *TESOL Matters*, 10, 12, 2000.

PALTRIDGE, B.Working with genre: a pragmatic perspective. *Journal of Pragmatics*, v. 24, p. 393-406, 1995.

PALTRIDGE, B. Genre Analysis and the identification of textual boundaries. *Applied Linguistics*, v. 15, n. 3, p. 288-299, 1994.

PASSOS, C. M. T. V. As cartas do leitor nas revistas Nova Escola e Educação. In: DIONISIO, A. P.; BESERRA, N. S. (Orgs.). *Tecendo textos, construindo experiências*. Rio de Janeiro: Lucerna, 2003.

PETRI, M. J. C. *O Direito e seu discurso: falar o direito – O direito de falar*. 2001. Tese (Doutorado em Linguística). Instituto de Estudos da Linguagem, Universidade Estadual de Campinas, Campinas, 2001.

PETRI, M. J. C. *Argumentação linguística e discurso jurídico*. São Paulo: Plêiade, 2000.

POMPÍLIO, B. N. *Cartas do leitor: tribuna de cidadania em uma nova abordagem discursiva*. 2002. Dissertação (Mestrado em Linguística Aplicada) – LAEL, Pontifícia Universidade Católica de São Paulo, São Paulo.

RABAÇA, C. A.; BARBOSA, G. G. *Dicionário de comunicação*. 2. ed. Rio de Janeiro: Campus, 2001.

RILEY, L. E.; SPREITZER, E. A. Book reviewing in the social sciences. *The American Sociologist*, v. 5, p. 358-63, 1970.

ROMUALDO, E. C. *A construção polifônica das falas na justiça: as vozes de um processo crime*. 2002. Tese (Doutorado em Letras). Faculdade de Ciências e Letras de Assis, Universidade Estadual de São Paulo, Assis.

SABOSIK, P. E. Scholarly reviewing and the role of choice in the postpublication review process. *Book Research Quarterly*, p. 10-18, Summer 1988.

SANTHIAGO, R. Outras vozes pela cidadania: aspectos da interação leitor/publicação no espaço de cartas do leitor. In: CONGRESSO BRASILEIRO DE CIÊNCIAS DA COMUNICAÇÃO, 28, 2005, Rio de Janeiro. *Anais eletrônicos*... Rio de Janeiro: Itercom, 2005. Disponível em: <http://reposcom.portcom.intercom.org.br/bitstream/1904/17028/1/R0245-1.pdf>. Acesso em: 05/05/2005.

SANTOS, M. B. The textual organization of research paper abstracts in applied linguistics. *Text*, 16(4), p. 481-99, 1996.

SANTOS, M. B.*Academic abstracts: a genre analysis*. 1995. Dissertação (Mestrado em Inglês) – Universidade Federal de Santa Catarina, Florianópolis.

SAVILLE-TROIKE, Muriel. *The ethnography of communication*. Oxford: Basil Blackwell, 1982.

SCOTT, M.; JOHNS, T. *Oxford English Software: Microconcord 1.0*. Oxford: Oxford University Press, 1993.

SEARLE, J. R. *Os actos de fala*. Coordenação e tradução de Carlos Vogt. Coimbra: Almedina, 1984.

SILVA, P. E. *Vocabulário jurídico*. 6 ed. Rio de Janeiro: Forense, 1980.

SILVA, V. L. P. P. Variações tipológicas no gênero textual carta. In: KOCH, I. V.; BARROS, K. S. M. de (Orgs.). *Tópicos em linguística de texto e análise de conversação*. Natal: EDUFRN, 1997.

SILVA, M. G. C. *Notícia e reportagem: uma proposta de distinção*. 2002. Dissertação (Mestrado em Linguística) – Universidade Federal do Ceará, Fortaleza, 2002.

SPINK, A.; ROBINS, D.; SCHAMBER, L. Use of scholarly book reviews: implications for electronic publishing and scholarly communication. *Journal of the American Society for Information Science*, v. 49, n. 4, p. 364-74, 1998.

SOUSA, S. C. T. *Estudo da organização textual argumentativa em editoriais de jornais*. 2004. Dissertação (Mestrado em Linguística) – Universidade Federal do Ceará, Fortaleza, 2004.

SWALES, J. M. *Research genres: explorations and applications*. New York: Cambridge University Press, 2004.

SWALES, J. M. *Other floors, other voices: a textography of a small university building*. Mahwah, N.J.: Lawrence Erlbaum, 1998.

SWALES, J. M. Genre and engagement. *Revue belge de philology et d'historie*, v. 71, p. 687-698, 1993.

SWALES, J. M. Re-thinking genre: another look at discourse community effects. In: RE-THINKING GENRE COLLOQUIUM. 1992, Otawa. *Anais...* Otawa: Carleton University, 1992. Tradução de Benedito Gomes Bezerra. Não publicado.

SWALES, J. M. *Genre analysis: English in academic and researching settings*. Cambridge: Cambridge University Press, 1990.

SWALES, J. M. Research into structure of introductions to journal articles and its application to the teaching of academic writing. In: *Common ground: shared interests in ESP and communication studies*. USA: Pergamon Press, 1984. (ELT Documents, 117). p. 77-86.

SWALES, J. M. The function of one type of participle in a chemistry text. In: SELINKER, L.; TARONE, E.; HANZELI, V. (Eds.). *English for academic and technical purposes*. Rowley, MA: Newbury House, 1981. p. 44-52.

SWALES, J. M. *Academic writing for graduate students: essential tasks and skills*. Ann Arbor, M.I.: The University of Michigan Press, 1994.

SWALES, J. M.; FEAK, C. B. *English in today's research world: a writing guide*. Ann Arbor, M.I.: The University of Michigan Press, 2000.

SWALES, J. M.; et al. Consider this: the role of imperatives in scholarly writing. *Applied linguistics*, v. 19, n. 1, p. 97-121, 1998.

SWALES, J. M.; NAJJAR, H. The writing of research article introductions. *Written Communication*, v. 4, p. 175-92, 1987.

TÁVORA, A. D. F. *Forma, função e propósito no gênero textual mala direta*. 2003. Dissertação (Mestrado em Linguística) - Universidade Federal do Ceará, Fortaleza, 2003.

VILELA, M.; KOCH, I. G. V. *Gramática da língua portuguesa*. Porto: Almedina, 2001.

WINTER, E. O. The notion of unspecific versus specific as one way of analysing the information of a fund raising letter. In: MANN, W. C.; THOMPSON, S. (Eds.). *Discourse descriptions: diverse analyses of a fund-raising text*. Amsterdam: John Benjamins, 1992.

THOMPSON, S. Clause relations as information structure: two basic structures in English. *Talking about text*. In: COULTHARD, M. (Ed.). 1986. (ELR Discourse Analysis Monograph, 13). p. 88-108.

THOMPSON, S. *Towards a contextual grammar of English*. London/New York: George Allen & Unwin, 1982.

THOMPSON, S. A clause-relational approach to English texts: a study of some predictive lexical items in written discourse. *Instructional Science*, v. 6 (1), p. 1-92, 1977.

VIEMOS a acreditar: a aventura espiritual de AA tal como experimentada pelos membros individualmente. São Paulo: Junta de Serviços Gerais de AA do Brasil (JUNAAB), 1996.

YUAN, Y. The use of Chat rooms in na Esl setting. *Computers and composition: an international journal*, v. 20, n. 2, p. 194-206, 2003.

Sobre os autores

ADAIR BONINI – <adbonini@yahoo.com.br> Doutor em Linguística pela Universidade Federal de Santa Catarina. Professor do Programa de Pós-Graduação em Ciências da Linguagem da Universidade do Sul de Santa Catarina (UNISUL). É editor da revista *Linguagem em (Dis)curso*. Suas pesquisas têm se voltado para os gêneros textuais, as práticas sociais, o ensino de língua materna, a escrita e a leitura.

ANTÔNIA DILAMAR ARAÚJO – <dilamar@gmail.com> Doutora em Letras-Inglês pela Universidade Federal de Santa Catarina e pós-doutora em Linguística pela University of California, Santa Bárbara (EUA). Professora titular de Linguística Aplicada na Universidade Estadual do Ceará, atua no curso de Letras-Línguas Estrangeiras e no curso de mestrado acadêmico em Linguística Aplicada. Desenvolve e orienta pesquisas na área de leitura, escrita e análise de gêneros textuais e de ensino de línguas com novas tecnologias.

BARBARA HEMAIS – <bhemais@puc-rio.br> Doutora em Línguas Estrangeiras Modernas pela Universidade Federal do Rio de Janeiro. Professora da Pontifícia Universidade Católica do Rio de Janeiro, atua no Programa de Pós-Graduação em Estudos da Linguagem. Coordenadora do grupo de pesquisa Linguagens e Recursos em Ambientes Pedagógicos, da PUC-Rio. Editora da revista *Pesquisas em Discurso Pedagógico*.

BENEDITO GOMES BEZERRA – <beneditobezerra@yahoo.com.br> Doutor em Linguística pela Universidade Federal de Pernambuco. Professor adjunto e coordenador de Pós-Graduação e Pesquisa da Universidade de Pernambuco, *campus* Garanhuns. Coordenador do grupo de pesquisa Práticas Discursivas, Interação Social e Ensino (UPE) e membro dos grupos Protexto e HIPERGED (UFC). Desenvolve pesquisas em análise de gêneros, especialmente acadêmicos e digitais.

BERNARDETE BIASI-RODRIGUES – <bernardete.biasi@gmail.com> Doutora em Linguística pela Universidade Federal de Santa Catarina, com pós-doutorado na Eberhard Karls Universität, Tubingen (Alemanha). Professora no Departamento de Letras Vernáculas e no Programa de Pós-Graduação em Linguística da UFC. Desenvolve e orienta pesquisas no campo da análise de gêneros, na perspectiva sociorretórica, desde 1999. É coordenadora do grupo de pesquisa TRADICE, no qual desenvolve estudos diacrônicos de gêneros textuais.

Carla Rafaela Gaede-Sakata – <gaede.sakata@terra.com.br> Mestre em Linguística pela Universidade Federal do Ceará. Membro do grupo de pesquisa Protexto da UFC.

Cibele Gadelha Bernardino – <cibele.gadelha@terra.com.br> Doutora em Linguística pela Universidade Federal de Minas Gerais. Professora de Linguística e Língua Portuguesa na Universidade Estadual do Ceará.

Désirée Motta-Roth – <dmroth@terra.com.br> Doutora em Letras-Inglês pela Universidade Federal de Santa Catarina e pesquisadora PQ II do CNPq, com pós-doutorado na Universidade de Michigan. Professora de inglês, análise crítica do discurso e de gêneros no curso de graduação e no Programa de Pós-Graduação em Letras da Universidade Federal de Santa Maria, onde também coordena o Laboratório de Pesquisa e Ensino de Leitura e Redação (Labler).

Elisabeth Linhares Catunda – <bethcatunda@oi.com.br> Doutoranda e mestre em linguística pela Universidade Federal do Ceará. Desenvolve pesquisa em análise de gêneros jurídicos. Membro do grupo de pesquisa Protexto da UFC.

John M. Swales – <jmswales@umich.edu> Professor da University of Michigan, EUA. Seu interesse principal reside originalmente na análise do discurso escrito, mas, dado seu envolvimento com o Michigan Corpus of Academic Spoken English (MICASE), esse interesse tem sido estendido ao discurso acadêmico falado, contribuindo com a melhoria do letramento acadêmico em nível avançado de estudantes internacionais. Em 2004 publicou *Research Genres: Explorations and Applications* (CUP), e seu projeto atual é sobre uma série de livros didáticos que vão substituir a coleção English in Today's Research World (UM Press, 2000).

Júlio César Araújo – <araujo@ufc.br> Doutor em Linguística pela Universidade Federal do Ceará, onde trabalha como pesquisador e professor no Programa de Pós-Graduação em Linguística (PPGL) e no Departamento de Letras Vernáculas, desenvolvendo e orientando pesquisas sobre hipertexto, gêneros digitais, EaD e letramentos na web. É coordenador do grupo de pesquisa HIPERGED. Homepage: <http://www.julioaraujo.com>.

Rosa Maria Schmitz Simoni – <rosams@unisul.br> Mestre em Ciências da Linguagem pela Universidade do Sul de Santa Catarina (UNISUL), onde trabalha como professora de língua portuguesa.

Socorro Cláudia Tavares de Sousa – <sclaudiats@yahoo.com.br> Doutoranda e mestre em Linguística pela Universidade Federal do Ceará. Desenvolve pesquisa em análise de gêneros do domínio jornalístico. Membro do grupo de pesquisa Protexto da UFC.

Qualquer livro do nosso catálogo não encontrado nas livrarias pode ser pedido por carta, fax, telefone ou pela Internet.

✉ Rua Aimorés, 981, 8º andar – Funcionários
Belo Horizonte-MG – CEP 30140-071

📱 Tel: (31) 3222 6819
Fax: (31) 3224 6087
Televendas (gratuito): 0800 2831322

@ vendas@autenticaeditora.com.br
www.autenticaeditora.com.br

Este livro foi composto com tipografia Palatino e impresso em papel Off Set 75 g na Formato Artes Gráficas.